近代人文社会科学译著 5

熊月之 主编

上海科学技术文献出版社
Shanghai Scientific and Technological Literature Press

图书在版编目（CIP）数据

近代人文社会科学译著．5 / 熊月之主编．—上海：上海科学技术文献出版社，2021
ISBN 978-7-5439-8267-3

Ⅰ．①近…　Ⅱ．①熊…　Ⅲ．①社会科学—西方国家—近代—文集　Ⅳ．① C53

中国版本图书馆 CIP 数据核字 (2021) 第 016817 号

策划编辑：张　树
责任编辑：王　珺
封面设计：留白文化

近代人文社会科学译著．5
JINDAI RENWEN SHEHUI KEXUE YIZHU. 5
熊月之　主编
出版发行：上海科学技术文献出版社
地　　址：上海市长乐路 746 号
邮政编码：200040
经　　销：全国新华书店
印　　刷：常熟市人民印刷有限公司
开　　本：889mm×1194mm　1/32
印　　张：16.5
版　　次：2021 年 3 月第 1 版　2021 年 3 月第 1 次印刷
书　　号：ISBN 978-7-5439-8267-3
定　　价：168.00 元
http://www.sstlp.com

近代人文社會科學譯著選輯（1807—1919）序言

熊月之

一

人文社會科學，包含人文學科與社會科學兩類。〔一〕

〔一〕人文學科之所以稱『學科』而不稱『科學』，因爲通常所説的科學（science），主要指以物爲研究對象、可以通過實驗進行驗证的自然科學，而人文學科則以人爲研究對象，具有個别、私人、主觀性質，無法驗证。自然科學與人文學科處於比較的兩端，差异較大，而社會科學與自然科學之間，差异較小，且在取向、知識生産模式、研究方法等方面，較爲接近。人文學科與自然科學的區别，也表現在分析和解釋方向：自然科學從多樣性、特殊性、復雜性、偶然性走向統一性、一致性、簡單性和必然性；相反，人文學科則突出獨特性、意外性、復雜性和創造性。它們屬於不同的思維能力，使用不同的概念、不同的語言形式進行表達。自然科學是理性的産物，使用事實、規律、原因等概念，並通過客觀語言溝通信息；人文學科是想象的産物，使用現象與實在、命運與自由意志等概念。所以稱『學科』而不稱『科學』，更爲突出人文學科的特質。參見《簡明不列顛百科全書》（第6卷），北京：中國大百科全書出版社，1986年，第761頁；李醒民《知識的三大部類：自然科學、社會科學和人文學科》，《學術界》2012年第8期。

學科分類在不同歷史時期、不同語境下並不相同，標準、方法也見仁見智。近代以來，學術界逐漸傾向於將人類知識分爲三大部類，即自然科學、社會科學與人文學科。自然科學以自然即客觀的物質世界作爲研究對象，包括數學、物理學、化學、天文學、地學（地理學、地質學、氣象學）與生物學等；社會科學以人類社會作爲研究對象，涵蓋經濟學、政治學、法學、社會學、行政學、教育學、倫理學等；人文學科以人爲研究對象，探尋人的生存及其意義、人的價值及其實現，涉及語言學、文學、歷史學、哲學、藝術等。

本書選輯起止時間爲1807—1919年。

衆所周知，中國近代史的起止時間，亦即中國近代史的研究對象，是從1840—1949年，因爲這百餘年的中國，是相對完整的近代形態，是一個完整的歷史時期。但是，近代西方人文社會科學在中國翻譯、傳播的歷史，與中國近代歷史的進程並不完全同步。

首先，起步更早。1807年，基督教新教傳教士、英國人馬禮遜來到澳門，然後進入廣州，拉開新一輪西學傳播序幕。稍後英國傳教士米憐、德國傳教士郭實臘等，絡繹東來。他們在馬六甲、新加坡、巴達維亞等地，開學校，辦印刷所，在當地華僑中傳播西學。他們所出版的涉及人文社會科學知識的書籍雖然不很多，但這些西學知識，與鴉片戰爭以後傳入中國的西學知識屬於統一整體，也是後者之先聲。

其次，心態轉變也早。近代中國讀書人、思想界對於以歐美爲中心的西方人文社會科學，有個從仰視到平視的轉變過程，其轉折點便是第一次世界大戰。1914—1918年，發生在帝國主義國家之間的世界大戰，有三十多個國家、15億人口卷入，傷亡人員三千萬，經濟損失難計其數。這一殘酷現實，讓中國讀書人、思想界明白，西方科學並不萬能，人類社會的演變，並不總是沿着進步的方向直綫上昇。巴黎和會上西方列强對於中國主權的無視與陵轢，更讓中國人明白，世界上並不存在什麼平等對待弱者的『公理』。這種世界性的倒退與不公，促使東西方有識之士更加深刻地思考人類的未來，更加理性地思考東西方文化的價值。此後，西方人文社會科學在中國讀書人、思想界那裏，盡管仍然是最爲重要的文化資源之一，但已從至高無上的峰頂跌落下來，成爲與東方文化等量齊觀的一端。

這是本書將下限斷爲1919年的主要原因。

二

在介紹近代西方人文社會科學在中國傳播之前，有必要先回溯一下明末清初那段時間這方面的情況。

明末清初，利瑪竇、艾儒略、南懷仁等耶穌會傳教士編寫、或與徐光啓、李之藻、楊廷筠等人合譯的一批西學書籍，其中有十多部較多涉及人文社會科學內容，如《西國記法》(1595)、《職方外紀》(1623)、《西學凡》(1623)、《靈言蠡勺》(1624)、《西儒耳目資》(1625)、《治平西學》(約1629)、《修身西學》(1630)、《名理探》(1631)、《童幼教育》(1632)、《西方問答》(1637)、《齊家西學》(崇禎年間)、《坤輿全圖》與《坤輿圖説》(1674)、《窮理學》(1683)等，這些書對歐洲的哲學、政治學、經濟學、教育學、文學、歷史學、地理學等方面的知識有所介紹。

比如，傅汎際和李之藻合譯《名理探》，介紹了『愛知學』即哲學的含義。南懷仁編《窮理學》，介紹邏輯學的功用，稱窮理學『爲百學之宗』，爲『訂非之磨勘，試真之礪石，萬藝之司衡，靈界之日光，明悟之眼目，義理之啓鑰，爲諸學之首需者也。』〔一〕高一志著《治平西學》，爲最早漢譯西方政治學著作，分別從王公、群臣、兆民的行爲準則，説明何者爲宜、何者應戒，還介紹了世界上的三種政體形式：『一曰一人且王之政；二曰數人且賢之政；三曰衆人且民之政是也。』〔二〕艾儒略譯《職方外紀》，對歐洲教育制度包括學制、課程設置、考試方式均有所介紹。高一志著《修身西學》，述及西方倫理學知識，包括修身目的、修身憑藉與修身方法，主旨在於指明人類通過修德以確保自身行動的善，從而獲得美好，達到幸福境界。天啓年間出版的《況義》，是《伊索寓言》在中國傳播的第一個譯本。

明末清初西方人文社會科學在中國的傳播，傳播主體是利瑪竇等傳教士，中國學者徐光啓等參與譯述潤色，所傳内容從總體上説，比較零碎，不成系統，所譯編成書籍印數較少，傳播範圍較小，很多内容只是在少量學者中流傳。但是，他們所傳許多知識，開啓了近代西學東漸的先河，如地圓説、五大洲説、腦主記憶説；所創譯的諸多名詞，也被近代沿用，如亞細亞、歐羅巴、大西洋、地中海、自鳴鐘、天主等。他們以『理學』翻譯哲學，一度被近代學者沿用。

〔一〕南懷仁：《進呈窮理學書奏》，徐宗澤：《明清間耶穌會士譯著提要》第192頁，中華書局，1989年。

〔二〕高一志：《治平西學》，載黄興濤、王國榮編《明清之際西學文本》第2册，中華書局，2013年，第614頁。

三

近代西方人文社會科學在中國翻譯、傳播的歷史，可以分爲五個階段，即 1807—1842 年、1843—1860 年、1861—1900 年、1901—1911 年、1912—1919 年。

第一階段，從 1807 年至 1842 年。

17 世紀末 18 世紀初，因宗教禮儀問題，在清朝政府與羅馬教廷之間、中國耶穌會與羅馬教廷之間、耶穌會與其他天主教會之間，出現嚴重分歧。羅馬教廷要求在華天主教徒不得祭祖、不得拜孔。康熙皇帝表示，中國祭祖敬孔，不過是一種崇敬的禮節，並無宗教性質，如果來華西人，不能像利瑪竇那樣對祭祖敬孔持尊重態度，斷不準在中國居留、傳教。雙方交涉多次，不得要領。1717 年（康熙五十六年），康熙皇帝下令禁止天主教在華活動。此後，天主教在華再次步入低谷。雍正、干隆等朝，又相繼頒佈禁止天主教的命令。1773 年（干隆三十八年），因宗教内部紛争，羅馬教廷下令解散耶穌會，兩年後命令傳到中國，耶穌會正式解散。至此，自晚明開始在中國活動二百年的耶穌會，終於告一段落。西學傳播的細流亦因此截斷。

1807 年，英國基督新教傳教士馬禮遜，受倫敦會委派，從英國經美國輾轉來到澳門，進入廣州，以後在廣州、澳門及南洋各地，進行傳教與西學傳播活動。稍後，英國傳教士米憐、楊威廉，美國傳教士裨爲仁、雅裨理、裨治文，德國傳教士郭實臘等，絡繹東來。他們在馬六甲、新加坡、巴達維亞等地，開學校，辦印刷所，出版《聖經》等宗教讀物，也在當地華僑中傳播西學。所出版的涉及人文社會科學方面的書籍有十來種，包括《生意公平聚益法》(1818)、《西游地球聞見略傳》(1819)、《地理便童略傳》(1819)、《東西史記和合》(1829)、《大英國統志》(1834)、《美理哥合省國志略》(1838)、《古今萬國綱鑒》(1838)、《萬國地理全集》(1838)、《制國之用大略》(1839)、《貿易通誌》(1840)，所出版刊物《察世俗每月統記傳》(1815—1821)《特選撮要每月紀傳》(1823—1826)《東西洋考每月統記傳》(1833—1838)》，都含有豐富的西方經濟學、歷史學、地理學知識。

比如，《生意公平聚益法》，介紹人們相互之間進行貿易應該遵循的基本法則，《地理便童略傳》對世界主要地區與國家均有介紹，對英國、美國政治制度、司法制度介紹較爲具體。《古今萬國綱鑒》，凡244頁，分20冊，是鴉片戰爭以前介紹世界歷史知識最爲詳盡的一部書。《貿易通誌》較爲翔實地介紹了西方的商業制度，魏源在《海國圖志》中，對許多國家的貿易、商業的介紹資料採自此書。《大英國統志》《美理哥合省國志略》分別翔實地介紹了英國、美國的國情。

再如，《察世俗每月統記傳》所載《論有羅巴列國》《論亞西亞列國》《論亞非利加列國》《論亞默利加列國》《法蘭西國作變復平略傳》等文，介紹歐洲、亞洲、美洲等地地理、歷史知識，介紹了法國的歷史。還在1821年，便介紹了剛剛立國45年的美國，稱其面積寬大，盛産各物，港口衆多，人口增加很快，且有智有力，預料其日後必爲美洲最大國家。[一]《東西洋考每月統記傳》所載《通商》《貿易》《公班衙》等文，

[一]《論亞默利加列國》，《察世俗每月統記傳》卷七，道光元年。

介紹西方通商理論，認爲通商貿易對商人、人民、國家都有好處，强調通商貿易要篤實誠信，不可食言行騙。

鴉片戰争以前，中國還没有被英國打敗過，中西關係還比較平等，傳教士在介紹西方情況時，心態還不是那麽傲慢，所以，行文常用對話體，以中國人習慣的説書形式出現。爲了迎合中文讀者心理，作者論述問題，每每先引一段中國古代聖賢的語録或故事，然後進行中西比較，説明東方西方，心同理同。這種表達方式，類似於明末清初耶穌會士，而不同於鴉片戰争以後傳教士那種居高臨下姿態。

第二階段，從1843年至1860年，即五口通商時期。

在1840年至1842年的中英鴉片戰争中，清朝政府戰敗，被迫與英、美、法等國簽訂不平等的《南京條約》、《望厦條約》和《黄埔條約》，被迫割讓香港給英國，開放廣州、福州、厦門、寧波、上海作爲通商口岸，允許外國人在這些口岸傳播宗教、開設學堂、開辦醫院。於是，傳教士便將活動基地從南洋遷到中國東南沿海，開始了晚清西學傳播史上的新階段。這一階段，通商口岸成爲傳播基地。此前，傳教士的活動局限於南洋一帶，西學書刊雖亦能傳至中國大陸，其所辦學校中也有華人，但畢竟水路迢迢，對中國内地影響有限。五口通商後，麥都思、雅裨理、慕維廉、艾約瑟等傳教士以這些地方爲基地，辦學校，出書刊，進行各種西學傳播活動，東南沿海遂成中國率先接受西學影響的地區。傳教士所出版《聯邦志略》(1846)、《格物窮理問答》(1851)、《地理全志》(1853)、《大英國志》(1856)、《地球説略》(1856)、《地理略論》(1859)等書籍，《中西通書》(1853—1860，年鑒)、《遐邇貫珍》(1853—1855)、《六合叢談》(1857—

1858）等雜誌，包括豐富的歷史學、地理學、經濟學知識，也有一些哲學、文學知識。

比如，《遐邇貫珍》所載《花旗國政治制度》一文，不但介紹了美國的總統選舉制、立法、司法、行政、聯邦及各州之組織，還將英、美政治制度作了比較，認爲各有利弊。再如，慕維廉譯編的《大英國志》與《地理全志》，都是超過三百多頁的大書，前者翔實地介紹了當時世界上最强大的帝國英國的歷史與現實，後者比較宏觀地介紹了世界地理知識。

這一時段，傳教士忙於在通商五口進行傳教活動，出版宗教讀物繁多，所出人文社會科學書籍較少，十來種而已，但是這些書刊在中國士紳中還是產生了比較廣泛而重要的影響。魏源編《海國圖志》，廣泛徵引了《地球圖説》等西書；徐繼畬撰《瀛寰志略》，直接得益於雅裨理等人的西書資料；王韜、管嗣復參加了一些西書與雜誌的譯編，受到這些知識的深刻影響。王韜日後出版《西學輯存六種》，頗得益於他在墨海書館協助偉烈亞力等人的西學熏陶，管嗣復則將其西學知識轉述給其老師馮桂芬，促成馮桂芬名著《校邠廬抗議》的誕生。《聯邦志略》《地理全志》《地球説略》等書還傳到了日本，並有日譯本行世。

第三階段，1860年至1900年。

1856年至1860年，英國、法國在美國、俄國等支持下，發動了侵略中國的第二次鴉片戰爭。中國再次慘敗。侵略者逼迫清朝政府先後簽訂了《天津條約》（1858）、《北京條約》（1860）等一系列不平等條約。通過這些條約，外國侵略者從中國勒索了大筆戰爭賠款，取得了一系列侵略特權。其中，與西學傳播密切相關的有：一、增開11個通商口岸，即天津、牛莊、登州、臺南、潮州、瓊州、鎮江、南京、九江、漢口、淡水。後來實際開埠時，牛莊改爲營口，登州改爲煙臺，潮州改爲汕頭。條約規定，外國人可以在這些通商口岸居住、賃房、買屋、租地起造禮拜堂、醫院、墳塋等。二、傳教自由。三、外國人可到中國内地各處遊歷、通商，中國政府應提供方便。四、開放長江。這樣，加上先前割讓的香港，開放的五口，中國被迫對外開放的城市達17個。外國人可以在南起廣州、厦門，中經上海、煙臺，北至天津、營口，東起上海、南京，沿江西上，直到中國内地，這樣廣闊的範圍裏自由活動。其結果，加强了西方列强對中國的政治侵略、經濟掠奪，也便利了他們對中國的文化滲透。

在清政府方面，以咸豐皇帝去世、辛酉政變發生、慈禧太后掌權爲轉折點，中國對外對内政策有了重大調整。總理各國事務衙門的設立，京師同文館、上海廣學會的創辦，以學習西方堅船利砲、聲光化電爲重要内容的洋務運動的開展，江南製造局等機構的設立，中國向歐洲、美洲與日本等地駐外使臣的派出，聖約翰大學等衆多教會學校的創辦，都對西學傳播産生了重要影響。1894年發生的中日甲午戰爭，中國再次慘敗，激起變法思潮高漲，維新運動發生，更推動了西學傳播的高漲。

這一階段，譯介西學方面，有兩支力量同時發力，即清政府官辦機構與教會機構，前者以京師同文館、江南製造局翻譯館爲其著者，後者以設在上海的以基督新教傳教士爲主的廣學會最爲突出，天主教耶穌會設立的土山灣印書館也貢獻甚多。

這一階段，所出版的人文社會科學譯著，數量較前大爲增多，約130種，超過以往約三百年所出同類書籍總數。内容也更加厚實系統，有適應瞭解國際形勢與外國情況需要的《萬國公法》(1864)、《歐洲史略》(1886)、《希臘志略》(1886)、《羅馬志略》(1886)、《四裔編年表》(1874)、《萬國史記》(1880)、《法國律例》(1880)、《萬國通鑒》(1882)、《八星之一總論》(1892)、《各國交涉公法論》(1898)、《歐羅巴通史》(1900)等；有介紹外交常識的《星軺指掌》(1876)、《公法便覽》(1877)、《公法會通》(1880)；有介紹西方歷史、哲學、經濟學基礎知識的《佐治芻言》(1885)、《西學略述》(1886)、《辨學啓蒙》(1886)、《富國養民策》(1886)、《地球一百名人傳》(1898)；有適應變法需要、介紹外國變法的書籍《自西徂東》(1884)、《列國變通興盛記》(1894)、《泰西新史攬要》(1895)、《文學興國策》(1896)；有爲變法運動提供理論支撑的《天演論》(1898)、《民約通義》(1898)；有爲教育變革提供學術資源的《西國學校》(1873)、《肄業要覽》(1882)、《七國新學備要》(1888)、《教育學綱要》(1899)；有合哲學與心理學爲一體的《心靈學》(1889)、《治心免病法》(1896)。《格致匯編》刊載傅蘭雅所作的《混沌説》(1877)，概略地敘述了當時中國還不大有人瞭解的生物進化論觀點。廣學會出版的李提摩太翻譯的《百年一覺》(1894)，原爲美國空想社會主義小説，影響極廣。同爲廣學會出版的《大同學》(1899)，第一次向中國人介紹了馬克思及其學説。

第四階段，1901年至1911年。

1898年的戊戌政變，1900年的八國聯軍侵略中國之役，使清朝政府的威信跌到最低點，中國國際、國内形勢均發生巨大變化。一方面，愛國人士、知識分子失望到極點，革命風潮因之而生，留日熱潮驟然而起。另一方面，清政府實行新政，鼓勵工商，廢除科舉，改革學制，繼而宣佈預備立憲。這兩方面都亟需西學（新學）資源。在這兩方面因素的共同作用下，西方人文社會科學在中國的傳播，呈井噴之勢，從內容到方式、從數量到質量都有巨大變化。

此前，西學知識主要由翻譯英、法等西書而來。1900年以後，由日本轉口輸入西學數量急劇增長，日本成爲西學輸入主要來源地。從1900年到1911年，中國通過日文、英文、法文共譯各種西書至少有1599種[一]，遠遠超過此前90年中國譯書的總數。從1902年至1904年，共譯西書533種，其中日文書籍達321種，占總數的60%。

在繁多的中譯西書中，人文社會科學比重加大。以1902年到1904年爲例，三年共譯文學、歷史、哲學、經濟、法學、政治學等人文社會科學書籍327種，占譯書總數的61%。同期翻譯自然科學書籍112種，應用科學56種，分別只占譯書總量的21%和11%。[二]所占比重從多到少的順序爲人文社會科學→自然科學→應用科學，與之前幾十年的情形正好相反。京師大學堂從1898年到1911年翻譯、出版西學教科書有六十餘部一百多册，其中人文社會科學類占62%。[三]這表明當時西學輸入的重心，已從器物技藝等物質文化層面轉到思想、學術等精神文化層面。

〔一〕見拙著：《西學東漸與晚清社會》（修訂本），中國人民大學出版社，2011年，第11頁。
〔二〕以上數據均見拙著：《西學東漸與晚清社會》（修訂本），第11頁。
〔三〕範軍：《歲月書痕》，華中師範大學出版社，2017年，第165頁。

就内容而言，這一階段所譯人文社會科學書籍，舉凡哲學、文學、歷史、經濟、法學、政治學等各學科，都有頗成規模的系統譯作。

哲學方面，概論性譯作就有 9 部，如井上圓了著、羅伯雅譯《哲學要領》（1902），德國科培爾著、下田次郎述、蔡元培譯《哲學要領》（1903），井上圓了著、王學來譯《哲學原理》（1903）；邏輯學譯作 18 部，如楊蔭杭譯《名學》（1902），清野勉著、林祖同《論理學達旨》（1902），十時彌著、田吴炤譯《論理學綱要》（1902）、嚴復譯《穆勒名學》（1905），大西祝著，胡茂如譯《論理學》（1906），英國耶方斯著、王國維譯《辨學》（1908），法國孟德福著、李問漁譯《名理學》（1908）。其他哲學著作（含哲學家介紹、各國哲學、哲學史）9 部，如蟹江義丸著、範迪吉等譯《西洋哲學史》（1903）、姉崎正治著、範迪吉等譯《宗教哲學》，井上圓了著、蔡元培譯《妖怪學講義録（總論）》（1906）；心理學譯作 21 部，如元良勇次郎著、王國維譯《心理學》（1902），長尾槙太郎著、蔣維喬譯《心理學》（1906）等；倫理學譯作 10 部，如元良勇次郎著、麥鼎華譯《倫理學》（1902）、德國泡爾生著、蔡元培譯《倫理學原理》（1909）；教育學 46 部，如立花銑三郎述、王國維譯《教育學》（1901），能勢榮著、葉瀚譯《泰西教育史》（1901）。清末一度流行哲學救國論，一批學者認爲救國應先救其人，救人應先救其心，救心應先救其學，而救學則應從譯介西方哲學始。因此，舉凡古希臘、羅馬哲學，西方近代哲學，以及重要哲學家生平及其學説，幾乎無一不被譯介。

文學作品翻譯更是繁盛一時，内以小説最多。據研究，從 1901—1911 年，中國共翻譯域外小説 547

部，散文集22部，戲劇1種〔一〕。對英、美、法、俄、德、日、荷蘭、奥地利、瑞士、希臘等國文學作品均有翻譯，内以英、法、日三國最多。英國的莎士比亞、笛福、斯威夫特、哈葛德、柯南道爾、司各特、哈代、拜倫、狄更斯、斯蒂文森等，法國的小仲馬、雨果、大仲馬、朱力士、迦爾威尼，美國的斯土活夫人、布萊特夫人等人作品都有翻譯。譯自英國的，僅林紓就與人合譯哈葛德《迦因小傳》和《鬼山狼俠傳》等20種、柯南道爾《歇洛克奇案開場》等7種、司各特《撒克遜劫後英雄略》等3種、斯蒂文森《新天方夜譚》等。同是柯南道爾作品，就有周桂笙、林紓和魏易、陳家麟、包天笑等人投入翻譯。譯自法國的有，林紓與他人合譯的《巴黎茶花女遺事》《賂史》，薛紹徽譯的《八十日環遊記》，包天笑譯的《鐵世界》，朱樹人譯的《穡者傳》和《冶工軼事》，陳春生譯的《獄中花》，梁啓超等譯的《十五小豪杰》，魯迅翻譯的凡爾納小説《月界旅行》。從1899年到1911年，從日本翻譯過來的小説有55種，其中1907年就翻譯了11部，内有《佳人奇遇》《經國美談》《謀色圖財記》《美人島》《世界一周》等。〔二〕

歷史學方面，比較重要的有102部，其中通史14部，如作新社出版的《萬國歷史》(1902)、支那翻譯會社的《萬國史綱》(1903)、杭州史學齋的《萬國史要》(1903)、上海通社的《世界通史》(1903)、山西

〔一〕鄧集田：《中國現代文學的出版平臺—晚清民國時期文學出版情況統計與分析(1902—1949)》，華東師範大學博士論文，2009年，第502—512頁。

〔二〕汪帥東：《晚清日本文學翻譯研究》，《當代外語教育》，2018年，第2輯。

大學堂譯書院的《邁爾通史》(1905)、江楚編譯官書局的《萬國史略》(1906)。其中英國李思倫白著、蔡爾康等譯編的《萬國通史》，規模最爲宏大，凡30卷，相繼於1900、1904、1905年由廣學會出版。地區史、國別史52部，如東亞譯書會《歐羅巴通史》(1900)、金粟齋《西洋史要》(1901)、商務印書館《亞美利加洲通史》(1902)、文明書局的《泰西通史》(1903)等，還有英、美、德、法、日等國歷史。變政史、維新史、獨立史17部，如作新社的《英國維新史》(1903)、文明書局的《佛國革命戰史》(1903)、商務印書館的《美國獨立戰史》(1911)，還有關於意大利、菲律賓、希臘、印度等國獨立或變革史。其他專史5部，如開明書店的《近世海戰史》(1903)、文明書局的《世界女權發達史》。人物傳記14部，包括華盛頓、拿破侖、彼得大帝、俾斯麥等個人傳記，還有世界名人、歐洲政治學家、日本維新志士等合傳。

政治學方面，比較重要的譯編有29部，其中政治學概論性的譯作，有高田早苗講述、嵇鏡譯《國家學原理》(1901)，德國伯倫知理原著、梁啓超譯《國家學綱領》(1902)，德國那特硜著、馮自由譯的《政治學》(1902)、戢翼翬等譯《那特硜政治學》(1901)，市島謙吉著、麥曼蓀譯《政治原論》(1902)，美國伯蓋司著、楊廷棟譯《政治學》(1904年以前)；政治學理論譯作有英國斯賓塞著作、楊廷棟譯《原政》(1902)，法國盧梭著、楊廷棟譯《路索民約論》(1902)，浮田龢民著、出洋學生編輯所譯《帝國主義》(1902)，西川光次郎著，周子高譯《社會黨》(1902)，馬君武譯《彌勒約翰自由原理》(1903)，幸德秋水著、中國達識社譯《社會主義神髓》(1903)，村井知至著、侯士綰譯《社會主義》(1903)，加藤弘之著、陳尚素譯《人權新説》(1903)，福井準造著、趙必振譯《近世社會主義》(1903)，英國甄克思著、嚴復譯《社會通詮》(1904)

等。介紹各國政治態勢的有《萬國政治叢考》《最新萬國政鑒》《最新萬國政治制度》《萬國國力比較》《歐美政教紀原》《十九世紀末世界之政治》《美國民政考》等。

經濟學方面，1901年至1911年出版譯作23部。其中，嚴復翻譯的《原富》出版，是西方經濟學經典著作首次完整譯出。1902年，《欽定學堂章程》規定，今後學制三年的高等學堂政科，必須設立『理財學』即經濟學課程，這促進了西方經濟學説引進與傳播。此後，楊廷棟編《理財學教科書》、天野爲之著《理財學綱要》、商務印書館出版的田尻稻次郎著《理財學精義》，均列爲中小學理財學教材。1906年至1908年，政治經濟社等機構出版了《公債論》《租税論》《紙幣論》《貨幣論》《財政學》《計學》《比較財政學》等多種屬於經濟學分支的著作。

法學方面，這一階段譯作特多。從1901年至1911年，共譯法學書籍263種〔一〕，是晚清社會科學中譯書最多的學科。1902年，清廷命沈家本等遴選諳習中西律例司員分任纂輯，延聘東西各國精通法律之博士、律師以備顧問，復調取留學外國卒業生從事翻譯。於是，清政府有計劃地翻譯大量法律書籍。民間譯書機構或出於社會需求，或出於牟利目的，也翻譯了大批法學書籍。從國際公法、國際私法，民法、刑法、民事訴訟法、刑事訴訟法、行政法，應有盡有。不但一般性的介紹法學原理、法學流派、國際法的著作都有介紹，而且各種具體法規法制，如警察學、監獄學，也很豐富。有的同一種著作有多種譯本，

〔一〕田濤、李祝環：《清末翻譯外國法學書籍評述》，《中外法學》，2000年，第3期。

單1903年，《國際私法》就有4種譯本，《國法學》有5種譯本，《法學通論》有6種譯本。1904年至1909年，清政府爲適應法律改革需要，由修定法律館主持審定，翻譯了一大批刑法、民法方面的書籍，包括德國、法國、美國、意大利、日本等國刑法、民法多方面具體法規。1906年以後，中國地方自治聲浪日高，與地方自治相關的自治法規、地方性法規書籍翻譯頗多，諸如《地方自治論》《英國地方政治》《歐洲大陸市政論》《日本府縣制郡制要義》，與地方自治相關的警察書籍翻譯尤多，諸如《最近警察法教科書》《德國警察法》《警察全書》《警察學》《偵探學》。這些書主要自日文譯出，法律也以日本爲多。這一時期引進日本法律最爲全面的一部書籍，即《新譯日本法規大全》，由張元濟、劉崇杰等翻譯，内容相當廣泛，對清末法制改良有着重大影響。

第五階段，1912—1919年。

隨着清廷覆滅，中華民國建立，政治建設、法制建設、公民道德建設等任務提到人們面前，這些方面的譯介著作也隨之增多。與政治建設、法制建設有關的譯作主要有：同是英國莫安仁著、許家惺譯的《英國立憲鑒》（1912）、《英議院權力發達史》（1912），英國布賴斯著、孟昭常譯《平民政治》（1912），美國麥萊著、陳其鹿譯的《美國民主政治大綱》（1912），美國約翰·温澤爾著、楊錦森、張莘農譯的《美法英德四國憲法比較》（1913），日本田中萃一郎著、畢厚譯《歐美政黨政治》（1913），美國黎卡克著、梁同譯的《政府論》（1914）、法國路易·普羅爾著、高仲和譯的《政治辨惑論》（1914），日本齋藤隆夫著、姚大中譯的《比較國會論》（1917）。東方法學會譯編法律要覽叢書多種，由泰東書局出版，包括《民法要覽》《民事訴訟法要覽》《商法要覽》《刑法要覽》等，影響廣泛。

有關公民道德建設的譯作甚多，諸如《國民道德談》（1915）、《道德之研究》（1915）、《品性論》（1916）《泰西改良社會策六章》（1917）、《新道德論》等。其中，英國著名道德學家斯邁爾斯（S. Smiles，1812–1904）多種著作被多次翻譯，包括《勤儉論》（1914）、《克己論》（1915）、《職分論》（1917），葉農生、蔣方震、秦同培等均參與譯事。第一次世界大戰爆發以後，有一批與戰爭有關的譯作問世，如《德意志戰論》《開戰時之德意志》《美國總統威爾遜參戰演説》《革命心理》《國際同盟論》。

這一階段，馬克思主義、無政府主義書籍的譯介也有一些，包括1912年施仁榮翻譯恩格斯的《理想社會主義與實行社會主義》，是馬克思主義經典文本在中國早期傳播較爲完整的譯本，是恩格斯的著作《社會主義從空想到科學的發展》在中國的第一次譯介。1919年凌霜翻譯克羅泡特金的《近世科學與無政府主義》。

這一階段，所譯哲學、史學著作，均遠較清末爲少，但文學翻譯勢頭依然很猛。1912年至1919年，共翻譯域外小説250部，散文集35部，戲劇3部〔一〕，涉及英、法、美、俄、德、日、西班牙、奧地利、瑞士、波蘭、比利時、丹麥等國作家，内以英、法作家所占比例爲高，英、法主要作家被譯作品與清末

〔一〕鄧集田：《中國現代文學的出版平臺—晚清民國時期文學出版情況統計與分析（1902—1949）》，華東師範大學博士論文，2009年，第512—519頁。

有延續性，如英國哈葛德、柯南道爾、狄更斯，法國大仲馬、雨果等，增加較多的是美國作家華特生等人的作品，俄國托爾斯泰等人作品也陸續翻譯進來。

以上五個階段，就對中國社會影響而言，每一階段都不能忽略，各有各的影響。但綜合而言，以清末這一階段的影響，最爲廣泛而深入。數以百計的出版機構，數以千計的中譯日書，數以萬計的留日人員，難計其數的雜誌、報紙，將形形色色的西方新學轉口輸入中國。範圍之廣，數量之多，來勢之猛，是此前歷史階段也是民國初年所不可比擬的。這一階段，正是中國廢科舉、興學校的教育體制轉型期，難計其數的各門各科的新式教科書，大多是這一階段編寫的，藍本多取自日本，多取自這一階段的譯書。各門各科的辭典大量引進、編寫，無形中起着規範語言的作用。

四

近代中國被動卷入全球化浪潮之中，遭遇千古未有之變局。在此以前，中國雖然早已與外族有了關係，但那些外族都是文化較低的民族，縱使他們入主中原，到頭來也終歸爲以儒學爲核心的中國文化所化。在中國接觸的世界裏，中國以老大自居，他國也以老大尊之。但是，到了近代，情況大不一樣。中國面對的英國、美國、法國等，絶非先前的夷狄可比。這些對手，既陌生又强大，突兀而來，猝不及防。中國生産方式、生活方式、價值觀念、審美情趣、教育體系、學術體系、語言詞彙，乃至風俗習慣，無不發生深刻的變化。人文社會科學譯著，既是這一歷史變局的産物與證物，也是這一變局的助推器。

以語言詞彙而言，中國今天所用各類新詞彙，大多形成於近代。人文社會科學方面的新名詞，諸如社會、政黨、民族、階級、主義、範疇、系統、規範、唯物、唯心、主體、客體、法學、法庭、民法、刑法、金融、銀行、生産力、生産關係，都是近代出現的，而且大多是從日本移植而來。日常生活所用諸多新詞彙，也主要形成於近代。比如，以『化』字結尾的複合詞，特殊化、現代化、民族化、大衆化、自動化；以『式』字結尾的複合詞，速成式、問答式、簡易式、西洋式；以『炎』字結尾的病名，關節炎、氣管炎、腦炎、肺炎、胃炎、腸炎；以『性』字結尾的複合詞，可能性、現實性、必然性、偶然性、必要性、習慣性；以『界』字結尾的複合詞，文學界、思想界、藝術界、新聞界、出版界；以『感』字結尾的複合詞，美感、好感、惡感、情感、敏感；以『點』字結尾的複合詞，觀點、要點、焦點、重點、出發點；以『觀』字結尾的複合詞，悲觀、樂觀、人生觀、科學觀、世界觀、宇宙觀；以『論』字結尾的複合詞，一元論、宿命論、無神論、唯物論、唯心論；以『法』字結尾的複合詞，辯證法、歸納法、演繹法、綜合法、分析法。還有以『作用』『問題』『時代』『社會』『主義』『階級』等詞結尾的複合詞，心理作用、精神作用、土地問題、社會問題、舊石器時代、新石器時代、奴隸社會、封建社會、人文主義、社會主義、地主階級、農民階級。如此等等，不一而足。

新名詞如此，學科分類亦如此。以『學』字結尾的學科名，財政學、經濟學、生物學、物理學、心理學、家政學、社會學、冶金學，也都在清末定型。

近代譯介的人文社會科學，不但影響了當時的中國社會，而且業已廣泛融入中華文化傳統當中，幾乎無處不在、無時不在地體現於我們的物質文化、制度文化與觀念文化之中，體現於我們的日常生活當中。倘若不信，你且撇開此類新思想、新觀念、新學術、新詞語，寫一篇文章或者講幾句話試試！

鑒此，我們選編了這套《近代人文社會科學譯著選輯》，選擇不同歷史階段較有影響的譯著，分爲五輯，分類如下：1、人文社會科學總論與政治學；2、哲學、邏輯學、倫理學、心理學、教育學；3、歷史學、地理學、社會學、禮俗；4、法學、經濟學；5、文學、藝術、人物傳記。

鑒於嚴復所譯學術名著、林紓所譯文學著作已有多種刊本行世，本書不再收録。

《近代人文社會科學譯著選輯》第一輯第五册説明

本册選録《政治學》與《政治源流》兩部譯作。

《政治學》，小野塚喜平次著，鄭篪譯，商務印書館1907年出版。

小野冢喜平次（1871—1944），日本新鴻縣人，1895年畢業於東京帝國大學法律係，1897至1901年到德國海德堡大學、柏林大學、法國巴黎政治學院及英國留學，1901年回國，執教東京帝國大學，擔任政治學講座教授，前後達二十五年之久，爲日本著名之法理學家和教育學家。1917年當選日本帝國學士院會員（院士），1925年出任貴族院（上議院）議員，1928—1934年，任東京帝國大學總長（校長）。著有《政治學大綱》（1903）、《現代歐洲立憲政治大綱》（1908）、《現代歐洲之憲政》（1913）、《現代政治之諸研究》（1926）等。

《政治學》譯自小野冢《政治學大綱》，分緒論、本論兩編，凡18章，圍遶國家、國民、政黨展開。此書是中國最早引進的《政治學》教科書，1907年初版以後，至1931年已出到第七版，可見影響之大。

鄭篪，生卒年不詳，字尹起，福建侯官（今福州）人，1905年留學日本法政大學，入法政速成科，1906年以優等生畢業，回國後任福建法政學堂教習。1934年任最高法院推事。

《政治源流》，謝衛樓著，北通州協和書院印字館 1910 年出版。

謝衛樓（Davelle Z. Sheffield，1841–1913），美國公理會傳教士，出生於美國紐約懷俄明的甘斯維爾，1866 年考入紐約奥伯恩（Auburn）神學院，1869 年畢業，被任命爲牧師，同年來中國傳教，在通州傳教和辦學四十多年，1913 年在通州去世。

謝衛樓執教期間，編譯了一批教科書，如《萬國通鑒》（1882）、《理財學》（1902 年）等，《政治源流》是其中一種。

《政治源流》，凡 22 章，參考藍本主要是時任普林斯頓大學校長、後爲美國總統的伍德羅・威爾遜的《論國家》（TheState）一書之卷首，再吸取其他相關書籍内容，編撰而成。在中文序中，他將此書的寫作與清政府當時實行『新政』的背景聯繫在一起，希望通過對西方政治制度和學説的介紹，使中華政治法律之開幕有所參照。書前有與謝衛樓同在華北協和醫院的管國全所作序言。管國全生平不詳，似爲謝衛樓的中國助手，謝衛樓所著各書，管國全多有參與，謝衛樓著的《心靈學》，便由管國全翻譯，華北協和醫院出版的其他譯書，也有管國全翻譯或譯述。

日本法學博士小野塚喜平次講述
侯官鄭篪編輯

政治學

上海商務印書館藏版

序言

政治之定義曰政治者國家之機關及國民之行爲直接關於國家根本的活動之總稱也學之定義曰學者精密智識之系統的總體也我國士夫於國家國民不能下正確之解說常識尙不足言何有於精密智識與所謂系統總體之云云乎然何謂常識何謂精密智識必就所學者先定其範圍而後學者可得而研究則欲觀其會通有以得其系統總體者必其學爲獨立之學科殆無疑也政治學於世界諸學科內成立最後吾儒則以爲道德之支流也西國政家則以爲術而非學也其範圍析而愈狹以爲專攻之學問者蓋始於晚近間耳甲辰以來吾國游學東瀛講習法政者踵趾相接蓋頗知政治教育之重爲不可以已矣彼邦法學大昌凡諸講座各出所長以餉後學迻譯印行其類略備惟政治學則

闕焉蓋彼國諸講師之專攻此學者固不數覯也小野塚博士所著政治學大綱久已風行於時第詳於國家機關而未及於國民行爲且於此學之應用亦引而不發未饜學者之望是猶爲其五年前之舊著也侯官鄭君篪歸自東瀛出示其所述講義二篇則爲博士最近之緒論研究益精所以爲此學觀察判斷之標準者益詳且備東方此學之成立殆將基於此乎鄭君譯述亦能盡其曲折使政治學之精神全體湧現校閱既竟爰贅數言於簡端以爲我國介紹庶幾預備立憲者共爲適當之修養云爾光緒三十三年校者識

政

目錄

目錄

政治學

日本小野塚喜平次講述
侯官鄭篪編輯

第一編　緒論

第一章　學

學之一字古今疑問之所存也。今當述政治學。而對此大疑問。不能不予以解釋者。蓋有理由存焉。

第一。學之爲何。迄無定說。英儒穆勒約翰（十九世紀後半之學者）嘗謂學之問題。最難解決。然茲爲研究政治學。則須解釋政治學。而欲解釋政治學。則不可不先解釋學之一字。

第二。學之爲何。乃諸學所共有之問題。而非政治學所特有者也。解釋諸學共有之問題。須從諸學之根本上着手。而此根本上之解釋。乃網羅諸學所共通之要素。故政治學之成立性質範圍及研究方法。所關聯於學之解釋者甚大。

第三。學之解釋。於政治學之根本上。大有關係。昔德相俾斯麥嘗謂政治學者。術也非學也。夫以之爲術。則於政治學上之學之解釋尚可緩。以之爲學。則學之解釋必不容忽。而余則固以政治學爲學也。

夫欲解釋學之一字。須先明因果之關係。太古之原始人類。無論矣。苟在稍稍發達之人類。其對於宇宙無數之現象。莫不欲知其所由始。與其所由終。否則僅爲偶然之觀念。而不明其因果之關聯。則歉乎人類智性之慾望。而思想界之缺憾以起。夫現象者何。存於宇宙。宇宙者何。存於人類思想而已。人類因其智覺。對於各種現象。而成印象。蓄積印象而聯成概念。且湊合概念而組成所謂宇宙者。故宇宙者。存於人類思想之物也。苟離人類思想。則所謂宇宙者。吾人不能證其爲有。亦不能證其爲無矣。現象之因果亦然。

若論其因果自身。則宇宙萬象。互相連接。由一果而溯一因。因復有因。因卽成果。因因果果。不知所窮。故不能不設爲假定。曰。吾人所欲說明之因果云者。亦惟吾人腦力所能達之範圍之內所謂因果而已。說明此因果之狀態。則智識是也。

智識有二。一普通的智識。(卽常識)二學問的智識。此二者之區別。非絕對的種類性質之異。乃比較的分量程度之差也。普通的觀察推理。比諸學問的之觀察推理。精密實有不如。前者爲後者之始基。後者爲前者之發達。苟不能說明現象之因果。則匪特不有學問的智識。且並普通的智識而亦無之矣。

然則學之定義如何。學也者。精密智識之系統的總體之謂也。今析述之如左。

第一。學者。智識也。　卽舉現象之原因結果而說明之之狀態也。

第二。學者。精密智識也。　精密爲程度之問題。別乎未成學之智識而言之。英儒赫胥黎謂學問爲完全之常識。此雖未足以表示學問之性質。然以之說明學問的智識與普通的智識之關係則有餘。

學問的智識與普通的智識之關係。試例證之。非洲沙漠之獸。其色似沙。北極雪海之獸。其色似雪。寒帶之兔色白。熱帶之兔色鼠。若在溫帶。則因寒暑而易色。其他動物之類此者多。動物學者歸納之以成公例。謂動物必具最適其身之色。而發見自然淘汰之理。蓋動物之色與外界顯異。則佃夫獵者。皆將攫之而去。久之其種盡殲。而惟適者生存矣。據此爲言。知動物必具最適其身之色。而發明自然淘汰之理者。謂之精密智識。僅知寒帶熱帶之獸。其色不同者。謂之普通智識。即常識也。

第三。學者。精密智識之總體也。　學非奇零的精密智識。而總體的精密智識也。總體云者。非絕對的名稱。不過謂某範圍內之精密智識之總體。蓋各種學問。無非各割此精密智識之全體。而領有其一部者也。

第四。學者。精密智識之系統的總體也。　系統的云者。有秩然之順序。而非偶然之集合也。卽舉精密智識之總體而釐秩之。若網在綱。有條不紊。方謂之學。

依此定義而推論之。於是有左之三點。

第一。學之成立與否。不從現象之有無而決之。乃從研究此現象之方法、之有無而決之。苟研究之方法爲正當。則不問何種現象。皆足爲組成學問之材料。日本哲學家井上圓了氏。著妖怪學一書。妖怪學之爲學問與否。雖未確定。然旣有研究之方法。卽不敢謂其非學問也。

第二。學之限界。非固定而流動者。然在某部分。則不能成立爲一種學問而研究之。如現象之本體。人類之本體。雖常在吾人想像間。然究非吾人腦力所能解決。此皆在學問限界以外者矣。如天文學者。以運動爲前提。而不能解決空間時間之本體。物理學者。以物質物力爲前提。而不能解決質力之本體。職是故也。

第三。學問之範圍。較諸精密智識尤小。以學問乃舉精密智識而釐秩之也。精密智識之範圍。又較小於常識。常識範圍。又較小於宇宙。今圖示之如左。

上圖所示之範圍。乃隨吾人精神之發達與退却爲伸縮。世進文滋。宇宙日擴。而人類所感覺之現象。日以寖多。斯常識精密智識及學問之範圍。亦因而膨脹矣。

學之全體之範圍。乃諸學之範圍之總體。而諸學之範圍。則因其學之發達程度而決定。諸學之發達程度。又與所學之目的物之繁簡有所關係。然從未有現象而不得成立爲學者。無論何種現象。皆得爲搆成學問之材料。所謂自然的現象或人類社會的現象。可不問也。蓋區別現象爲自然的與人類社會的。不過爲便利之計。如自然的現象。係因人心之認識而存在者。雖謂之人類的現象。亦無不可。又自然之觀念。廣言之乃包含人類。故屬於人類之一切現象。亦得稱爲自然的現象之一部也。雖然、於宇宙萬物之中。特選人類。而以人類所成之現象。謂之人爲的。(關於人類團體之現象。更謂之社會的)以其他之一切現象。謂之自然的。似此區別。無非於研究學問上圖其便利耳。

第二章　學與廣義政治學之關係

宇宙之現象。驟觀之似無甚相關。然精細以察之。莫不有因果之關聯。故完全說明一現象。則其他之現象可得而知。然以人智發達。宇宙擴張。現象益趨於複雜。以一人而任萬象之解釋。勢必不能。於此而分割宇宙諸現象。就其一部分而各別研究之。是卽學者之分業也。而學之分類云者。卽適當此學者之分業。便宜上舉學之全體。組織的分割爲若干部分之謂也。而自他方面觀之。則諸現象之秩序的排列也。

抑學問云者。乃諸學之全體。故欲分類。非詳悉學之全體不可。但此非人智所可及。雖以倍根斯賓塞康德諸大家。猶不無缺憾。洵乎學之分類之難也。今對此分類。亦祇能就所信者假定之。而表示與政治學相接近之諸部分。藉以明其位置而已。列表如左。

學
- 關於研究現象之方法之學（論理學數學等屬之）（抽象的）
- 關於現象自身之學（具體的）
  - 關於無生物之學
  - 關於有生物之學
    - 關於人類以外之生物之學
    - 關於人類之學
      - 關於人類個人之學
      - 關於人類社會之學
        - 關於政治以外之社會之學
        - 關於政治社會之學（廣義政治學）

學之分類。近今學者亦極言其難。謂不啻爲獨立之一種學問。故茲之分類。亦不過藉明政治學在於學問上之位置。須知政治學爲關於人類社會之學也。人類社會之學。包含多種學問。卽所稱爲社會的諸學科也。分爲二類。

第一。一般的社會諸學科。　因研究社會之總體現象。故曰一般的。茲就其重要者而列舉之有三。

甲史學　史學與政治學之關係。最爲密切。茲略述歐洲諸儒之說。如英國歷史學者非列曼曰。歷史者過去之政治。政治者現在之歷史。英國有名歷史家西理曰。政治歷史。一而已矣。蓋歷史之第一期。人類社會現象與自然現象（日月食地震山崩等）錯出而記載之。進而爲第二期。凡自然現象。既皆獨立。以供學者之研究。然關於一切社會現象。如文學美術等。尙幷載於歷史之中。更進而至第三期。文學美術等社會現象。又復獨立而爲研究。而所載於歷史者。僅餘政治現象耳。故曰歷史與政治一也。但近世歷史上政治之現象。尚未足成爲獨立之學問。蓋其材料。旣不及文學美術之豐富。其興味又不逮文學美術之濃深。故欲舉歷史以說明政治。合兩者而爲一途。不能不俟諸異日也。德國最近歷史家蘭克曰。歷史學與政治學。皆學也。又皆術也。二者之差。惟歷史則關於過去者。政治則關於現在及將來者也。

乙統計學　統計學者。以數學的研究人類社會現象之學也。人類社會現象。有可以數量顯之者。有不可以數量顯之者。統計學所研究之人類社會現象。卽可以數量顯之。而所謂以數量顯之者。要非局部之觀察。乃大量之觀察也。夫一國人民生死婚姻老幼男女之現象。紛亂錯雜。就一局部觀察之。其數或失之偏。然苟以全國統計之。則自有秩序可稽。而得平均之數。如犯罪人數。凶歲較多。此亦由大量之觀察。而知無恆產者無恆心也。

丙社會學　近世歐洲研究斯學者頗盛。然尙未發達。故學說不盡一致。或曰。社會學爲統系的排列諸學問之學也。或曰。社會學。非具體的研究社會現象者。乃抽象的研究社會現象者也。或曰。社會學爲研究社會上重要現象之學也。然自大體言之。則社會學實爲研究人類社會之性質種類及其發達之學也。

第二特別的社會諸學科　因研究社會之特別現象。故曰特別的。其重要者亦有三。

甲經濟學　經濟學者。特別研究人類社會之經濟現象之學也。

乙政治學　此謂廣義之政治學。乃關於國家諸學科之總稱也。故其中所包含者。尙有各種之政治學科。

丙法律學　法律學者。以法律的研究人類社會現象之學也。其中所包含者。有各種法律學科。

政治學(廣義)與經濟學法律學。不能絕對分割。尙有介於數者之間而成立一種學問者。如財政學、經濟政策學、社會政策學。則屬於政治學。

學與廣義政治學之關係

(廣義)與經濟學之共同範圍。如國法學、行政法學、國際公法學。則屬於政治學。(廣義)與法律學之共同範圍。是也。圖示如左。

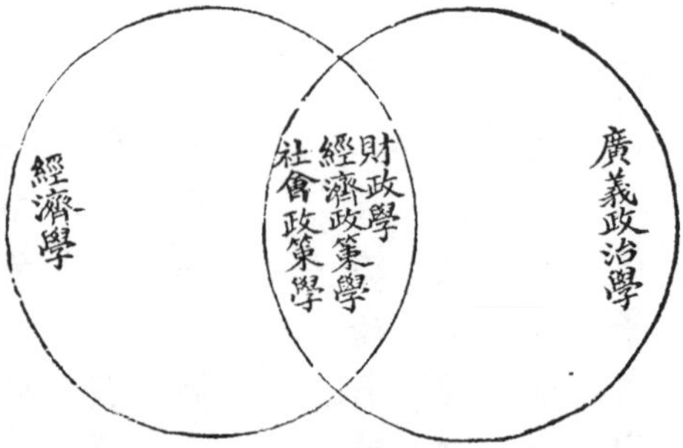

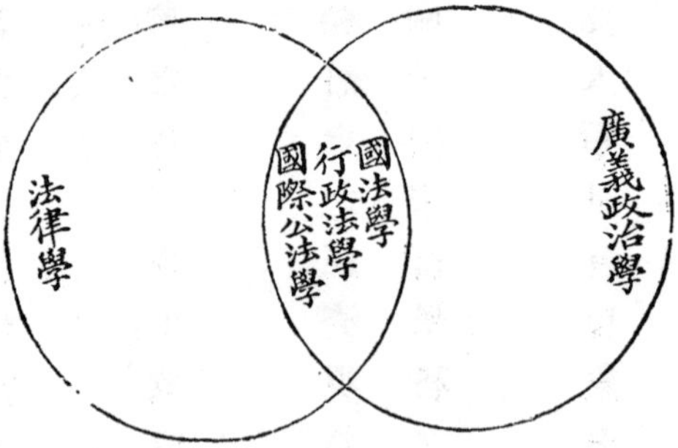

右所述之政治學。皆爲廣義。而今所欲論究者。乃狹義之政治學。當於次章說明之。

第三章　廣義政治學與狹義政治學之關係

關於人類社會現象中。特就其關於國家現象而研究之者。稱爲國家學或政治學。近今所沿用政治學國家學之名稱。詞義廣泛。且二語共通使用。蓋政治社會之特徵。在於國家存在之一點。而關聯於國家之現象。泛稱爲政治現象。其共通使用。蓋非無故而然也。徵之歐美用語而溯其語源亦然。政治學之語。英文爲 Politics。法文爲 Politique。德文爲 Politik。伊文爲 Politica。其他諸國。大致相同。而其語源。則本於希臘文之 Politike Politike者。謂關於 Polis 之學也。Polis 者。城市之義。又爲國家之義。希臘合諸市而成國。城市卽爲國家。故此希臘文之 Politike。爲歐洲各國所沿用。而稱爲政治學。同時卽爲國家學。蓋兩語之共通使用也久矣。

政治學導源於希臘。但希臘之 Politike 云者。其範圍極廣。凡關於國家現象諸學科。如法律經濟諸學。亦包含其中。然世經變遷。學科亦漸分析。迄乎近今。法律學經濟學。已成獨立之專門學問。而政治學(廣義的)之範圍。

蓋稍縮矣。夫以學問之範圍太廣。則研究者有不能并騖之虞。析而分之。斯研究者得各從事於一方面而窺其全。用力既專。進步自速。雖然。學之進步。固藉分科造其因。而學之分科。要由進步爲之招。使於學問幼稚時代。而遽爲分科。則適蹈未步而趨之弊已。

日本明治以前。祇有漢學。自歐學輸入。一時有漢學者洋學者之別。稱名囫圇。學尚幼稚故也。嗣洋學之中。分爲法學醫學兩科。蓋稍進矣。迄乎今日。則分科較爲詳晰。醫學分內外科耳目咽喉等科。法學又分刑法憲法民法商法等科。蓋又進矣。然擬諸歐洲。則尚不逮。歐洲則就於民法一科。尚分爲物權法債權法而研究之。又近日漢學。亦分哲學史學道德學等。非若前此之廣漠。中國學界。今尚幼稚。承學之士。宜先得大體之觀念。毋徒侈爲分科也。

希臘所稱之政治學。析而爲今之廣義政治學。此政治學之一進步也。雖然。茲所論者。乃廣義政治學中一部分之狹義政治學。兩者之關係如何。

幷狹義政治學之位置如何。當於下文說明之。

凡學問均有純理應用二種。純理學之目的。在發見現象中之法則。應用學之目的。在利用純理學之結果。而研究所以達吾人目的之方法也。純理學之發達。在於應用學發達之後。此種現象。驟觀之雖覺其奇。實則不然。蓋學問之本質。以常識爲基礎。常識進而成學問。故學者由無法則而發見法則者也。既有法則。即可應用。因其應用。乃隨時復發見諸純理。此理之常。無足怪者。以自然科學徵之。如天文學。非吾人必欲發見支配諸天體之法則。乃航海者爲應用計。以測星辰。爲其先驅而已。又如化學。非吾人必欲發見化分化合之法則。乃求煉金術者求長生。煉丹術者爲應用計。以爲導線而已。即徵之社會的科學亦然。道德亦廣義之政治學。皆由爲倫常日用計。遂漸次發見純理者也。

廣義政治學。亦有純理與應用之別。今先表示之而次以說明焉。

（廣義政治學）關於政治社會之學

- 純理
  - 記述的
    - 政治史
    - 政治地理
    - 政治統計
  - 說明的
    - 法規的
      - 國法
      - 國際法
      - 行政法
    - 事實的……國家原論
- 應用
  - 汎論……政治原論
  - 各論
    - 行政學
    - 經濟學之政策論

（國家原論、政治原論）相加即狹義政治學

右表所示之純理。分爲二。

（一）記述的。即蒐集諸現象而記載之也。政治史、政治地理、政治統計、屬之。

(二)說明的。卽就所記載諸現象。大體觀察之。而發明其法則也。復析爲二。甲、法規的。從法規之方面。觀察國家之組織而說明之也。國法、國際法、行政法屬之。乙、事實的。從事實之方面。觀察國家之活動而說明之也。國家原論屬之。

右表所示之應用。亦分爲二。

(一)汎論。政策原論屬之。

(二)各論。行政學、(行政學乃事實的研究。行政法乃法規的研究。)經濟學之政策論、(如農業政策、工業政策、商業政策等)屬之。

合國家原論與政策原論。是爲狹義政治學。是故廣義政治學之定義。謂關於國家諸學科之總稱也。而狹義政治學之定義。謂說明國家之事實。且論其政策之基礎之學也。申言之。政治學(狹義的)可分二大端。一、說明國家之事實。卽國家原論是。二、論國家政策之基礎。卽政策原論是也。

東西諸儒。所定狹義政治學之範圍。不盡一致。而茲之定義。乃取最多數之學說也。近來德國學者。有僅以政策原論爲研究之範圍者。而贊成者甚稀。且政治學之程度幼稚。又未足以副之。故以今而言。倘不得不合國家原論與政策原論二者。爲政治學所研究之範圍也。

第四章 政治學研究之範圍

政治學研究之範圍。即政治學所當研究之目的物也。有(一)當然的範圍。與(二)便宜上主要的範圍二者。

第一。當然的範圍。 徵諸定義。所謂政治學者。在說明國家之事實。且論國家政策之基礎。故苟係國家。則無論古今文野大小強弱。皆在所當研究之範圍。苟非國家。則雖如宗教學問商業等團體。與國家極有關係。然亦不在研究之範圍內也。就此當然的範圍。其研究之方法。古則憑於哲理。今則據於事實。然範圍太廣。事實益賾。恐非一人智力所可及。故今之學者。皆縮小其範圍。而便宜上主要的範圍以起。

第二。便宜上主要的範圍。　即假定以近世文化國。爲政治學所研究之範圍也。

何謂文化國。文化云者。乃文明開化之約辭。文明開化。非僅表示政治上觀念。必社會各個人生活之進步。與夫學問技藝之發達。始足當斯文化之稱而無愧也。且文化二字。並實力而包含之。實力卽武力。古者以武力表示國家政治上觀念。謂武力爲國家之武力。故武力文化。常迭爲消長。求其並進者蓋稀。今則不然。國家欲維持其武力。必同時增進社會之文化。有思想無體魄。則文弱之亞也。有腕力無腦力。則不戢而自焚也。故政治現象者。社會現象之一部分耳。社會文化之程度高。斯政治自進。未有社會未進而政治能進者。然則文化之觀念。爲社會上之觀念。第就政治上言之。則近今立憲政體諸國是也。立憲政體國云者。卽認人民有一定人格。而於法律範圍內許與人民以自由之國也。然玆不稱爲立憲國。甯稱爲文化國。蓋立憲云者。非徒形式上一部憲法而已。必社會各個人之生活。與夫學問技藝之程度。皆足以盾其後。然後立憲之基礎。始確立而不可搖。不然者。土耳其屢發布憲法矣。而以事實上文化未進。則形式之憲法歸於無用。學者皆排斥之而不認其爲立憲國也。是故稱爲立憲國者。必其爲文化國。稱爲文化國者。必其政治上與社會上之文化莫不進步。如中國印度。其社會上之文化。自古非不發達。然於政治上之文化遜焉。故定政治學所研究之範圍者。又不能無所軒輊於其間矣。

何謂近世國。此自政治上言之。如希臘羅馬。自不在此列。惟十九世紀以後之歐美諸國。及明治元年宣誓後之日本。足以當之。（凡國家舉行大改革。必有宣言。日本明治元年之宣誓。卽棄從來政治上方針而入於近世政治上方針之一過渡也。其誓文凡五條。（一）廣興議會。萬機決於公論。（二）上下一心。盛行經綸。（三）文武一途。至於庶民。各遂其志。使人心無倦。（四）破舊來之陋習。基於天地之公道。（五）求智識於世界。以大振乎皇基。）

依上所述。以近世文化國。爲研究政治學之便宜上主要的範圍。其理由爲何。蓋自純理上觀察之。凡從事於純理之研究。必其現象類似材料豐富者。始易於比較參考。近世文化國。其文明程度既相埒。其歷史又去今未遠。斯所資爲參考者甚富也。又自應用上觀察之。以近世而非文化諸國。與文化而非近世諸國。時異勢易。安能適用之以定現在及將來所當取之方針。如希臘羅馬諸國。文化非不發達。然欲研究之以期應用。定現在及將來之方針。抑亦後矣。試以希臘與近世文化國比較之。(一)希臘以市成國。面積甚小。而近世諸國則多面積廣大者。(二)希臘使用奴隸。人類悉失其自由。雖其普通人民亦有參政權。然奴隸之數且過之。至於近世國家則無奴隸制度。(三)希臘之自由民居少數。悉得直接參政。而近世國家人口大增。皆以選出代議士。而間接參政也。微乎此而研究古代國家政治者之不足以言應用也明矣。

由純理上觀之既如此。由應用上觀之復如彼。政治學之便宜上主要的範圍。殆不能不以近世文化國爲限。然於此範圍之外。苟能從事研究。亦不無效果。且如國際競爭之關係上。及將赴文化之運諸國。亦不得不比較及之。

第五章 政治學之重要

政治學之重要云者。非謂他學皆可輕而以斯學爲獨重也。亦不外謂政治學之爲學。有不可輕忽云爾。抑今之學者。對於各種學問。常懷彼此軒輊之見。是大謬也。夫學問以發見現象之秩序爲其天職。故無論其所研究者。爲社會現象。或自然現象。現象不同。而對於現象以發見其秩序則一。固無可軒輊者也。世有重視純理學而蔑視應用學者。不知學問最後之目的。爲人類應用計耳。研究純理。卽爲應用之基礎也。又有重視應用學而蔑視純理學者。不知純理學之效力。常間接以影響於應用。近來應用之發達。雖謂爲純理學之賜可也。

所謂應用爲純理之賜。玆例證之。當電氣之未發明也。有伊人加拔尼。見死蛙以金屬擦其兩足。始發見電氣之理。英人馬克士繼之。察太陽光線。疑爲電氣之一種。屢經試驗。有所發明。嗣後德人海爾德察電氣與光線。其發動俱作浪形。而始發明電浪。茲三氏者。皆從事於純理研究者也。然其效力所及。如今日美人馬哥尼之發見無線電信。應用極大。雖謂出自三氏之賜可也。

學問之不可以意軒輊也如此。則所謂政治學之重要者。決非排斥他種學問。而獨以政治學爲重要。可知矣。抑政治學有國家原論與政策原論二者。前者爲純理的。後者爲應用的。就於國家原論之研究。亦有指導政策之應用之價值。就於政策原論之研究。亦足以滿足吾人探求眞理之智性之慾望。是純理與應用。其關係甚密。茲當論述政治學之重要。故亦併合而說明之。

自純理上觀察之。政治學之研究。在求發見法則。以饜吾人所欲了解現象之智性慾望。而其所發見之法則。可以應用與否。非主要之問題也。夫使以純理的研究。施於簡單之現象。則研究易得。倘未足以充智性之慾望。若政治現象。繁賾複雜。苟研究有得。而吾人智性之慾望。殆有不可喻之愉快者。此即純理的研究之價值也。

自應用上觀察之。其較爲重要者。爲政治教育。即關於政治之教育也。抑教育之本質。在開發人類各種能力。人類能力。其程度既有不齊。且其發達迄於若何之限度。亦各有差異。使欲以一種教育。而同時同等開發人類一切能力。勢固有所不能。故教育者。必應各個人之程度及其限度而開發之。雖然。各種教育。非一人所能偏受。因而一人亦不能開發其各種能力。故所謂或者爲有教育者。不過應時地之所要求。而比較的有特定種類之教育而已。推之一國亦然。徵之一時代亦莫不然。立憲國之教育。專制國則排斥之。舊時代之教育。新時代則糟粕之。蓋時地所要求不同有以致之也。

教育乃開發人類之能力。能力云者。即對於宇宙現象而理解之。以饜其慾望之力也。宇宙現象。本有連結之關係。因便宜之故。各分割其一部分而研究之。政治教育。卽就於政治之方面。而開發吾人之政治能力者也。抑法律學亦非無裨於政治教育。然不及政治學之重要。蓋一爲側面的觀察。一爲正面的說明也。且政治學之性質。爲事實的。而法律學之性質。則爲形式的。因求論理之一貫而闊於事情。其與政治現象相遠者。蓋比比也。此無他。政治上碻有之事實。其未表見於法律者甚多。今舉數例如左。

一、羅馬旣自共和制一變而爲帝制。而形式上則尙存共和制。此法律與事實不符之最著者也。

二、英國內閣。爲政治組織之中心。此不外因事實上之勢力使然。若從法律上觀察之。則幷不認有內閣之勢力也。

三、北美合衆國。其政黨之勢力甚盛。每屆選舉大統領。實以二大政黨左右之。似此事實。在法律上固無明文也。

綜觀數例。斯研究法律之結果。決不能直舉以應用於政治上也明矣。彼主權萬能之說。在法律形式上。容或認之。然徵之事實。則輿論與政黨。皆足以制限主權之行動者也。故研究政治者。固當資於法律。而研究法律者。尤不可不了解政治。此政治敎育。以政治學爲主要者。職是故也。且政治事實。輓近益趨於複雜。往往呈反對之現象。有非可憑法理以解決之者。是又研究政治學之重要之一點也。

或謂政治學之職務。在說明政治現象。而政策之研究。其後焉。是不然。政策之研究。亦政治學上所不可缺者。其理由有四。

一、人類智性之慾望。莫不欲探求各種現象之法則。而施諸實用。政策之研究。卽所以饜人類智性之慾望者也。

二、政治現象之複雜。固當臨機應變。又須有操定之方針。政策之研究。卽所以操定此方針也。

三、從來政治上之變動。決非偶然。必先有理想之方針。而後變動之事實隨之而起。政策之研究。卽所以定理想之方針也。

四、由理想而形爲事實。須恃適宜之手段。否則至於招起慘惡之結果。政策之研究。又所以選擇適宜之手段也。

政治教育之重要既若此。次之所當注意者。則當局者（廣言之自元首大臣及官吏議員等皆是）及一般國民是也。古時思想。以政治智識。爲當局者之急。一般國民無與焉。今則不然。人民雖當服從國家。然使昧於政治思想。徒事盲從。匪特爲文明國民之恥。且亦非國家之利。蓋以政府所採之方針。一視國民之理解與否爲成敗。日之勝俄也。在日人知戰爭之所以然。謂非爲政府戰。而爲國民戰也。俄則反是。此其所以敗也。

第六章　政治學之困難

關於政治現象之說明及政策之決定。說者不一。是皆因於政治學之困難。申言之。即政治現象之研究之困難也。其原因有二。(一)根本的原因。(二)追加的原因。是也。

第一節　根本的原因

第一關於人之原因

甲、研究者。又曰自發的。

凡現象之研究者。惟對於現象而自立於客觀之地位。始得爲公平之論斷。然以研究者亦人類之一。且投身於政治現象之中。往往因感情習慣及利害關係。而對於政治現象。不能爲虛心平氣之研究。因而增加研究之困難。蓋易明之理也。

乙、勢力者。又曰外來的。

政治上之勢力者。因時與國而不同。有爲帝王。有爲宰相。有爲軍人。有爲貴族。有爲富豪。有爲農工商人。有爲衆民。有爲貧民。有時爲外國人。是等之有勢力者。好己所利便之政論。而惡己所不利之學說。固常情也。而故仗其勢力。以妨害公正之政治研究。亦古今東西所同。惟程度略有差別而已。如彼之仗其政權。對於政治研究者。加以過當之壓迫。或試以違法之干涉。固方今文化國所稀有。然不知不識之間。來勢力之壓迫。終有不能掃除者矣。

關於自然科學之研究。在今日雖不至招外來之妨害。然在古時則尙不免。例如地球繞日而行之說。近雖耳熟。而當時始倡是說者。如波蘭人哥白尼德人勒普列伊人卡理老。皆受許多之障害。羅馬法皇因其背反耶穌教經。故嚴禁之。且執卡氏。集諸僧訊判之。宣告以刑。（時千六三三年）最後迄千八二二年。羅馬法皇始許地動說之刊行。蓋以是時宗教勢衰。科學發達。遂不得不許之刊布云。至於社會的科學之研究。則外來之妨害更甚。就中以政治學之研究爲最。殆蔑國無之。如中國秦政之焚書坑儒。卽勢力者壓迫研究學問之著例。日本德川時代。祇限士族研究政治。苟有妨礙當時幕府者。尙得直禁之。近日俄國之干涉政治研究者尤力。至禁美儒華特所著社會學。發行於國內。他如孟德斯鳩之萬法精理。受各國政界學界所歡迎。而奥大利之禁其發行也蓋久。此就於專制國而已然矣。然卽如最愛自由之國。若美若法。亦不無此例。昔年美國富翁斯坦播特。創設大學。其教授羅斯因所著社會學。與斯氏不合。遂致辭職。法國有大學教授某氏。因所著社會學。語侵社會黨。遂去教授之職。

第二關於目的物之原因（卽關於政治現象之原因）

甲、目的物自身

（一）政治現象。有類似而無同一。故不能據一現象以測他現象。夫在於自然現象。類似卽爲同一。而在於政治現象。則外多類似。而實則無同一者。例如近今列國均勢之局。與昔時戰國之合從連衡相類似。然非同一者也。

（二）原因與結果之間。有時間空間之距離。例如甲國移殖其國民於他國。自其實行政策之時。必歷久而始有效果。則時間之距離也。又如甲國移殖其國民於乙地。其施行政策之原因。發自甲國。而其效果則於乙地收之。則空間之距離也。又如專制時代。有官尊民卑之現象。雖一旦變爲立憲。而此現象則歷久而猶有存者。蓋自專制時代造其因。而迄於立憲時代。尚受其結果也。

乙、研究者所見之目的物

（一）政治現象。得爲分量之研究者甚鮮。夫政治現象之可以數量顯之者。不過僅少之部分。如政黨之人數。民族之大小而已。至如政治問題之得失利害。及國民思想之若何。皆非所得而僂算者矣。

（二）分離研究之困難。夫政治現象。與法律經濟敎育諸現象。有密接關係。苟離法律經濟敎育諸現象。而研究之。有所不能。

（三）實驗之困難。夫自然現象。可因試驗以判其眞僞。而政治現象。所關係至爲重大。有非敢輕以嘗試者。

（四）可因直接感覺而研究者甚少。政治現象。全由人類思想界之活動。非可依五官感覺而研究之。

第二節　追加的原因

追加的原因　

第一、關係於材料（政治事實之記述）之原因。

甲、分量。古時文化未普及。印刷未發明。故政治之材料常苦其少。至於近世。一事實也。而新聞雜誌之揭載。私家著述之論評。不一而足。政治之材料又苦其多矣。

乙、性質。政治材料之不良者甚多。有因於有意（善意及惡意）者。有出於無意者。記載失實。此信史所以難也。

第二、研究上之原因。

甲、密接諸學之不發達。如社會學經濟學。皆與政治學有密接關係。而因此等學問。尚未發達。故不足爲研究政治之援助。

乙、政治學研究法及術語之不完全。政治學研究上。尚無適當之方法。且學問上又有明確之術語。如立憲、共和、政體、國體等語。往往有因意義不明而致誤用者。

政治學研究之困難有如此。即國家原論及政策原論之研究之困難也。

以下更就關於政策原論之研究之特別困難而說明之。

政策原論研究之特別困難。即豫測之困難也。政策之運行。亦有原因結果之關係。但欲造一定之原因。使生一定之結果。非有三條件不能。即(一)良好之機會。(二)無他之障礙。(三)運行政策之適當人物。是已。特具備此三條件之時會甚難。故欲豫畫一政策。期將來之效果。乃必無之事也。此即豫測之困難也。

以上縷述之困難諸原因。固非判然區別。不過因研究上之便宜分析排列之而已。要之是等困難。皆由人類智性尚未發達之故。苟其發達。或得排除諸種困難。亦未可知。但茲之所謂困難。幷非不能之謂。亦既有研究之方法。亦既成獨立之學問。故雖困難而尚可能也。

第七章　政治學之可能

第一節　政治學之絕對的可能

絕對的可能云者。謂第就政治現象之自身而見其可能也。夫學云者。非有確定不動之境界。但使研究之方法既正。得蒐集較精密之智識。已無妨冠以學之名稱。普及的一般的之前提。非學問所必要之條件。即特定的蓋然的之前提。亦足以喚起學問之研究。彼既已發見之法則。雖適用之範圍甚狹。及可得適用之程度不甚確實。然使其基礎存於事實。其用語周到。其論理貫澈。於學之要素已無所缺矣。夫所謂歷史反覆者。要因於類似。苟就其既已發見之類似而研究之。斯對於政治現象。亦不難予以秩序之說明矣。

第二節　政治學之相對的可能

相對的可能云者。由比較上而見其可能者也。

第一、困難原因之減少。

前節所列舉諸原因。除目的物自身。爲今昔以迄將來所不變者。其困難不能減少。若其他之原因。皆屬有移動。不難以人力排除之。因其排除之度。而政治研究亦以容易。

第二、與他學之比較。

前述之困難諸原因。非政治現象之特有。卽社會的科學及自然的科學。亦皆有之。然自然的科學與夫社會的科學。旣因研究而成立爲學問。何獨政治學不可成立學問歟。或謂政治學上未有發見一定之原則。故不得爲學。然此現象甯獨政治學爲然。如近今之社會學。雖爲德法美各國學者所研究。而其學說亦至不一致。又如經濟學之發達。雖較社會學爲早。而欲求一定系統之原則。尙有所不能。要皆無害其爲獨立之學問也。卽證諸自然科學亦然。例如物理學所發明之原子。爲物件之最小單位。自雷汞發見原子中復含有小原子。於是而原子之原則遂破。此亦自然科學因新發明而致根本上之動搖者也。然則根本之變動。爲各學所共有。苟持此以病政治學。亦未見其可。況政治學之名稱。其由來已久乎。

第二編　本論

國家原論與政策原論。性質不同而茲以便宜之故。乃併合爲一編而論之。要之。國家原論者。就事實上對於過去及現在而說明之也。政策原論者。就政策上對於現在迄將來而研究之也。

第一章　國家之性質

第一節　關於國家之性質諸學說

本節所列舉諸說。一本於柏林大學教授耶立尼克氏著書。然至其批評。則小野塚氏之意見也。

關於國家之性質。學說不一。而大別之爲二。一客觀的國家說。二主觀的國家說。此客觀與主觀云者。乃比較的區別。主觀的國家。謂國家之存在於吾人想像中者也。客觀的國家。謂國家之離吾人想像而獨立存在者也。

第一款　客觀的國家說

其重要有四。曰事實説、狀態説、分子説、自然的有機體説、是也。

第一、事實説。

依此説謂國家爲現在之事實。而非吾人思想上之假定者。近來之主張是説者不鮮。然皆僅以斷言國家爲事實而止。無進而爲明瞭之研究者。故其所謂事實者。將爲有形的事實乎。抑爲無形的事實乎。將爲自然的事實乎。抑爲社會的事實乎。幷不下以解釋。其不足以説明國家之性質也明矣。

第二、狀態説。

此説謂國家者狀態也。統治之狀態也。蓋自然法派以國家爲國民的狀態。卽對於自然之狀態而言。康德氏亦採狀態説。以國民中各個人相互關係之狀態。謂之國民的狀態。以國民全體與其分子相關係之狀態。謂之國家的狀態。又以國家爲統治關係云者。亦狀態説之一變形也。要之。狀態説乃分解國家爲無數之統治關係。與夫國家之統一國家之永續等觀念。有難會通者。況統一此無數關係。尙須藉吾人之湊合的思想。彼主張狀態說者。於湊合所必要之點。置之不問。是所以失於不完全也。

第三、分子說。

此說乃求國家本質。於搆成國家之分子之一。而以其一分子視爲國家者也。國家之分子。卽土地人民及統治者之謂。而分子說者。乃應時代而取三者之一。以之與國家同一視也。今細別爲三說如左。

甲、土地說。

歐洲中世。以國家領土。視同私人之財產。當希臘羅馬時代。其國家觀念上。重人而輕土地。故以人之團體爲國家。迄於中世。則全與此相反。遂有以土地爲國家者。因國家觀念之變動。由市的國家變爲領土國家。而土地之廣狹。遂與政權之消長大有關係。蓋歷史上鑿鑿之事實也。卽如東洋舊說。以全部爲天下。以封建時代之各邦爲國家。皆以土地視爲國家之證。然降至近今。思想大變。知僅認土地爲國家之誤謬矣。

乙、人民說。

此說以搆成國家之人類。與國家同一視之。已爲希臘人之根本觀念。至於中世。主張者尙不少。即近世之主權在民說。亦以人民說爲之根據。彼所謂國家機關搆成權之說。謂國家之作用。歸於人民。國家機關之權限分配。常由人民而來。皆出自人民說者也。惟此說之缺點。在以無數個人與國民相混同。夫國民乃統一的思想。苟以人類之多數。稱爲國民。須有結合多數之一組織。而此組織。尙有待於使多數意思表示歸一之法理。蓋國民之意思。原非統一之自然意思。乃以多數之自然意思之表示。爲法理上統一之法定意思也。此說於國民之統一的觀念。幷不加以說明。且陷於過重國家一分子之弊矣。

丙、統治者說。

此說以統治者視爲國家。蓋掃棄統治者與政府與國家之區別。而同一視之。至於土地與人民。則視爲其統治之目的物耳。爲是說者。又自稱爲實在的而非抽象的。然認實在的自然人之君主為國家。則君主之生存消滅。而國家之生存。亦將因之消滅。是毋乃反於國家之永續性乎。原夫國家者。在自然人之君主以外。別有無形之皇位。此仍須藉抽象的以說明之。而非實在的也。浸假持此說以說明專制君主國。猶未為適當。蓋專制君主國。不過謂決定執行國政之最高機關。唯有君主而已。並非以君主與國家同一視之也。夫統治乃國家之要素。故當說明國家。統治者之重要。固不待言。然使竟指之為國家。則未見其可矣。

以上既略述分子說之三種。今試綜此三種而批評之。曰凡欲明國家之性質。必須舉示多種國家之共通性質。而分子說則僅就於特定之國家。而選其特著之現象。誠未足以包括古今東西之國家共通之現象也。夫土地人民統治者。均為國家所不可缺之要素。若謂以其僅一而組織國家。是大誤謬矣。況以世進文滋。隨事物之繁雜。而用語亦益加發達。即國家一語。通於現今文明各國。既與統治者、國民、國土等語。分離而獨立。今不能分析而反混用之。其能免思想上退步之譏歟。

第四、　自然的有機體說。

此說以國家爲有機體。或以有機體爲說明國家之前提。古今學者所說不一。然得大別爲二。一曰自然的有機體說。一曰心理的有機體說。前者以國家爲自然科學所謂有機體之一種。而搆成國家之個人。爲全然獨立受自然法則所支配之物體。要皆以國家爲離於吾人想像而獨立存在者。故列於客觀的諸說之中。（心理的有機體說。則列於主觀的諸說中。）爲是說者。殆過重乎國家與自然的有機體相類似之點。因研究自然的有機體之結果。直以之推論於國家。此種奇論。固無煩一一指摘之也。

第二款　主觀的國家說

主觀的國家說。固非全然否認客觀之研究。惟就國家現象與自然現象之差異而精察之。較諸客觀的國家說爲多。而一以國家歸於人類之心理作用。今舉其重者有三。心理的有機體說、團體說、人格說、是也。

第一　心理的有機體說。

此說爲有機體說之一種。注重於主觀之分子。非若自然的有機體說之馳於極端。雖學者所說。亦各不一。要皆以國家之性質。與自然界目的物徵有不同。因示其差別。故或冠以心理的、道德的、合同的、高等的、不完全的等語。此等學說之共通之點。(一)在一反於以國家爲個人羣集之思想。而確認國家爲自始統一者。欲由國家以解釋個人。是也。(二)在以國家爲人格的。而非若器械之可得隨人類意思而製造變更之。是也。彼以國家加於有機體之列。其理由爲何。雖依論者而有多少之差。而要其最著之根據。卽有機體物爲物質的元素與精神的勢力之結合。而國家亦須此物質及精神之二要素。有機體物爲各個分子之結合。互相關聯。以共同活動。而其結合之分子。又能各各獨立。而國家亦然。又有機體物之成長方法。係由內部之發達而膨脹於外部。非若無機體物之因外部附加而膨脹者。國家亦然。又有機體物由細胞組織機關而成。國家亦然。故近世學者。贊是說者不少。如德之伯倫知理英之斯賓塞法之奧爾謨斯是也。就中如伯倫知理尤極力主張之。伯氏且更進一籌。謂國家爲男性之有機體。而對之則有女性之有機體。如宗教團體是也。

夫有機體說。乃因十八世紀以前國家器械說之反動。彼器械說謂、國家因人類意思而製造之。亦可因人類意思而變更之。而有機體說。則以國家爲有機體。與人類同一長成發達者也。按國家器械說。既趨於極端。得有機說以補救之。亦不盡無功。然爲有機說者。欲由歷史的發達而觀察國家。以反對器械說。而不知器械云者。固含有製造者使用者。若國家則未聞於國家以外而有製造者使用者。故以國家爲器械之誤謬。實易明瞭。何庸此有機體之語。以排斥器械說耶。夫有機體物之種類不一。幼稚之有機體物。與高等之有機體物。既有不同。即人類之與國家。亦不無差異。今就二者之間而舉示其差異之點有五。

（一）部分獨立之範圍　凡有機體之高等者。其各部分獨立之範圍。亦愈縮少。如蚯蚓最下等之動物也。截爲數段。其各部分仍能活動。至於高等動物。若馬若猿。苟斬割其一部分。卽不能生活。人類亦然。反之而所稱爲最高等有機體之國家。其分子之個人。獨立之範圍且廣。是卽國家與有機體物之異點也。

（二）發生及成長消滅之狀態。　凡有機體物之發生成長消滅。一依於自然。而國家則異是。按之歷史。國家之興亡。多因於人爲創造者。苟有能維持國家運命於永續者。則雖數千百年不亡可也。

（三）部分間間隔之多少。及對外境界明確之程度。　有機體物之細胞。雖有間隔之差。而要皆有密接之關係。國家則又異是。國家之細胞。猶人民也。因城市山河之間隔。非必聚爲一團也。又有機體物之對外境界。至爲明確。而國家則否。如島國四面濱海。尙不與他國毗連。若大陸接壤之國。則常起境界之爭。此土地之對外境界不明確也。且以各國人民。交通往來之頻繁。或至有國籍牴觸之爭。是人民之對外境界不明確也。

（四）物質的法則與心理的法則支配之程度。　有機體物之細胞組織機關。皆受物質的法則所支配。人類雖有心理的法則之支配。然仍受生理的法則所支配者爲多。國家則反是。國家雖以人民土地而成立。然皆受心理的法則所支配也。

（五）認識其客觀的存在之程度。　吾人雖嘗謂無人類則無宇宙。然試思之。果無人類。而山川草木亦當如故存在。蓋以有機體物之客觀的存在之程度强也。國家則異是。何則。若無人類。則客觀的必無國家之存在。卽有人類而不組成國家。則客觀的亦無國家之存在。是國家之客觀的存在之程度弱也。

以上諸點。乃有機體共通之特徵。而國家缺之。彼國家論者。以之加於有機體之列。殊非嚴正論理之所許也。

第二、團體說。

團體說。謂國家爲人類繼續的結合之團體也。此固古代傳來之觀念。而非新奇之思想。但古代之研究。專注重團體之目的。而於其性質搆造之純理的研究。則省略之。歐洲中古。此說盛行。有俗界團體宗教團體。而以國家亦爲團體之一。近世又有自然法派。亦倡道國家爲社會的團體之說。此中世之團體說及近世之自然法說。其論據全屬法理的。而未嘗由歷史的社會的以研究之。迄於晚近學者。就於法理的研究國家之本體以外。更就於歷史的社會的以說明之。故近今之團體說。與前之團體說大異其趣。謂國家係多數人類結合之團體。有鞏固之組織。與夫永續之目的。決非僅渙然人類多數之集合也。由是說而國家各種之性質。始可得而解釋之。即國家與個人之關係。國家機關與國家全部或一部之關係。又國家之自然的發生及變遷。及國家之人爲的助長及發達。以團體說說明之。固最有成效者也。然余意以團體二字說明國家。毋甯以社會二字代之。何則。國家之性質。所能以團體二字表示之者。悉得以社會二字表示之。且以研究社會之結果。直可利用之以說明國家。故與其稱國家爲團體。甯稱爲一社會之爲愈也。雖然。國家究係如何之社會乎。俟以下說明之。

第三、人格說。

人格者。法律上之人格。即法人之義。屢爲公法學者所倡。謂國家在於私法上爲權利之主體。在於公法上爲統治之主體。此說與統治者說不同。統治者說。直以統治者之個人爲國家。而人格說。則以統治者以外。別有統治主體之人格在。即認國家在公法上有意思行爲之主體。幷非與統治者同一視也。此說自法律理論言之。固爲正當。蓋所謂人格者。一出自法律之認識。有自然人而法律上不認爲有人格者。如奴隸是也。有非自然人而法律上認爲有人格者。如社團財團等法人是也。不問其爲自然人與否。均爲法律上之人格。苟就實在以說明之。則有未易明瞭者。即如國家之法律上人格。亦須待法學之論究。至於他之事情。則不能不讓諸法學以外之學科所論究。使欲以法理的說明。移爲政治學上之說明。

難矣。且此說所足以非難之點。與有機體說同。卽過重於國家之主觀的觀念。旣以國家爲有法上之人格。而其搆成國家之人類。不外以供團體之犧牲。因而不免有輕視人類之危險存焉。

德儒伯倫知理氏。從事於社會的研究。亦認國家爲法人。更進以國家之人格。視諸尋常人格爲高尙。故搆成國家之各個人。皆當爲國家之犧牲。又伯氏所稱國家之有高尙人格者。乃謂應於國民程度之國法所組成之國家是也。然予對於伯氏之說。有二個評駁。(一)氏以人民各爲國家之犧牲。而國家爲享受其犧牲之主體。故國家爲最高人格。然按之事實。人民之因神道因自由而犧牲者不少。苟因人民爲國家犧牲之故。而謂國家有人格。則將謂神道與自由亦皆有人格乎。(二)氏以國家之人格。隨人民程度而高尙。不知旣就事實以研究國家。則無論已開未開之國。均當各各說明之。若第說明局部之開化國家。抑已誤矣。

第二節 國家與社會

當於說明國家與社會之先。必先說明國家與實在。夫國家果係實在乎。抑係依吾人想像而始存在乎。予謂國家非物理的實在。而心理的實在也。既爲心理的實在。卽謂之實在可也。

第一款　社會之意義

吾人日常用語。往往混同諸義。於社會二字亦然。今分析社會之意義有四。

一、最廣義。　社會者有共通點之多數生物心理的一體之謂也。非但人類而已。卽人類以外諸生物。如螞蟻。如猿猴。皆有所謂社會也。

二、廣義。　除人類以外之生物。而包含人類全體而言。是爲人類社會。無所謂文野之別也。

三、狹義。　多數人類。以其特有之共通性。結合而爲一團者。謂之社會。其範圍或與國家同等者。或較大較小於國家者。世人往往冠以形容詞。以表彰其特有之共通性。如政治社會經濟社會文明社會是已。

四、最狹義。此範圍較諸國家尤小。即人類以其自由意思。因種種目的而成立之團體之謂。亦有待國家之干涉而成立者。例如官吏社會、慈善社會、皆屬之。

社會之意義。如此其夥。而茲所欲論究者。即其範圍與國家同一之社會也。夫此社會與國家。既爲同一區域。斯其社會之分子。同爲國家之分子。不過因觀察點之異。或爲國家或爲社會而已。然其區域既爲同一。何以國家以外復有所謂社會乎。其根據上之區別。是不可不一述之也。

第二款　國家與社會之區別

國家乃社會之一。社會之中。即有國家。故國家與社會本屬同一體。非有絕對的區別。特社會之進爲國家。有應具備之要素。是所當論究之也。

欲知國家與社會之區別。須明法之觀念。法也者。即使普通社會變爲國家之要素也。夫國家權力之作用。原不盡在法之範圍。然法也者。要爲國家之特徵。原來社會。非徒漫然多數人類之集合。必有所以支配之規律。

特社會之規律非有强制的。而國家之規律則有强制的。此其特徵也。故一言以蔽之曰。國家與社會之區別。在强制的法規之有無而已。無强制的法規之社會。卽國家以外之經濟社會宗教社會是也。論者或以社會一語。專指經濟團體。對於國家而言。是不免失之狹隘矣。

法之觀念之論究。原不涉於政治學之範圍。茲第就國家與社會之比較上。而舉其必要之點。則法之觀念有三要素。

一、人類行爲之規定。 人類行爲。有因有果。法律卽以規定人類行爲之秩序也。

二、外部之强制保障。 法之强制保障。在於人類之外部。至於人類內部之意思。則非法律之力所能達者也。

三、强制係由一定組織的權力（卽國權）而來。 與論習慣。在於社會上非無强制之力。特非一定的。且非組織的也。若法之强制。則依於國權而來。

具此三要素。斯爲法律。斯爲國家。此卽國家與社會所由區別也。至於法與國家之發生時期若何。論者不一。或謂先有國家然後有法律。或謂先有法律然後有國家。然予固信二者之爲同時發生者也。

第三款　國家與社會之關係

國家與社會雖有區別。然使全然分劃。又思想上與事實上皆所不能者也。蓋此二者之間。有密接之關係。卽其分子之個人之爲同一。而旣可見矣。所謂思想上不能者。卽吾人之思想。不能執强制的法律而除去人類以虛搆國家也。所謂事實上不能者。卽吾人苟超於社會以外。亦無由見實在之國家也。

國家與社會。其區域旣同。其分子之人類亦同。所異者祇在强制的規律之一點。且其規律在社會固已有之。是故國家之强制的規律。並非突然起者。要仍淵源於社會之規律而已。規律與社會同時發生。而强制的規律。則係後起。蓋有社會卽有規律。而因某種規律。非附以强制力。則無以達社會生存發達之目的。於是就其一部之規律而付與以强制力。遂生强制的法規。有强制的法規之社會。即爲國家。試即刑法觀之。甲國刑法所罰之行爲。而乙國刑法或不罰之。無他。在甲國之社會。視其行爲爲有害社會之生存發達。乃附以强制力而加以刑罰。而在乙國之社會。則無此必要也。是則各種之强制法規。皆因達社會之生存發達之目的而生。社會主也。法從也。謂因社會而法生。可也。即謂因社會而國家生。亦可也。夫法之完全。即爲社會之完全。然所謂完全之法者。惟理想法而已。若徵之歷史。法又因時代而不同。有良法焉。有敝法焉。而欲得一完全之理想法。以達社會之完全目的。卒不可幾及。是則古往今來。無非取各種之法。以試其適用與否。不嘗以法爲器械。但因此而謂有法之國家亦爲器械。則又不可。蓋以器械必有製造者與使用者。而國家則無此關係故也。夫社會者。國家之基礎也。國家者。社會之產物也。故欲眞了解國家。不可不先了解社會。欲知共通之國家者。須知共通之社會。欲知特別之國家者。須知特別之社會。近世文化國之間。其國家組織與各種法制。屢呈類似之現象。此非可視爲出於政治家立法者之隨意做造。必須就其組織法制之同點所以成功持續。而歸於社會事情之同一或類似也。故謂國家組織法制之類似。由於社會事情之類似。苟甲國社會之事情。與乙國社會不同。則無論乙國若何竭力做效甲國。而終不可望其成功持續。蓋社會事情不類似。決無類似之國家組織及法制也。夫社會之事情。雖依各種原因而變遷。而國家不過爲其變遷之原因之一。決不得謂社會變遷之原因。盡存於國家。何則。國家所以能左右社會之潮流者。祇恃外部之强制力。若深入人心之內部。而與以遠大之影響。則又非國家所能企及也。雖然。國家之一舉一動。固亦波動於各種社會事情。而現在社會之事情。非藉國家之觀念。終不能了解之。例如經濟事情。原與國家分離。然近今經濟學者。動稱國家在於經濟上之地位勢力。若何其重大。是欲知經濟社會之事情者。尤不可不知國家。特恐因此之故。或又惹起其勢力之濫用。茲故更就下之二點而試為說明之。即(一)國家之在於社會之地位。與腦之在於生物之地位之比較。(二)國家與個人之對立之狀態。是也。

第四款　國家在於社會之地位

世有倡社會為有機體者。以社會與生物比較。而發見解剖學、生理學、生物學、心理學上之類似。遂謂國家(代表國家之政府)之於社會。猶腦之於生物。共為惟一機關。以司全體之指揮者也。其所說以社會全恃國家之支配。政府為國家代表。即為社會代表。此自法理上觀察之。雖頗近似。而自政治學之事實的研究。則失其根據矣。蓋信如是說。則必以政府為惟一之意思者。而社會及其分子。(即個人)事實上將為絕對缺乏腦力。除服從以外。無他能也。夫普通之生物。惟腦為意思考慮所存之惟一場所。其他部分之細胞。則無意思。無考慮。若國家之在於社會上之地位。則不然。國家之機關。雖猶人身之腦。但組織國家機關之分子。其程度雖有多少之差。而要皆具備智情意之人類。覘諸生物之組織腦部之分子。與他部分之分子。有絕然差異者。蓋非可以一例視之也。國家苟離社會之分子。卽不能獨立存在。如以法之制定者執行者。而代表國家。發表國家之意思者。亦不外於社會分子之個人。無論以何時何地論之。彼代表國家之個人。比於一般人民之個人。甯獨有卓絕之能力。況以教育之普及。凡人類之能力。皆同等發達乎。彼一派之論者。謂國家立於社會之上。特以君主制爲能立於社會各黨派之上而維持中正。抑不外偏於一方面之希望理想而已。

第五款　國家與個人對立之狀態

國家之本體。與夫組織國家之個人。其相互關係之狀態若何。或曰二者常直接對峙。以個人於其爲孤立之個人以外。祇爲國家之分子。而使個人密著者。亦惟國家。其間蓋無復有他團體之存在。此說與所謂國家因各個人契約而成立之說相貫聯。究非予所得贊同之也。蓋依是說。則是以人類之社交性。僅適於組織強制的團體之國家。不復能組織其他之共同團體。於眼前之事實不已顯然相反乎。夫個人既爲國家之分子。同時又爲社會（包含最狹義社會與家族而言）之分子。申言之。即吾人人類。決不能孤立存在於世界。故須爲國家之分子。而同時爲一家族之分子。又爲他之最狹義社會之分子。當夫國家未發生以前。家族已隨人類而存在。迄乎文化進步。最狹義社會之種類亦益增加。而未聞因爲國家分子之故。悉舉其家族之分子及他社會之分子而擺脫之也。況以國家之通於家族而關連於個人之現象。雖因文明之進步。個人之獨立。而漸滅其數。而至於國家與最狹義社會相觸接之機會。則益有增加之傾向。是安得於國家以外僅認有孤立之人類哉。

更就此等位於國家個人之中間團體。（即最狹義社會及家族）而觀察其性質。其對於分子。皆有拘束力。且其拘束力非在形式。乃立入人類之精神而支配之。如宗教團體。其最顯著者也。至於國家對於分子之拘束力。乃在於外部之強制。若以言乎支配人心內部。則國家且弗及於他之團體矣。人類生存於世界。既不能孤立而爲事業。或孤立爲之而有所不便。故以共同爲必要。國家固共同事業之一團體也。而此種團體。又非僅國家已也。或謂國家之團體。無爲營利事業。而非國家之團體。皆爲營利事業。不知國家之事業。亦非無關於營利者。卽國家以外之團體之事業。亦不盡限於營利者。況以近世文化之發達。雖出自國家之力。而其賴國家以外之團體之補助者。亦頗不淺。此蓋盡人而知之也。

第二章　國家之定義

定義者。所以對於事物而與以正確且簡明之說明也。凡研究一事物。須與以一貫之意義。且表示之。是爲研究者之責任。定義卽所以達此目的之方法也。特所當說明之事物。日益複雜。而定義亦隨而趨於困難。故複雜之國家之定義。其困難且紛歧。殆不足怪。特研究者於國家之定義。有較之國家本來之性質。尤爲困難且紛歧者。則研究者所自招致也。蓋以研究國家者。或從觀念之方面。爲歸納的研究。卽以從來之事實而歸納之。或從思想之方面。爲哲理的研究。卽以概括之理想而推定之。甚且混合觀念與思想二面而研究之。以致國家之定義。亦因而多歧。夫從思想之方面而觀察之。乃對於國家之要求希望。此殊不必混入於定義之中。而第從觀念之方面說明實在之國家。以爲定義。足矣。且從觀念之一方面。尙有當除去之部分。以古今國家。情勢變遷。決不能幷舉而說明其異同所在。故茲之定義。亦第就普通國家言之而已。例如假設一定義。謂國家必有保存自己之力。則弱小之國。無保存自己之力者。卽不在所包含。然弱小之國。固仍存立於世界。而爲一國家也。又如假設一定義曰。國家必須能達其爲國家之目的。則行政窳敗之國家。將不得與於國家之列。然此等國家。固依然存立於世界者也。要此定義均失之太狹。而茲所欲下之定義。卽

國家者。在於一定土地而有統治組織之繼續的人類社會也。

今試析述之如左。

第一、國家者。社會之一也。　凡生物之一羣。因有意無意自動他動之集合。不問其結合力之强弱若何。一在此最廣義社會之中。國家卽此最廣義社會中之一也。至於國家之爲如何社會。旣於前章說明。故茲省略之。

第二、國家者。人類之社會也。　人類以外之生物之集合體。其與人類集合體。亦有類似之現象。故皆稱爲社會。而國家則限於人類之社會。所付與之名稱也。至於組成國家所必要之人數。固無制限。大抵以足形成統治組織之初步爲最小限。以人類之總數爲最大限已。夫以過去及現在之國家。皆不外人類一部之集合體。然自國家之觀念及未來之想像。或有包含人類總體之國家之成立。而茲之所謂國家者。卽具備國家要素之社會。而其由人類之全體而成。或由人類之一部而成。非所問也。

第三、國家者。在於一定土地之人類社會也。　人類必不能離土地而生存。故國家之成立。人類與其事業以外。土地亦其一要素也。此三者結合爲一體。而組織國家。其組織國家之土地。謂之領土。領土固非永遠不動。而時不免於伸縮。然就特定之時而觀之。則儼具繼續之性質也。若夫游牧人民。逐水草而居。有土地而已。有社會而已。烏睹所謂國家哉。

第四、國家者。有統治組織之人類社會也。夫社會之各個人。或因人類性質之自然而有差別。或因人類之意思而生差別。固非平等之人類之集合也。又社會各有特種之結合力。亦非偶來偶散之人類之羣集者也。雖然。社會固非有治者與被治者之區別。非有强制的法力之結合以爲媒介。而國家的人類社會。則有此區別。且有此媒介也。以强制的法力而治者對於被治者之組織。謂之統治組織。此統治組織。即國家與他人類社會最顯著之區別也。統治組織之中心。在統治權。統治權。即國法上最高權力之謂。權力云者。即一意思對於他意思所有優勢地位之謂。統治權既占國法上最優勢之地位。其不可分且無制限之性質。久爲普通學者所認。然此二者實非統治權必然之性質也。何則。統治權之不可分。雖足以說明單一國家。而至於聯邦國家。則不能爲正當之解釋。統治權之無限制。雖足以說明古代統治機關惟一之專制國。而至於近世統治機關分立之立憲國家。則其事實上之統治權。非無制限者也。要此詳論。當讓諸公法之範圍。而茲第就政治學上所當注意者如左。

(一)統治權在於特定之地域。特定之時期。其分量之總額。常爲同一。元來國家有單純與聯邦之別。又有中央集權與地方分權之別。其統治權發動之方式。雖各不同。而其分量之總額。則概同也。

(二)統治權之可分與否。及其分割之方法程度。皆視各國歷史的事實所指定。統治權之分割。不依於本國歷史。則有非常之危險。故現在國家之現象。皆歷史之結果也。

(三)統治權之運用。與其運用之狀態。要因社會全般之發達而決定之。運用者。有爲君主。有爲人民。運用之狀態。有爲獨裁者。有爲合議者。

說社會上之程度若何而有差異。此外又因外交之關係。及民族之種別。而統治權之運用者及運用之狀態。隨之而不同。

(四) 統治權之優勢。不能達於法律以外。 統治權乃國法上最高權力。申言之。即占國法上之優勢。故其優勢祗限於法律上有之。而不能達於法律以外也。

(五) 統治權之運用者。所得隨意活動之範圍。事實上有種種之制限。統治權之運用。法律上固無限定。然事實上如一國之習慣及輿論。雖以專制國之無限主權。猶不能不受其限制。此又足徵統治權無限說之誤謬矣。

第五、 國家者。繼續的之人類社會也。 夫自人類之全體觀之。一旦既達於國家的生活。其後常繼續爲國家之分子。雖有時陷於無國家之狀態。然此爲其變而非其常。且不久亦即回復於常態。蓋古今東西歷史之所同也。即推之將來。國家之生活。亦必亙非常長久之時間而不變。蓋以人類之性質。有須組織國家之事情。此種人類之性質不滅。斯國家之組織長存。其性質維何。卽如左之四點。

(一)人類之社交性。人類不能孤立生存。斯有交通。此爲人類特有之通性。而國家組織上所必要者也。

(二)人類之能力差異。人類間之能力不同。斯其在於社會上之地位。亦復不同。

(三)人類之生存競爭。(廣義的)此生存繼續。係永久繼續性。因生存競爭。斯不得不謀相結合也。

(四)人類俱有之利己性。此利己性乃短慮的。爲人類所不能消滅者。

由上之四點觀之。則國家殆永遠之社會也。但必須四者具備。然後爲組織國家之必要。蓋使僅有社交性。則不過龐然一社會耳。苟無社交性。雖有能力差異。生存競爭。及利己性。亦不外孤立之個人。若此皆無組織國家之必要也。然而古今人類。於此四種性質。莫不具備。故足以推測將來之國家組織。永無消滅之一日矣。雖然。此第就國家與人類之關係言之。則國家固可以永遠存在。若舍此概括的觀察。而就各國家言之。則盛衰興亡。既爲史上之事實。現在之國家。孰非立於過去國家墳墓之上者乎。蓋以國家之生存競爭。無時或息。由此以觀。則國家固非永遠的而皆一時的也。雖然。國家當成立之時。固未嘗豫劃其存立期間。而要皆務期其繼續發達於無窮者。但因國家間之生存競爭。及其他原因。或陷於消滅之運命。則固非其當初之所希望者也。是則國家之存立期間。原無一定之制限。謂之永久的不可。即謂之一時的亦不可。故甯用繼續的之語以說明之爲當。而此繼續的云者。又非以客觀的標準。測國家之命數達於一定之度與否。乃以主觀的標準。因其社會之性質而決定之。故雖不幸短命之國家。亦不失其爲國家也。

第三章　國家之分類

第一節　總說

吾人因種種之目的。得以種種標準。而分類凡百之事物。即如國家亦然。惟自國家所以爲國家之性質上觀察之。則無論若何國家。莫不同一。非可得而分類。蓋就於國家現在發動之作用。其適用之事項。固有差異。而至於國家作用之源泉及其限界。則凡爲國家。皆爲同一。換言之。即國家統治權之本質。常爲同一。故不得就於統治權而爲國家之分類也。凡國家皆無法律上之拘束。（法律乃廣義的幷憲法而言但社會上之規律不含其內）故爲自由。凡國家在於法律上有拘束國內之團體及個人。故爲專政。由此意義之自由與專政。不過就同一國家。從兩面以觀察之。非得爲分類國家之標準也。即施行憲法政治之國家。亦不能逸此論理。蓋憲法之目的。非規定國家權力之廣狹。惟規定國家機關（行使國權者）作用之範圍及方法而已。苟以國家視爲國家全體而觀察之。則憲法之有無。其於國家之性質。毫無增減。而不過拘束其機關之運動耳。

如上所述。就國家所以爲國家之性質上。既不可得而分類。然苟以種種之目的。由種種方面而分之。則亦非不可能者。例如以領土之特質及國民之政治的、法制的、經濟的、宗教的、社交的種種特性爲標準。尙得分國家爲無數。然其最著名而且重要者。則依於國家之最高機關之分類是也。蓋國家之活動。一俟機關而後行。苟無機關。則雖他之要素。若何具備。亦不外有建設國家之地而已。有適於形成國家之社會而已。安見有國家之存在耶。國家機關中之最重要者。爲最高機關。而此最高機關。非可與國家混同者也。

依最高機關之分類。其主要者有二。卽(一)關於國家之組織。(二)關於國家活動之形式。是也。前者稱爲國體的分類。後者稱爲政體的分類。

第二節　國體的分類

第一款　亞里士多德氏之國體三分說

國體三分說。卽依治者之數。(精言之卽在於國家占最高地位者之數)而三分國家。爲君主國、貴族國及民主國。是也。君主國係一個人占最高地位之國家之謂。貴族國係國中少數者占最高地位之國家之謂。民主國係一般人民占最高地位之國家之謂。此分類最古。且普及於世上。亞里士多德氏以前。雖已有與此類似之分類。然因氏著書之流行。而此之分類。因隨氏之名而見知於時。亞氏以前述三者。稱爲正則之國體。而各附以腐敗的變則之國體。爲暴君國、寡人國、愚民國、是也。邇來政治學者。屢偏傾於國體論。而亞氏之國體三分說。遂占政治學之大部分。麥濶伯理氏嘗以君主國與共和國對立。爲後來國體二分說之前驅。然未足以壓倒三分說。且二分說亦依於治者之數。與三分說無異。厥後孟德斯鳩氏。就於亞氏之分類。而加以壓政國。是與亞氏所謂暴君國無擇。故不足爲別出新機軸也。蓋亞氏之爲此分類。專比較希臘諸國體。就其範圍而爲便宜之分類無疑。而當時所謂化外國。則不置重於氏之眼中。後於氏者。莫不以此分類爲完全。亦以中世以還。歐洲政治事情。雖大變更。而國家之理論的研究。仍未發達。故國體三分說。並不受若何激動也。然迄於近來。因國家之進化。與自由研究精神之勃興。復引起種種異論。其結局至於最近。一般之觀念。皆以國體貴適其國情。非敢爲絕對之可否。因而國體的國家分類之紛爭。隨趨於沈靜矣。

第一款　國體三分說之批評

亞氏之國體三分說。以治者之數爲分類之根據。思想上尙爲簡明。然現今實在之國家。則不能以此分類爲滿足。夫君主國之名稱。固謂主權在於一人掌中之國體。雖然。世之所謂君主。非必掌握國法上幷政治上主權之全部。而民主國之元首。亦有運轉國法上幷政治上國權之重要部分者。卽以國法上言之。一國元首之地位。時不免於消長。且政治上實權之所在。恆變化無極。隨政治事情而移動。故以此區分國體。殆屬徒勞已。況自政治之實際言之。柏里苦列士時代之雅典。不可不稱爲君主國。波魯一世時代之俄國。不可不稱爲貴族國。此例在歷史上數見不鮮。苟離政治之實際。不省國家機關之組織。政權之分配。及實權之歸着。而漫然以君主國之特徵。歸於有無帝王名稱之人。實未見其可也。何則。果如是說。將以英德淸俄諸國。一概與法美相對。然而英德之國家。使其與淸俄幷列。甯以之與法美比肩之爲當也。

國家元首世襲之有無。亦非絕對之區別。蓋除選舉君主國以外。卽共和國元首。亦非不可得世襲者。又元首責任之有無。廢位之可否。亦非絕對之區別。蓋不特終身之大統領不負責任。卽有期之大統領。亦有在職中無責任者。反之而王亦有可得廢位之例焉。

更就貴族國與民主國之別而觀察之。一謂少數者爲治者。一謂多數者爲治者。但少數與多數。當以何者爲標準而決之。過半數與否。固不足爲標準。雖如民主國之人民最富於參政者。然除未丁年者、無能力者、及婦人外。而以人口總數四分之一以上爲有參政權者。殆乏其例。而徒就四分之一以下之範圍。漫然制限之。以立二者之區別。誠未見有何理由也。然則二者之別。在於貴族一種人民之掌握政權。與夫一般人民之掌握政權而已。但更進而察貴族之爲何。亦非能十分明瞭。貴族者一國民之一部。因出生、職業、勳功、學識、財產。與他之人民區別。而有種種特權者也。此特權在於政治上爲參政權。以參政權限於貴族。卽所謂貴族國之特徵也。然而謂貴族國係以少數人民爲治者之國家。而謂貴族係因有特權而得參與政事者。是豈非輪環論法哉。夫以治者之少數。屬於所既限定之階級與否。在思想上雖足爲區別之標準。但就於限定。殊難付以一定之意義已。

況夫以參政權之分配。而決治者之數。不無紕繆。蓋當國家機關之搆成運轉。有必要之行爲。其有執此行爲之權利義務者。原不皆爲治者。(君主國體而採立憲制度之國家。其人民固非治者也。)故雖有某種人民參與政權。而究不得執此點而直謂該國家爲貴族國。誠以此時之主權。非但可視爲歸於一人。卽視爲歸於一般人民。亦無不可也。若夫論政治上實權之終局所歸着。則無論若何民主國。其率一般人民而爲之主動者。要不外少數之首領。又無論若何之貴族國。苟有背反民情之施政。究不能以永遠持續。蓋古今東西所一其軌者也。故實權之終局的歸着。亦不足爲區別兩國體之標準矣。

第三款　混合國體說及其批評

國體三分說之分類國家。既有以上之困難。於是而所謂混合國體說以起。混合國者。謂以前述之國體之特徵。由種種比例而混合之國家。是也。此說自希臘已有主張之者。卽亞里士多德亦嘗謂世上之國家。非必屬於純粹三國體之一。至於中世以迄今代。同調者亦復不少。或謂國體皆爲混合而無純粹者。或謂國體有爲純粹有爲混合者。

夫謂凡國家皆爲混合國體之說。卽否認因國體而分類國家者也。然因治者之數而別國體。其當否姑不必論。而其分類。則固包括而且徹底。故不能有一人國體而又爲非一人國體者。且可視爲國家之意思者。惟一無二。故事實上雖有多少影響及於國家之意思。究無用吾人一一而省之。惟就結局。國家意思所由決定之最高機關之所在。而判斷治者。足矣。此最高機關之所在。固無有混合者。由此點以觀之。混合國體亦不可得成立矣。要之混合國體說。不過足以反證國體三分說之困難。而於國家分類之理論。實無甚價值也。

第四款　國體的分類結論

由上所批駁混合國體說之理由。已足以辨護國體的分類之根據。蓋欲網羅政治上國法上諸般狀況。爲惟一之國家分類基礎。終不可能。且以無限之適用。求於一種之分類。亦無當也。故以亞里士多德氏之分類。爲說明政治現象之完全標準。已爲誤謬。而不滿亞里士多德之分類者。更追加以他之國體。以爲萬能之分類。是又陷於二重之誤謬矣。其一誤謬。在分類之觀念。即欲以惟一之分類。而蕲達說明國家之一切目的。是也。其他之誤謬。在分類之方法。即以不同標準所由來之別種分類。而列於同一位置。是也。

國體的分類。非但數學之分類。且包含性質上之差異。殆如論者所云。而國體之如何。於內治外交上共爲重要者也。然以性質爲主而觀察之。以各國體有一定不動之主義。視國體之別。即足以決政治上之問題。此實不外過去之空想。蓋以同一國體之下。其國家尚有許多同異。故說明特定之國家。尤當察其國體活動於若何政治狀態之下。且政體之如何。所關蓋匪淺鮮也。

今予之分類國體。先爲君主國體及共和國體二者。更以共和國體。分爲貴族國體及民主國體。其分類之標準。視其國法上以何人占國家之最高地位而已。占最高地位者爲一人。斯爲君主國體。若係二人以上。斯爲共和國體。（共和國之元首。雖爲國家常置機關中之最高者。而國法上占國家最高之地位者。非必元首也。）如欲明二者之區別。尚當問其國家元首之有無世襲、有無責任、有無廢位、有無帝王等稱號。蓋此數者。各各獨立。尚不足爲區別國家之絕對標準。然集合之。則可以決國體之異同。猶集合人種、言語、歷史、宗教、經濟、文化等。而始得決民族之異同也。至於共和國中。有貴族國與民主國之區別。視諸君主國與共和國之區別。尤為困難。要視其國法上最高之地位。將歸於一種特別階級之少數人民所專有歟。抑歸於一般人民歟。因此根本主義之差異。而參政權之原則隨以差異。如在於貴族國。以特別之少數人民。專有政權。而一般人民。則無論若何人才。均不得干涉。在於民主國。除特定無能力者之外。以參政權為普通人民之所有。一以限定參政權為旨。一以擴張參政權為旨也。夫當於特定國家之分類。其果為貴族國。抑為民主國。頗苦於分辨。然自大體觀察之。尚可作為共和國之細別而使之并立。且從政治上之性質與歷史上之變遷觀之。君主國與民主國。反相接近。殆有與貴族國對立之象。此晚近學者。所以仍蹈亞里士多德之國體三分說也。

第三節　政體的分類

第一款　政體的分類之重要及其根據

前述之國體的分類。即關於國家之搆成之分類。此分類固爲必要。而因此分類所生各種國家之差異。於政治上社會上。均未可輕忽視之。然自國家發達之沿革上及國家活動之政治實力上觀之。則政體的分類之重要。實駕於國體的分類而上之。蓋以政體的分類。足以卜其政治之進化退化。而國體的分類。則不如是。輓近政治上之趨勢。不在國體變更。而在政體變更。且現今政治現象。若對外政策。固通於世界各國。概認類似之方針。而至於內治。則以屬於政體的分類之一種之國家。其類似之點。視諸屬於國體的分類之一種之國家爲較多也。

政體的分類。即因於憲法之有無而區別國家。國有憲法。而國家機關之行動悉依之。謂爲立憲政體(或曰立憲制)之國家。國無憲法。而國家機關之行動。一出於專斷。謂爲專制政體(或單曰專制)之國家。專制政體。非必限於君主國體。即貴族國體及民主國體亦有之。何則。民主國體。縱以統治權在民爲主義。而實際上當執行統治權之局者。有屬於少數。而此少數者直與貴族國無異。其於國家行動。非必有所當準據之憲法也。憲法卽關於運用統治權之根本法。規定國家機關之組織及作用之大體。故憲法之有無。於國家統治權之性質。原無變動。統治權。在於法上爲無制限。而憲法則幷非對於個人與國家(卽國家機關全部)之關係而引起差異。惟個人與國家機關一部之關係。多受憲法之影響。憲法卽所以使個人免於一部國家機關之專斷而已。

第二款 專制政體

專制政體之國家。以無憲法之拘束。故其國家之行動。常爲最自由而且迅速。此論者所以目良好之專制政體。爲理想的政體。而置之於立憲政體之上也。然判斷政體之良否。非可僅視其直接之效果。而當察其永遠及於國家與社會之影響若何。且欲保障專制之常爲良好。亦未見有何理由也。雖然。以專制政體。卽爲暴政。亦非也。蓋在專制治下。雖無保護個人之憲法。然其國家機關之行動。不無內部之規定。而此之規定。卽對於國家機關之行動。與以一定之軌道。使無加個人以不規則之抑壓而已。

若夫國家機關之行動。毫無遵守之法律。或即有之。而亦無遵奉之者。惟恣以侵害個人之權利。然後可冠以暴政之名稱。然暴政云者。亦非併個人相互之私權而不保障之。至於併如此保障而亦無之。殆可謂之無政。而專制政體。則決非可稱爲無政者也。

憲法上之保障。所以對於國家機關之抑壓而擁護個人。此法規上之保障也。形式上之保障也。在於專制政體。雖無如此保障。然其他保障。則不論政體若何。而常存在於一般人民之手。即實力之保障。是也。國家機關之抑壓暴虐。若過其度。至使人民不堪其疾苦。斯一般人民。以其實力抵抗暴政。亦自然之勢。此蓋古今史乘所同語者也。

第三款 立憲政體

立憲政體。其國家機關之行動。不能出於憲法範圍以外。匪特不可背反憲法之法文。即違反憲法精神之行動。亦不得爲之。憲法之精神云者。其意義似不甚明確。然苟係確立憲政之國家。常以憲法之精神支配政治爲原則。憲法之精神有二。一爲各國所特有。一爲立憲國家所共通。各國特有之精神。卽各國欲維持其特別國體及其他之國家組織（例聯邦）是也。立憲國共通之精神。則在反於專制政體之國家機關獨斷主義。而爲多少之讓步。在認國民之政治上人格。而敬重其意思。在別於執政機關之政府以外。而存立監督機關之議會。使之擁護發達。是已。非立憲云者。廣之反於憲法精神之謂。違憲云者。違背憲法法文之規定之謂。特無論若何憲法。其於國家機關相互之關係。與夫國家機關與人民之關係。非能一一規定之。使第以不反憲法之法文爲已足。則立於立憲制之下。將有以專制之精神而執行國政。其危險容有過於專制者。推其究極。殆能刺擊民心而生衝突。或使政體逆行於專制之舊狀。要於國家之發展與社會之進化。均大不利者也。

立憲政體。於議會以外。往往有總投票之制度。總投票者。關於重大事項。

（立法事項中之憲法事項）依投票而直接表示一般人民之意思。因而與以最終之決定者也。此制度原爲民主國體所行。然除國法上之最終決定權一點。即他之國體。亦非不可得而適用之。如立憲君主國。今已有主張採用此制度者。

立憲政體之優於專制政體。其理由如左。

（一）政治上之利益。

（1）監督機關之特設。使執政機關之政府。於執行國政時尤爲注意。

（2）採取監督機關之組織。及總投票。使人民對於國家尤爲注意。

（二）社會上之利益。

（1）依根本法而確保自由權利。其人民得安然爲各種活動。斯促個人及社會之進步。

（2）國法上享有議政權之人民。自然馴致於積極經營公共事業之風氣。若專制治下之人民。第有消極性之服從。而於共同事業則甚冷淡。

立憲政體。其對於治下人民之良結果有如此。特其發生與發達。要歸於人民之性質程度。故欲胥一切國家而强爲立憲政體。勢固有所不能。今就維持立憲政體所必要之三條件。列示之如左。

（一）人民渴望立憲政體。或痛惡專制政體。

（二）人民之智德。足任立憲政體之永續所必要之行爲。

（三）人民常使其能力之活動。

要之。立憲政體。於發達人民之智德。殊有大效。然其行之健全。固以有智德發達之人民爲條件矣。

夫立憲政體。在於政府以外。有獨立之監督機關。而依國法以議政府之行動。且享有運轉國政所關連之特權。（如立法協贊權、豫算議決權、上奏權、質問權等）故監督機關之意思。大能與政府以影響。此立憲國家所共通者也。特監督機關之勢力。有頗爲薄弱。僅作政府之參考機關者。反之而勢力强大。非但促政府之更迭。且得隨意製造政府者。亦有之。後者卽所謂議會制。是也。議會制乃伴於立憲制而起之現象。而非與立憲制對抗而別爲存在者也。且因於特定國家之政治事情而決定。而非必然發生者也。議會制與政黨內閣制相伴。而政黨內閣制之得失。當於後詳之。

第四款 立憲政體之細別

立憲制。因憲法之種類而細別爲種種。其最著者。因憲法之成文與否而分爲二種。卽成文立憲制及不成文立憲制。是也。

在於成文立憲制。憲法爲國家之根本法則。統治者於特定之時而發表爲典章者也。不成文立憲制則反是。而其所謂憲法。由普通立法、裁判判決、政治慣習而成。故未有特別之成文。且難明示其成立之時者也。成文憲法。有修正方法之規定。且其方法與普通立法手續不同。而不成文憲法。無修正方法之規定。得依普通立法手續而加以修正。故以成文立憲制。稱爲特別立法制。以不成文立憲制。稱爲普通立法制。可也。不成文立憲制。應時勢之必要。得以普通立法手續。容易變更憲法。且於法文所不存在者。得以解釋爲補充之餘地。故不至因時勢與憲法之懸隔。而來革命之虞。此即不成文憲法富於彈力性之利也。然利之所存。害亦隨之。以不成文憲法。未有法文。於國家之根本法。既欠明確。且一朝而有濫用者出。易恣意改廢之。斯人民無由得鞏固之保障矣。至於成文立憲制之利害。正與不成文立憲制相反對。此兩制之得失。固理論上之比較。而就實例以觀之。則英國之享不成文立憲制之利也殊大。而苦其弊也甚少。然此實因於英國國民之性質與英國立憲制之歷史所由來。而決非可漫然期於他國者。故方今立憲制之國家。雖皆直接間接以模仿英制。而大抵採用成文立憲制者也。

成文立憲制之國家。於修正憲法之方法。爲重大之問題。觀於現今文明國所行之修正方法。因其修正之委於如何機關而分之。厥有四種。

（一）委於普通立法機關。惟諸事及表決之數不同。

（二）委於因修正憲法所設之特別機關。

（三）委於人民之總投票。

（四）在於聯邦。多委於各邦之機關。

凡成文憲法。具有容易修正之規定者。斯其得失與不成文憲法相近。反之如成文憲法之全然不許修正者。則以毫無彈力性之故。其結局殆有招起革命之危險焉。

第四章　國家之發生及消滅

第一節　國家之發生

第一款　總說

對於論究國家之發生。有當注意者三。

（一）以歷史的哲理的之區別研究國家者。於研究國家之發生。亦爲歷史的哲理的之區別。然國家之發生。實不外據於歷史的歸納論。苟從哲理以研究之。則涉於國家存立之理由。非關於國家發生所當研究之範圍內矣。故茲之研究國家發生。悉舉所謂哲理的發生諸說。（如神意說勢力說契約說)而束之高閣。一基於歷史之事實而研究之也。

(二) 政治學上之國家發生。非法律論而事實論也。即以其始具備國家三要素(土地、人民、統治)之時。爲國家發生之時。若形式上之儀式宣言。固足表明國家之發生。爲事實論之材料。然不能即其有無而決國家發生之有無也。

(三) 茲之說明國家發生。一基於事實之概括。概括者須由多數事實而來。然實在之國家。皆特別事實之結果。而茲之因湊合所生之決論。必難切中於特定之國家。不過就於比較的多數之國家。爲能適合云爾。

國家之發生。可分爲二。絕對的發生與關係的發生。是也。絕對的發生云者。其土地以上之人類。從未爲國家之分子。幷無國家組織。而一旦新形成爲國家者也。關係的發生云者。即其他一切之國家發生之總稱也。

第一款 國家之絕對的發生

夫以散在於地球各部之國家之起原。歸於惟一最始之國家。是實無根之談也。何則。國家之絕對的發生。概在有史以前。非吾人所能直接證明之。而祇得間接由吾人智識以探求之。探求之根據有三。即由(一)人類之性質。(二)國家之關係的發生。(三)就現在之野蠻社會而類推之。此類推之方法。亦非敢謂完全。蓋以野蠻種族之散在各地者。其個人性質與夫社會組織。既有種種之差異。即取其共通之點。以類推開明國民之祖先。其果能從同與否。實亦不敢驟斷。亦以人類進化。已成公例。今之野蠻社會。視於古之野蠻社會。或有不同故也。然以舍此別無他之良法。而此種之類推。亦所不得已者也。

中國論者。向稱唐虞三代爲盛時。逮於叔季。日漸退化。遂成今日之現象。即歐洲古時。亦同此思想。其實非也。夫以某種類之事物。亦有今不如古者。然從大體觀察之。世界事物。悉由簡以趨繁。進化之公例。實亙古今而不易者也。

國家之絕對的發生。固難十分明瞭。然國家者特殊社會也。而此特殊社會。即從普通社會所轉成者也。故當於論究國家之發生。宜先就未有國家以前之原始社會（即人類團結的存在之始期）而略說之。而此原始社會。果從何而發達。古今學說。不皆一致。茲分爲三期如左。

第一期徽章的結合。　即依記號而結合者也。往昔學者。謂原始社會。起於血族的結合。而至於近今。則推究血族結合以前。尙有徽章結合之時代。而此之徽章結合。亦非無血族關係者。特以不置重於血族云爾。蓋以古代未開化之人類。每於肉體衣服器皿。飾以記號。以其記號同者爲一團。如美洲澳洲等土人。各以其特有之動物。爲其團體之標識。即英語所謂Totem（侯官嚴氏譯爲圖騰）是也。

第二期血族的結合。　初時有父權中心說。謂社會始於族長家長。其後此說漸次失勢。而於所謂母權中心說。又大族與小族發達之先後。說者不一。或說以小族先於大族。謂血統易詳之小族。始相結合。以漸繁衍成爲大族。然近今學說。則謂大族先小族而發生。蓋以原始之徽章的結合時代。尚具混沌之狀態。進而疑似爲同一血族者。結合爲一大族。再進而就其中之統系可考者。又復結合爲各各小族。此其順序也。顧是等學說。亦甚紛繁。非茲所得而詳述。要之血族結合之社會。以族長社會爲最發達。亦卽國家之所由而發生。故當國家成立之後。尚有此族長社會之遺物存焉。而此族長社會與夫國家的社會。自其性質上言之。有四異點。

（一）人的結合。　族長社會。其互相結合。全爲血統之關係。而無地域之關係。

（二）閉鎖的結合。　族長社會。以人的結合爲根原。故必以同一血族者。爲其社會之分子。而此外因移住之關係。決不能爲其社會之分子。且旣爲一社會之分子者。亦不許脫離而入於他之社會。

（三）重層的結合。　族長社會。於一大族中分爲數小族。大族之長。統馭各小族之長。各小族之長。統馭各族之分子。所謂重層的也。近世國家。惟聯邦國之組織。有重層的統治制度。若其他國家則無之。

（四）舊慣的結合。族長社會。常保守其祖先傳來之習慣。而不樂於改革。故其分子在於社會上之地位職業。常世守之弗失也。

第三期地域的結合。此時代不拘血族之同異。但以其在於同一地域者。則其利害關係及感情。莫不相同。遂結合而成社會。蓋此時而國家發生之期殆近矣。

以上社會發達之順序。分爲三期。然不得謂爲絕對之區劃。如地域結合時代。非無血族之關係。血族結合時代。非無徽章之關係。徽章結合時代。亦非無血族與地域之關係。但至於地域結合之時代。則徽章之迹殆無存焉。故斯三者。不過就各時代之所著而言之也。

由是觀之。可知人類初期。卽有此社會之形迹。蓋人類之共同競爭。固自始而有也。特從來學者。均以最初各個人皆爲孤立。既而漸知孤立生存之不便。乃共同結合而成立社會。是說雖風靡一時。而晚近多非之。蓋人類成立社會。基於共同生存之必要。其關係實起於自然。初非由人類以其意思而造此社會。此即契約說所以誤也。夫人類所以自始即有共同生存者。有三原因存焉。

(一)人口繁殖。人類生息。日以蕃滋。而不能使之散處於各自孤立之境。故其共同生活。基於自然而然。

(二)對外競爭。人口日滋。彼此接近。利害之衝突隨生。乃知孤立不足以敵合羣。小羣仍不足以敵大羣。於是而合力相競。以維持其生存。此在幼稚社會。蓋已然矣。

(三)人類之社交性。夫獨居索處。不如羣居之爲樂。小羣聚處。不如大羣相聚之爲樂。此爲人類特有之社交性也。

因以上之原因。是最初人類。即有共同生存之必要。特共同生存。常被四圍境遇之影響。境遇者何。即內部之自然狀態。與夫外部之競爭狀態是也。假如自然狀態。(如土宜•氣候水利)適於人類之生活。且隨人口之繁殖。而其生產力仍足以供給之。則內之足以維持其共住。外之足以招致多數之移住者。而其社會遂得以繼續而且發達。反之。其自然狀態若爲不利時。匪特不能招他族之來住。且併同一血族者之分散遷徙。亦不得拒之。則欲持續其社會也已難。其與此自然狀態相待。於社會之成立有大影響者。則外部競爭力之壓迫也。蓋以外部之壓迫。實足以左右人類團結之狀態。苟不能抵抗其壓迫。則不免爲他社會之所乘。雖有自然力富厚之社會。亦適以供他社會之侵略而已。

以上既就原始社會之發達狀態。及其共同生活之原因。與夫境遇之影響於共同生活者。而略說之矣。今更進而解決國家發生之問題。夫國家既爲有强制的法規之土著社會。是國家發生之問題。即强制的法規發生之問題也。社會之土著之問題也。然則人類社會何以有强制的法規。且何以有地域而土著。固所當續起而研究之者也。

第一、所以有强制的法規之理由。　夫社會雖有共同目的。而社會分子之意思。則常不免相牴觸。欲調和此牴觸。維持內部之平和。使因共同利害而趨於一致。則不可無規律以拘束團體內之各人。苟此規律不存。則結合力微弱。對外競爭。必處於劣敗。而其社會亦不可得而存在矣。特此最始之規律。非有强制力之後援。乃極爲漠然者。然以團體之膨脹。與外來競爭之劇烈。社會組織。漸隨而變更。於任意的規律之外。更具有强制的法規。而此强制的法規。卽從任意的規律之中。選擇其於社會生存競爭所最必要者。而附以强制的性質者也。既具有强制的法規。則統一而執行之。又須機關之繼續存在。此機關卽所謂酋長是也。酋長所執行之法規。亦皆斟酌社會之風俗習慣。且憑其權力。以保持其地位而世襲之。此種現象。直與君主專制國相類似也。

第二、所以土著之理由。原始社會。往往被四圍境遇之影響。而遷徙頻繁。此在游牧時代則然。進而至於農業時代。則人皆土著。而此土著之風。亦四圍境遇之使然。蓋以古代地廣人稀。牧畜足以爲生。迨人口增殖。非繼以耕種之業。則不足以開發土地之生產力。而供其生活。則內部之境遇所影響也。又以古者土地廣漠。部落亦稀。得以從容遷徙。及人口增殖。接壤而居。彼此均不得自由移住。則外部之境遇所影響也。人既土著。斯地域團體興。際此時代。不拘血族關係之異同。苟在同一地域者。卽爲利害相通。感情相同。而國家要素之土地。亦於是乎成立。

夫至强制的法規與夫社會之土著既皆發生。則國家之要素。漸次成立。斯卽國家之所由發生也。

第三款　國家之關係的發生

國家之關係的發生者。卽絕對的發生以外之國家之發生也。此在歷史上根據甚多。無藉推理之方法。關係的發生之國家。其種類不一。然按之歷史。其主因率爲種族之競爭。申言之。國家之關係的發生。卽定種族勢力之關係。種族之强者。因征服弱者。而形成爲國家也。其狀態有二。

（一）集中的併合。　有一强族。併合其四鄰之弱族。而集中之以成立國家。是也。

（二）移住的征服。有一强族。移住於他種族之良好土地。因而征服之以成立國家。是也。

種族競爭。有以上二者之區別。要皆國家關係的發生之主因也。關係的發生。又可分爲二。即在於未有國家之土地之國家發生。與在於現有國家之土地之新國家發生。是也。

第一、在於未有國家之土地之國家發生。細別爲二。國家的及人民的。是也。

（甲）國家的。新國家之發生。由於他國家之機關。自覺的積極的所經營者也。例如希臘盛時。地狹人稠。雅典斯巴達之政府。殖民於意大利、小亞細亞、地中海以西。自後遂成立數多之新國家。反之若羅馬殖民。雖亦政府爲之主動。然其殖民地仍受羅馬帝國之支配。幷非發生新國家者也。

（乙）人民的。新國家之發生。由於他國家組織之下之人類所創設者也。例如美國加魯弗尼亞州之殖民。是也。

第二、 在於現有國家之土地之新國家發生。 此分類卽現在國家因有異同而發生新國家之總稱。若新國體之現出。與乎新政體之採用。則同一國家以內所發生之事。不得以此目爲新國家之發生也。玆細分爲合同的及分裂的二者。

（甲）合同的。 現存數個國家之合同而成立爲新國家者也。例如瑞士、德意志、及北美合衆國。皆以任意消滅舊國家。而爲新國家之組織。是也。他如因國家間之衝突。一國倂吞他國。則不過被倂吞之國家。歸於消滅。未有新國家之發生也。又如歐洲中世。因相續而國家合同者。乃基於以國家爲君主私有財產之思想。不過爲國家之消滅與膨脹。而非新國家之發生也。

（乙）分裂的。 一國家因於任意或他之強迫。及因其本國人民之一部獨立。而分裂爲數個之新國家者也。按之歷史。不乏此例。而分裂之主要原因。在於利害關係與感情。蓋以一國內之競爭團體。有利害感情之不同。常相軋轢。且其勢力相埒。無强弱之差。勢不致於分裂不已。而其團體之區劃。與地理之區劃相隨。其軋轢之原因不息。則其國家之一部。更形成爲新國家。例如南北美各國。初爲歐洲列國之屬地。後皆分裂而獨立。是也。

要之國家之關係的發生。與國家之消滅。有密接之關係。故當就於次節所述而參照之。

第二節 國家之消滅

第一款 國家之消滅概論

國家之消滅。即國家三要素缺一之時。然土地及人民。除因自然界所發生之變異（如水災地震）以外。決無致於消滅。且自然界所發生之事情。又不屬於政治學所研究。故茲所謂國家之消滅云者。以論統治權之消滅爲已足矣。夫統治權之消滅。或因於平和。或因於强制。要當就事實而決之。若形式上之統治權。則國法學及國際公法所研究也。

前述國家之性質。以統治組織爲必要。且爲繼續的。故國家斷無歸於自然消滅者。從來國家瓦解。陷於無政府之狀態。有視爲國家之消滅者。然此不過國家變革之過程。決非國家統治權之消滅。蓋國家之消滅。要不外因於內部之任意或外部之壓迫也。

夫未有國家以前。社會間之競爭。因勢力之優劣以爲存亡。國家者社會之產物也。故國家間之競爭。亦因其勢力之優劣以爲存亡。其競爭力劣弱。以瀕於敗亡者。卽國家統治權隨而消滅矣。

國家之消滅。或優者與劣者牴觸。而劣者歸於消滅。或一優者受諸劣者之合力攻擊。而優者亦不免於消滅。然亦有孤立之劣者亦幸免於消滅者。此非出於强國之仁慈。乃因羣雄相掣。憚於發難。而弱小之國乃得以幸存。如瑞士比利時。皆因歐洲列强之勢力平均。至今尚以永久中立而存。是也。

要之國家之消滅與否之前提。即優劣之差也。優劣之所以差。則因於國家競爭力之差也。此不特國家爲然。即未成國家之社會。亦莫不如是。是則國家之盛衰存亡。實皆國家間競爭力之差異。競爭力大。則其國强且存。競爭力小。則其國弱且亡。此通例也。若夫劣弱之國家。或因列强之均勢。或距强國尙遠。無利害之衝突。而幸免於滅亡者。乃例外也。

第二款 國家之競爭力

國家之競爭力。自政治學上及政治術上言之爲大問題。特其競爭力不僅在政治方面。故依學者而研究之範圍不同。昔希臘學者所研究政治學之範圍寬。其研究國家競爭力。亦及於其全部。今之學者。所研究政治學之範圍狹。斯其研究國家競爭力。亦僅限於一部。即圖示之政治的一類。若自然的人類的。則不在研究之範圍內矣。

國家競爭力
- 自然的
  - 氣候
  - 土地（廣義併河海而言）
    - 面積
    - 地位
    - 地勢
    - 境界
  - 富之材料
    - 動物
    - 植物
    - 鑛物
- 人類的
  - 精神
    - 道德（廣義併宗敎而言）
    - 技術（平和的戰爭的）
  - 物質
    - 體力
    - 富力
- 政治的
  - 國家之組織
    - 機關（元首政府議會）
    - 人民（政黨關係等）
  - 國家之政策
    - 內治
    - 外交

國家之競爭力。區分爲三大部。如自然的人類的政治的是。在政治學上雖無暇研究其全部。然亦幷舉之以示其範圍云爾。

雖然。此三者之區分。不過因研究之便利。而平列之。其實非絕對的區分也。蓋古之自然云者。猶神道也。凡人類悉受其支配。而今之所謂自然者。則人類以外之萬有物也。然自廣義言之。人類固自然的中之一部也。政治不能離人類而存在。又爲人類的中之一部也。然則玆之區分者。特爲研究上之便利而平列之也。

第一、自然的。 自然的中之最重要者。爲土地。其面積、地位、地勢、境界之不同。因而於國家之競爭力大有影響。次之則氣候。次之則富之材料。(富之材料。如動物植物鑛物。本屬土地之分類。然以動植鑛物。皆生產於地。或蓄藏於地。非若地位、地勢、面積、境界、等之現於表面者。故另列之。)亦與國家競爭力大有關係。至於河海。原不包含於土地之內。然自國家競爭力之方面觀之。亦可併河海而言。關於自然的。當屬於政治地理學。往昔尙有以之屬於政治學之範圍。而今則獨立而成一科矣。特政治地理之體裁。非記述的而說明的耳。

記述與說明之體裁之區別。如政治史政治地理。爲記述的。而政治學則說明的也。自政治史而言。如中國日本及歐洲之封建制度如何。及封建前後之狀況如何。不過記述其事實。未與以概括的說明。而在於政治學。則概括的說明封建之性質及其利害得失也。自政治地理而言。如中國有黃河揚子江。非洲有尼羅河。不過記載其山川境域。未與以概括的說明。而在於政治學。則說明長江大河之有若何影響也。

第二、人類的。有精神及物質二者。蓋以人類之發達。原有精神物質二方面。國家亦然。就於精神的而言。則有道德之發達。（併宗敎而言）與技術之發達。（兼平和的技術戰爭的技術而言）皆與國家競爭力有關係。就於物質的而言。若富力之發達。若體力之發達。亦與國家競爭力有關係。但富力之發達與否。亦視乎富之材料。有天然賦與之材料。而加以人爲力。然後成其為富力。且視乎平和的技術之如何。技術精良。始能開發天與之材料。以增進其富力。故國家欲事競爭。非僅戰爭的技術之發達。又須平和的技術之發達也。

第三、政治的。　分為國家之組織及國家之政策二類。即為政治學上所當研究者。國家之組織。有機關及人民。機關者。所以代表國家者也。如統一機關、執政機關、監督機關皆是。統一機關即為元首。此依國體而異。有為君主者。有為民主者。執政機關即為政府。由立憲國而言。地方行政官廳。悉受內閣之管轄。以內閣為全國政治之中心。故狹義之政府。即為內閣。監督機關。議會是也。依國體之差異。而其監督權或祇及於官吏。或兼及於元首。要皆獨立之機關也。(非立憲之國家。亦有監督官吏之機關。如中國之御史是。特有監督權者。同時又在官吏之列。而非獨立機關耳。)若夫人民。則指一般人民而言。其組織之種類雖多。然自政治上觀察之。則有政黨關係也。

以上關於國家競爭力之要素。既詳述之矣。若自國家之文化進步之一方面論之。則有以自然的爲無甚重要者。然是特觀察之不同已耳。至於政治學上所當詳論者。則關於政治的之國家競爭力。當於後分晰說明之。茲第概括的舉其當注意者如左。

(一)國家競爭力各要素。因各國之時代及地位。而其所占重要之度不同。如某時代以平和技術爲重。某時代以戰爭技術爲重。某時代以政策爲重。然苟見其一二。而盡蔑視其他焉不可也。蓋以武力發達。(卽戰爭技術之發達)然後足以制勝於戰場。實則戰爭之勝敗。非但關於戰爭技術之若何。且須體力與道德。俱臻於發達。卽如普通教育。亦與戰爭有關係。普之勝法也。皆歸功於小學教育。是國家之競爭力。亦須具備諸種之要素也。

(二)國家競爭力之各要素。在一時代若有增減或變化。可以流於第二時代。蓋有繼續的性質也。

（三）國家競爭力。因有進取與守成之別。而分量以差。

（四）國家競爭力之盛衰優劣。皆因比較而得。盛衰云者。就一國家而取其異時代而比較之。優劣云者。不關時之先後。乃就二國家而比較之。故雖有盛衰。不必有優劣。雖有優劣而無抵觸。則國家無消滅。

（五）國家競爭力之各要素。或增或減。不能就其全體一舉而說明之。必須就其各個之增減而說明之。此非但與政治學有關係。必各種科學進步。然後能了解之也。

（六）人種之如何。與國家競爭力有大影響。或學者以國家之盛衰與亡。悉歸於人種之變化。然此說未免失之簡單。何則。人種即爲個人之結合。研究人種。非就其一二人而評其優劣。乃關於人類之精神物質等要素。是勿庸更揭人種之一目也。

（七）國家競爭力。又得分爲社會的與國家的二方面。如自然的人類的。屬於社會的要素。政治的則屬於國家的要素。論國家之競爭力。必須社會的與國家的二要素併爲發達。苟一方不發達。則國家競爭力尚不能優勝。或以戰爭技術當爲國家的要素。然此實二方面所共通者也。

(八)社會的要素。(如道德學術技藝經濟文學美術等)必合國家的要素(如政治法律)然後可稱其國之文化程度。夫文化之程度。在示一般社會之發達。國家競爭力。在示國家的團體之競爭。同一事項。因觀察點之差異。而價值不同。如一國之文學美術發達。固爲一國文化之進步。但自國家競爭力而言之。則未見若何之價值也。

(九)未開之國家。其對於國家競爭力。自覺之程度不高。故其競爭力之發達。純任於自然。而出於人爲者甚少。如古時以武力爲重。故能自覺而謀其發達。而其他則一聽於自然。至於文化稍進之國家。始能自覺國家之競爭。以系統的發達其諸種競爭力也。

第五章　國家存在之理由

第一節　問題之意義

從來政治學者。多不說明國家存在之理由。且即說明之。亦多混合於國家之發生。而未爲詳備也。茲故特列爲一章以說明之。

人類社會之現象。與自然界之現象。二者必有大差異。特其根本的差異之點。果何在耶。

自然界之現象。自其發生以至繼續。與人類意思絕無關係。故雖無人類。而自然界之現象依然存在也。人類社會之現象。自發生以至繼續。皆與人類意思有關係。故苟無人類。則人類社會之現象無從存在也。自然界之現象。非有人類之意思關係。乃爲因果必然之關係。人類社會之現象。除關於天然者非人類意思所能左右外。其他無不與人類意思有關係者。然則茲所當研究者。則起原之問題。與存在之問題是也。

起原之問題。依歷史的研究。既有大效。獨至於存在之問題。則不能依歷史的研究而解決之。從來學者往往以國家存在之理由。與說明國家之起原混同。實則二者當區別而研究之。

前述國家之定義。既謂國家爲在於一定土地之上。有統治組織之繼續的人類社會。是國家之要素。卽土地人民及統治權三者。就中如土地爲自然現象。其存在自與人類意思絕無關係。又人類就自然界而言。亦爲自然現象。其如何存在。於政治學上亦無研究之必要。然則茲所當研究者。惟統治權存在之理由而已。

從來研究此理由者。往往就國家起原而言。英儒斐爾瑪之言曰。人類社會。悉出於一原。如一家族必有家長。家長以其強制力支配家族。其後發達爲數多家族。而成立爲國家。其握最高權力者。皆當初家長之血統。此說固足爲專制君主國之辨護。而陸克反對之。其言曰。國家始於社會。是固然矣。但其始非出於同一家族。乃各個種族獨立生活。因感其不便。始爲契約。以一人爲首領。而爲統治組織。因之成立國家。此說卽契約說之導流。現今學者尙祖述之。然皆就國家之起原立論。以研究統治組織存在之理由者也。

第二節 問題之必要

國家存在問題之必要。卽謂硏究統治組織何以繼續之爲必要也。當十六世紀。自然法派學者所硏究。及十七世紀陸克諸儒。各憑其理想以爲推論。非爲事實之觀察。十八世紀又有哲學派。卽批評派。其所說皆流於想像。與事實相遠。至十八世紀下半期、迄十九世紀之初。學海之風潮一變。有歷史派出。以古來歷史事實爲根據而硏究之。而前之哲理派遂衰。然歷史派之發達。舍理想而專據歷史。要不免失之一偏。故近世學者。折衷二派。以歷史證明哲理。幷以哲理批評歷史。其所以注重於哲理的硏究者。厥有二個理由。

（一）因學問之發達。歷史事實。旣已十分證明。故硏究國家之純理。亦益發達。

（二）因社會黨與無政府黨之盛行。爭欲掃除現在國家制度。益以促學者之純理的硏究。

蓋以未開之人類。對於事物。往往尊重慣習。僅以往事之有無爲憑信。今則遇一事物。必研究其何以有何以無。何以存在而繼續。誠以學問的推理。爲現今之趨勢也。歷史的存在之事實。雖足供給存在理由之搆成材料。然僅以事實存在之一事。爲維持人心之惟一基礎。其論據尙不免薄弱。且社會之制度。隨時勢而推移。古時希臘所行之奴隷制度。爲大儒亞里士多德氏所認許者。今殆全告消滅矣。現今普通所採用之立憲政體代議制度。在古代殆不見其迹矣。(古時雖有自由政體。及直接集會。然非今日之立憲制度代議制度)國家不過包括各種制度之一大組織。國家制度可否消滅之問題。藉非本事實爲推理。以辨明國家存在之理由。則恐學理上國家之基礎。將告消滅矣。蓋缺學理上辨護之事物。瞬至實際之動搖。實不可止之勢也。且對於將來而否認國家存在之理由者。非必倂過去而亦否認之。使對此論者。猶喋喋於歷史的存在。抑亦未足以反駁之。夫惰力不足拘束自覺之社會。故國家存在之理由之問題。匪特有純理的研究之興味。且對於將來國家與以重大影響。有莫大應用之價値也。

社會主義與無政府主義。甚爲複雜。在政治學中不能詳述。茲姑就其差異而言之。自根本上而論。二者爲絕然反對。無政府主義。在傾覆政府。回復於未有國家以前之狀態。以國家之强制力爲不必要。社會主義。在以私人之事業。盡歸於政府之經營。而平均分配之。是益以擴張國家之勢力。然兩主義雖絕然反對。而按之事實。則各國中之社會黨及無政府黨。有交相側目者。有互表同情者。其所以側目者。不在主義之相違。而在勢力之消長。如無政府黨社會黨。一仆則一興。其勢力互爲消長。卽各黨中之平和激烈二派。亦互爲與仆消長。故也。其所以同情者。則以主義雖異。而對於現今制度之不平。皆思所以掃棄之者。則彼此所同慨也。故有既爲社會黨員。復投於無政府黨者。又有既爲無政府黨員。復厠於社會黨者。

同一社會黨。有平和激烈之不同。而勢力迭爲消長。平和之社會黨仆。則激烈之社會黨興。政黨與社會黨亦然。英國以政黨之勢力盛。而社會黨衰。德國以政黨之勢力衰。而社會黨日盛。蓋亦互爲消長也。

現今各國。有社會黨員選爲國會議員者。德是也。有選爲內閣員者。法是也。其他各國社會黨之勢力。雖不逮於德法。然皆日漸伸張。今欲謀所以對付之方法。當以正正之旗。堂堂之陣。從根本上研究。使知國家所以存在之理由。若徒恃强制手段。則且促其暗中運動。而激其爆烈之舉動。德國社會黨。勢力最盛。俾斯麥嘗欲施以壓制手段。十年而不成功。今各國政治家之對付社會黨。猶煞費苦心。惟東洋今日。尚未發生此問題也。

第三節　問題解決之性質

欲解決國家存在之問題。必先明解決之性質。不然。則恐招學者之誤解也。解決之性質有二。

第一、概括的解決。非特定的解決。

此問題之解決。乃論普通一般之國家存在之理由。非專就特定之國家而言也。夫國家存在之價值。卽人類社會之强制權所以必要。此不過維持國家之抽象的辨護。苟移以印證特殊之國家。則不能强合也。蓋以特定之國家。不過歷史之產物。歷史上之原動力。無絕對非合理者。又無全然合理者。所謂完全無缺至美至善者。求於社會。實不可得。若取特定民族。而論決特殊之國家組織之必要。則可也。國家之强制組織。有爲中央集權制度。有爲聯邦制度。有君主制度。有共和制度。其種種特殊之國家組織。雖皆能指摘其長短。然是等事項。非茲所謂國家存在之理由之解決也。

第二、關係的解決。非絕對的解決。

此問題之解決。必對於認有國家之一定基礎者。始足與語。苟係否認之一切基礎之人。則不能使之首肯。如彼無政府主義者。欲除去國家之强制。使國家歸於社會。然後達其目的。是本無國家之觀念。雖示以此問題之解決。亦徒益其極端之暴論而已。蓋缺論事之共同基礎故也。共同之基礎。卽人類共有之思想。此思想隨時與地而不同。在於今日。交通頻繁。其因地而不同者。漸有減少之傾向。此國制度之善者。他國莫不從而仿效之。至於因時而不同者。則猶不可免。從來有力之學說。多爲今日所排斥。其原因非在論理之誤謬。乃因共同基礎之震蕩也。昔之宗教說盛行。稱人類爲神造。人類之組織國家。乃對於天神而負責任。然神之有無。非有宗敎思想之基礎者。無從解決之。十七八世紀之契約說。盛行於歐洲。然國家之成立。果因人類之契約與否。此亦未有確據。又宗敎家謂人類同祖。皆出自亞當夏娃。始衍成家長制度。爲君主政體之導流。然已非今日所認信。要之是等諸說。以今日之眼光觀察之。固不適合。然當時所以能盛行者。則以其時代之人類思想。有此共同之基礎故也。故一時代之學說。即代表一時代之人類思想共同之基礎。此共同之基礎。因時代而不同。自然法時代。有自然說。契約法時代。有契約說。皆依一般人類之共同基礎。而今茲所欲以爲共同基礎者。則社會進化論也。詳言之。即適用現今學界所公認之適者生存境遇應化之二大思想於政治學上是也。進化說始自近世。英之達爾文、華列士。德之哈須肯、威士曼。皆生物學者。因研究生物學之結果。而發明一切生物。皆由進化而來。遂倡進化說。人咸非之。而宗教家反對尤力。蓋進化論主最初人種。原於生物。漸次進化。始爲人類。而宗教家主萬物皆上帝所創造。人類爲其最高尚者。故二者大不相容。久之進化說日益盛行。學者多所採摭。至斯賓塞出。益昌明此說。謂社會亦爲進化。皆不脫適者生存及境遇應化之法則。故今之研究政治學者。欲解決國家存在之理由。亦當引此說爲共同基礎也。進化說初由生物學者而來。達爾文著種之原始。列舉生物各種之起原。Darwin's origin of species 至斯賓塞出。始引用爲社會進化。要即適者生存境遇應化之原則而已。適者生存。謂生物適於其地則生存。反之則消滅。社會亦然。適於其時代則生存。反之則消滅。境遇應化。謂生物無選擇之能力。一任自然之淘汰。而人類則異於羣動。能隨境遇而變化。以求適其生存者也。

第四節　問題之解決

論決國家存在之理由。須從二方面而觀察之。即社會之方面及個人之方面是也。

第一款　社會方面之國家之必要

夫生存競爭。爲生物界一般之法則。人類亦生物之一。自不能超於生存競爭之法則以外。而免其支配也明矣。關於人類之生存競爭有四種。

（一）人類與他生物之競爭。

（二）個人與個人之競爭。

（三）階級與階級之競爭。

（四）國家與國家之競爭。

第一種之競爭。既歸於人類之勝利。人類於生物之利己者。使之繁殖。其不利者。使之消滅。惟空中細菌。尙與人類格鬬。然無足慮也。第二種及第三種之競爭。當於開明時代。因人爲作用。大變其形式。蓋古之競爭。在於生存。今之競爭。在於生存之方法。而單純爲生存之競爭者。漸以減少。從未見因競爭之失敗。而瀕於不能生存者也。第四種之競爭。卽國與國之競爭。其形式雖不必常爲同一。而因地域的社會。日益接觸。競爭之勢。日赴於急激。揆之今昔。國家競爭之種類方法。大抵有四。(一)武力競爭。(二)政治競爭。(三)經濟競爭。(四)文化競爭。此四種之形式。雖因時代而有軒輊。然必謂某時代專重某種之競爭。則不可。大抵最初之競爭。以武力爲重。漸進則以政治爲重。再進則以經濟文化爲重。其爲武力政治之競爭者。必非進化。爲經濟文化之競爭者。則較爲進化也。然雖事經濟文化之競爭。猶不可無武力政治以盾其後。列國所以擴張軍備。修明政治者。以此也。

欲謀國家間競爭之優勝。必先調和個人與個人階級與階級之競爭。此固人道之所宜然。非但因國家競爭而始出此也。或以生存競爭爲悲觀。當屏除之而使之熄絕。抑知生存競爭。即所以促社會之進步。特其競爭之形式。要期於善良而已。社會進化。個人間所行之競爭方法。既有改良。國家間亦猶是也。故謂生存競爭之形式有良否則可。謂生存競爭之自身有弊害則不可。

國家之存在。與國家之起原。二者固非可混同。然其間必有相貫聯者。國家之起原。爲地域社會。欲完此地域社會之生存發達。則對於其內部所包含之個人及其個人之集合體。必與以行爲之規律。否則對於外部之競爭力。必失之薄弱。蓋欲保護多數人類之共同生存。必須規定各個人行爲之範圍。欲實行此規定。不可無强制力。以爲後援。不如是。則不足以鎮壓乎妨害共同生存之分子。且社會與他之社會競爭時。益感强制組織之必要。其無强制組織之地域社會。(即不爲國家之社會)必招劣敗。故社會勢不得不變爲國家。國家亦因社會之要求。繼續其强制組織。以拘束其分子也。

然使無外部他社會之競爭。亦將以此强制組織爲必要乎。曰、是仍不可以已也。蓋個人間階級間所行之競爭。非有强制力以維持之。亦不可望其平和也。或謂人性本善。可以不用强制而自然調和者。此說東西前哲皆嘗言之。然謂人性本惡。固非也。而謂人性本善。可以放任自然者。亦非。蓋如此謬見。實因歷史人種之研究。尚未詳備。且誤解古代之未開社會也。或又謂自然界有調和無軋轢。而行自然之法。唱所謂完全之理想法者。然此殆自然科學幼稚時代。未曾發見自然界所行之生存競爭之現象歟。夫吾人游於深山無人之境。覺當前之景象。若動若植。莫不有含和之致。而自生理學家考察之。則儼然發見一生存競爭之狀態。人類亦猶是也。人類之天性。既有競爭。斯人類社會。不能放任於自然。有强制組織之必要。有强制組織。而後國家成立。且此强制組織之國家。不可不繼續存在也。苟無强制組織。或有之而不必繼續存在。則社會亦不能發達。然則社會之發達。罔不見强制組織之存在者。此之關係。蓋非偶然的普通的。而爲必然的者也。

所謂必然的者。如水之元素爲輕養。無輕養則非水。是爲必然的關係。普通的者。大概之謂也。如海水含有鹽質。而謂凡水皆有鹽之分子。是爲普通的關係。如水偶然加以他之物質。是爲偶然的關係。試更以國家例之。凡立憲國家不可無議會。是爲必然的關係。苟謂國家本不必有議會。因現今國家。皆有議會。故某國家亦設立議會。是爲普通的關係。若謂國家可以無議會。而某國家不過一時設立之。是爲偶然的關係。凡對於一切事物。均須辨明其若何關係也。

社會之發達。與强制組織之國家之存在。爲必然之關係。此蓋從研究人類普通性而來。人類競爭之天性不可易。斯國家之强制組織亦不可易。强制組織之國家。卽所以防止人類之競爭。而遂社會之發達也。

或謂强制組織之國家。乃因國家之有對外競爭而起。苟至世界大同之日。不畫國界。則强制組織。可以不用。不知世界統一之日。雖無對外之競爭。而社會內部之競爭。仍無或斷絕。社會中之大團體。對於小團體。仍如國際之關係。則所以緩和其競爭。幷處分正當競爭之妨害者。與夫不正競爭者。依然須有强制組織也。

或謂現今社會所以要强制組織者。皆因私有財產之制度而起。苟如社會主義共產主義所主張。廢私有財產之制度。則强制組織亦可不用。不知私有制度。雖至於全然銷滅之時。而對於身體自由名譽。猶不能無犯罪之制裁。是雖進於共產主義者所豫期之時代。而强制組織仍爲必要也。

況夫世界大同主義。與夫社會共產主義。皆屬於未來之假想。而非今日所得而實現者乎。世界之統一。固非不可能者。近世歐洲各國。咸國際競爭之劇烈。嘗有抱此主義。以盛爲運動者。其目的在欲統一世界各國。而立一中央政府。如聯邦制度。此固非無可蘄至之一日。特在於今日。尚不過一夢想耳。至於私有財產制度之全滅。尤爲難能。以人類所以熱心從事於生產事業者。爲有私有財產之制度。此制度實遂乎人類之本性。人性不能改造。即私有制度。永無可破矣。夫此二主義不能行於世界。强制力固爲必要。且即此二主義果行於世界。而强制力仍爲必要。是國家存在之理由。決不能脫强制組織而言也。

社會以强制組織爲必要。固如是其大也。夫社會原由各個人之集合。各個人爲其社會之分子。欲希望社會之發達。斯不可不擁護此强制組織。使社會中之各個人。悉生息於秩序之下。有法上如何之原因。即得法上如何之結果。而後能繼續永久。以安享人世之幸福。不然。則人人對於社會上。不知利害因果之若何。方皇皇然不克自安。烏從而望社會之發達耶。然則强制組織。實社會發達之一大條件也。自社會方面。觀察國家存在之理由。其在茲乎。

第二款 個人方面之國家之必要

茲所言國家存在之必要者。乃從個人之離於社會而觀察之也。個人生活於國家組織之下。偶然立於社會上不利之地位。往往以其所不利歸責於國家。其設想以為無國家以前。個人皆甚自由。自有國家。而個人之自由。悉被國家所限制。且以為無國家以前。個人間皆平等關係。自有國家。而始有貧富貴賤種種不平等之階級。雖然。試思未有國家以前。人類以放蕩為自由者。非真正自由也。惟既有國家以後。始有真正之自由。蓋國家所以保障個人之自由而使之確定者也。若謂自由被國家之限制。此當視其國家之為何如。彼國家之虐待人民者。容或有之。然未可以議正當限制之國家也。且以未有國家之先。人類果否平等。此又難於解決。縱令自社會中除去國家之強制組織。而社會上所存諸種不平等之關係。并不因此而全然消滅。何則。不平等之關係。其原因不盡在於國家。雖無國家。而因各人之性質境遇之差異。社會上遂發生不平等之關係。故推其原因。當歸於人類之天賦及國家以外之社會者爲多。今全然歸罪於國家。抑亦未免過於重視國家矣。夫昔之主張專制政治。謂以人類之利益。盡納於國家。復由國家分配於各人者。是以國家爲萬能也。又如社會主義之論者。謂社會全部之利益。當歸於國家。而不宜操自私人者。亦以國家爲萬能也。反之而彼之以國家爲莫大罪惡。思一舉而傾覆之破滅之者。亦無非以國家爲萬能也。要其重視國家之弊。則一也。

夫國家之不平等。根於社會之不平等而來。如社會中本有特別之地位。國家從而保護之。人民本有參政權之階級。國家從而保存之是已。若徒咎國家之不平等。非根本之論也。或謂社會固不平等。而自有國家。其不平等愈甚。是不然。蓋個人間原有不平等之關係。國家則從而干涉其不平等關係。即有時國家因應個人與社會之發達上所必要。扶助賢智。抑制愚不肖。顯然助長社會上不平等之關係。而行人爲淘汰作用者。然國家一方扶助賢智。一方即矯正愚不肖。實所以調和不平等之關係。而使近於平等也。至於現今進化之國家。法律上皆爲四民平等。無論公法上私法上之權利。貴族與平民。皆爲同等。雖其間對於貴族。容有特別規定。其自一方觀之。似國家之對於貴族平民。尙有不平等之待遇。而自他方觀之。卽國家固亦制限社會之不平等而使之漸進於平等也。

夫以個人之自由。就其一身言之。固無所用限制。而至有社會之集合。則其自由不可無限界。自由有積極的與消極的之區別。積極的自由。卽個人之行使其自由之謂。消極的自由。卽防禦他人侵害其自由之謂。此卽未成國家之社會已然。惟未成國家之先。自由之範圍不能確定。蓋以人類之强弱不齊。使各個人得隨意伸張其範圍。斯其結果。必致互相衝突。强者之自由。日以擴張。弱者之自由。日以縮小。縱令社會上有宗敎道德輿論等制裁。然其保障之力甚薄。而彼所謂强者。毫不畏此等制裁。且肆行其强權而無忌。彼多數之劣弱者。將因之永立於危險之地位。毫無確實之自由矣。自有强制組織之國家。個人自由之範圍。雖因之而狹。然在於所規定之範圍以內。則增加其確定之度。是則自由之受多少制限者。固可忍也。況以國家之加自由以制限者。其目的不在於破壞自由。而在於保護自由。制限個人之自由。卽所以保護他之多數者之自由。如彼之有德望材力者。除自己實力以外。其自由並無何等保障。甚至失其活動力者爲常。若國家之强制力。則其保障之最有力者也。

以上第就理想上之國家言之。然至於事實上之國家。察其政治法制。往往剝奪人民之自由。以利政治上之强者。而使弱者蒙不當之抑壓。此實以强者位置政府。故有此現象也。然使因此而謂國家不能使社會趨於平等。以國家爲不必要。則又不可。何則。未有國家之時代。强者之抑壓弱者。其不規則必有甚於既有國家之時代。是國家雖不能使社會盡躋於平等。而猶愈於無國家之時。則固可信也。至於進化之社會。其不平等之現象。漸次減少。蓋此時代。占政治上優勝之地位者。皆有德望材力者。足博社會一般之信仰。而無德望無材力之人。亦因反動力所排斥。而擠於强者之列外。特此時强者之爭執政權。尙所弗免。雖然。此現象也。卽個人間階級間所行競爭現象之一。而同時又爲社會之自衛作用。苟此競爭行之而健全。則其社會爲優勝。反之則其社會爲劣敗。

且國家之存在。不特自弱者見之爲有用。卽自强者見之亦爲有用也。何則。既有國家而後。强者必有一定之地位。其行爲雖不能過於伸張。而在該範圍內。則有確定之度。蓋因有國家。而事實的行爲。變爲公然適法之行爲矣。且强者之活動。對於弱者。往往易招不當壓抑之嫌疑。苟無國家之强制組織。則强者亦因多數弱者之聯合。而蒙不當之反抗。是因有國家。而强者弱者各依於秩序。不致有枉遭傾陷之虞矣。況以强者相互之間。競爭甚烈。亦因有國家。而彼强者之間。雖有不得已之競爭。亦必依於平和之手段，不致釀成慘劇。然則國家之存在。固無論强者弱者。均被其福也。

要之。國家也者。自社會見之。抑自個人見之。均爲有用。其所以存在。固有由然也。然第以爲有用。而不以爲必要。則彼雖認國家之一般有用。而自甘拋棄如此利益。甯脫國家之羈絆者。又將何以對付之。夫此等之人。抱無政府主義。欲逞其亂暴之手段。以顛覆國家。是不啻與社會以損害。而攪亂其安甯秩序。不可不屏絕之也。今更就於此點。而用二方面之眼光以觀察之。

自團體的眼光以觀察之。彼之欲脫離社會。因而擾害全體之安甯秩序。實爲社會之所不容。且古時人民。老死不相往來。而今之社會則異是。則彼之所謂脫離社會者。其情形究爲何若。固不難設想也。夫個人者團體之分子也。因圖團體之生存發達。不可不防其分子之任意四散。故個人之脫去社會。在古時殆絕對禁止。惟方今文明國。尙無拒人民之移住耳。然彼之脫離社會。無非不甘受國家之强制。以今地球表面。殆全爲國家所分割。悉立於强制組織之下。縱令離一國之領土。脫一政府之羈絆。亦必入於他國之領土。受他政府之羈絆。欲不被强制而生活者。殆不可得。

惟或在現今未開之土地。受下等之生活。庶或有托足之地。又或以此社會之組織。不逮他社會之完善。而去此適彼。則猶可也。不然。去將焉往哉。更自個人的眼光以觀察之。凡人必有所希望。希望何在。在發達其資性。進化其人格而已。既有希望。則欲蕲達其希望者。雖可以不對國家而負義務。然不可不對於自己而負義務也。夫以孤立之個人。而欲蕲達其希望。甚難。惟爲社會之一分子。始得期個人之完全發達。則個人必出而因應社會者。亦勢所不可已也。且既發達之社會。無非强制組織之國家。現今文明國民生息於國家的社會之中。爲社會之一分子。同時卽爲國家之一分子。由是而拒爲國家之分子者。直不啻辭社會之生活也。夫既已不欲人類之共同生活。是棄人類所以雄飛於世界之特色而却走。甘與劣等動物爲伍。實無恥之尤者。彼等既不知對於自己之義務。不希望自己心身之發達。雖退化亦非所顧。殆出於論理之例外。所謂缺常識者乎。夫眞確之論理。固不保無例外之發生。然使吾人對此缺乏常識之人。而慨其無論事之基礎。是不大可悲也夫。

如上所述之國家存在理由。斯人類之以國家爲必要。蓋可知矣。然現在實際上之國家。亦不盡完善。吾人與其徒數缺點而長太息。無甯著著企圖其改良。以蘄達其目的也。至於國家之目的何在。又爲續起之疑問。此即次章所欲論述者也。

第六章　國家之目的

第一節　問題之意義

國家之目的。爲自古迄今政治學之重大問題也。隨歷史之長。政治學者議論多端。而論點亦不一致。茲當解決之先。辨明其意義。使學者免於誤會也。

國家目的之意義甚多。茲撮舉其重要者言之。論者或謂人類之上有所謂神道天命者。國家之目的。即爲天命神授。此爲最終目的主義。採用此主義者有二派。一曰一般的。謂一般國家之普通目的爲天命神授也。一曰特定的。謂特定之國家之格別目的爲天命神授也。二派共爲絕對的先天的。求國家之目的於國家以外者也。蓋其視國家也。一若於國家之外。有神明鑒觀之使命之。其由宗教思想所發生。則一也。至於今日。如一般的派之說。殆無聞焉。惟特定的派之說。尙爲世人所稱。而此特定的國家之目的之說。幷非從宗教上思想所傳來。乃由特定國家之歷史上地理上及國民之心理上而來。以此定國家之目的。固不與近世思想相背戾者也。

關於國家最終目的的主義。雖至於將來。或無絕跡之一日。何則。一切事物之原因結果。於普通之觀察推理所得知者。每不能以滿足。而人類之哲學的慾望。甚欲探潛伏入裏之最終的意義。以蘄得宇宙之統一的解決。其對於國家。則此慾望猶無消滅也。雖然。此當讓哲理上宗教上所研究。而非從事於政治學者所欲研究者也。

無論研究若何問題。皆須先定其所研究之方面。夫世界學問尙未發達時代。多事混同。至於學問發達。則分科愈細。當於研究之先。必須辨明其方面。觀察之方面不同。斯判斷之結果亦異。不辨明其方面。而第就其判斷之結果而衡之。無怪其衝突也。例有人焉。其體魄甚强。其道德則多不備。自醫生之眼光觀之。則以其人爲善。蓋從體魄之方面觀察之也。而自道德之方面觀察之。則且以其人爲不善也。又在古代崇尙道德。苟有道德者。雖知識不完全。亦可稱之爲善。蓋但從道·德之方面觀察之也。而在今日則以道德與智識之發達。互有關係。道德發達而知識不發達。則於善惡之辨別不明。亦未爲善人也。是卽觀察之方面不同。故其判斷之結果亦有差異。

集社會之現象。爲國家之現象。組織國家之人。卽組織社會之人。是則國家之現象。乃自人類行爲之集合而成。人類行爲。各各有其目的。雖然。各行爲有目的。而不能直以其行爲全體有組織的調和的之大目的之自覺的存在也。是則以個人之目的說明國家之目的。不可也。

古時祇知有個人之目的。而不知有國家之目的。雖有時不知不覺亦有國家之目的。然國民不自覺其目的之爲何。是特慣習上之目的耳。至漸漸發達。國民始知有國家之目的。然其始所知者。不過國家目的之一部。而能擧其目的之全體而理解者殆無之。且知之者尚不過少數之政治家而已。至於近世文化國民。皆能自覺國家之目的。如立憲國往往以之記載於憲法之明文。以昭布大公也。

各國憲法。不盡有確定國家之目的。惟北美合衆國憲法。有以某目的而成立合衆國之明文。德國聯邦憲法。有普王以德意志皇帝名義。以某目的而成立帝國之明文。法國第二回憲法。亦有法蘭西共和國以某目的而成立之明文。此係千八四八年所改訂。今法國現行憲法。乃第三回所改訂者。

夫國家存在之理由。既出於人類共同生活上之必要。既詳於前矣。國家爲應人類之必要。當向如何目標而活動乎。國家之目的。卽此目標之謂也。目標者。所以定運動之方向及到著之點也。國家運動之方向。卽政策所當進行之路逕。（政策與政治西洋學者解釋以爲不同）故國家之目的論。爲限定政治家所當經營事業之範圍。依此意義。則國家之目的論。將使國家之行爲。漸隨學術研究之結果。眼見其實用之效果也。吾人所謂國家之目的之意義。乃指國家運動之方向。并非假設乎先天的受動的。與現時之科學思想。殆無衝突。明乎此則與哲理上宗敎上所研究之國家目的之意義。可以區別矣。

第一節　關於國家之目的諸說

前既言國家目的之意義。至於目的自身之爲何。尙未解決。今當解決此問題之先。舉從來學者所稱目的諸學說。而述其大略如左。

國家之目的之學說甚多。在古時大別有二種。一曰統治者或統治權之維持。一曰神道使命之實行。是也。前者謂國家之目的。在維持統治者之地位。與統治者之權力。使之不失。國家雖有時亦有他之目的。特其終局之點則專在於此。後者謂國家爲神道所創造。有天命爲之主宰。故國家之目的。卽在實行神道之命令。此二說在古代甚流行。至今則已失勢力。固勿庸加以評判也。今姑揭其缺點而言之。

第一說之意義。以國家必有統治者與統治權。此誠不謬。統治權固爲國家成立之必要。而統治者則因各國而不同。有以爲必要者。（如君主國）有以爲不必要者。（如民主國）要之。統治者與統治權之維持。不過爲國家所以達其目的之手段。若以爲國家之目的自身不可也。

第二說之意義。乃由宗敎思想盛行時代。謂萬物皆有神命。國家亦然。此直以宗敎思想與政治思想混淆。在古代神治時代。固爲可行。而至於今日。則以其宗敎思想與政治思想之混同。而已可決其誤謬矣。

此外尚有種種學說。今雖不見重於世。然尚有一部之遺留。爲世所信仰者。約分之。卽積極說與消極說是也。

第一積極說。積極者何。以國家之目的。自廣的意義言之也。屬於此類之學說甚多。其最著者。謂國家之目的。在增進國民一般之幸福。近世英儒邊沁所倡實利主義。即此說之代表也。其說亦頗有理。自其優點觀之。直無可訾議者。然採用之亦不能無弊。蓋政府往往利用此名義而爲不當之干涉也。此現象不獨君主專制國爲然。即在共和國亦往往有之。徵之法國大革命後。發布共和政治。千七百九十三年之憲法。載有以增進人民幸福爲目的之明文。然即緣此名義。濫用權力。以干涉人民之自由。是其證也。由此觀之。此說之易生危險也固如是。然即無此危險。亦不免有過於重視國家之誚。蓋人民之幸福。乃人民自增進之。而國家固無從而增進之。國家對於人民之幸福。實不外補助之誘導之已也。即就經濟方面觀之。如無形財貨有形財貨。皆人民以自力取得。幷非國家所授與。爲此說者。豈非過於重視國家耶。且幸福二字。一見似甚簡單。顧亦不易解釋。或者尊重乎富。以富可取得種種之幸福。是以幸福作富字解。或者以富爲有害人之德性。非爲幸福。而以精神之安康爲幸福。是以幸福作精神安康解。其主觀各有不同。是幸福之當若何解釋。殊不能有客觀的標準也。

第二消極說。

消極者何。以國家之目的。自狹的意義言之。與積極說反對者也。積極說以國家之目的無制限。故凡增進人民幸福者。國家皆當爲之。消極說則以國家之目的有制限。故除一部分爲國家所當爲之事業外。皆當任人民爲之。此說有種種派別。如個人主義、放任主義、法律維持說、私權維持說、皆是。其歸宿皆以社會上不但有國家。且有種種團體。國家不過社會團體之一種。故一般人民利益之事。尙有宗教團體慈善團體可以擔任之。不必全歸於國家擔任之也。而國家所當擔任者。則在於法律之維持而已。按此說亦可謂對於積極說之反動。蓋積極說以國家爲萬能。卽以國家之全體爲單位。而有輕視其分子之弊害。故反動以起。不以國家之全體爲標準。而以其中之各個分子爲標準。英儒陸克卽此說之代表也。陸克之說。直可謂爲政治上個人主義。但此說亦非陸氏所創。不過自陸氏提倡而大發達。蓋個人主義。在英國本已發達。英國各個人皆具有政治思想。立憲最早。以後各國或直接或間接被其政治上之影響。英國在歐洲政治上之勢力亦因之而伸長。陸克之說。最宜於英。且亦因此而披靡於各國。同時有亞丹斯密氏。倡經濟上個人主義。亦甚有力。陸克所論。以個人雖在國家之下。然非爲供國家之犧牲。且有獨立之人格。故國家之目的。當在保護個人之生命財產自由。此外則非國家之目的。至於政治上對於個人自由。尙有加以制限者。亦以個人身心尙未發達之時。加以制限。即還以保護其生命財產自由。苟至個人身心十分發達。則幷無所用此制限也。陸氏之說。當時有絕對贊成者。有因感積極說之弊害而信以爲然者。夫因實際上國家受積極說之弊害。因而以陸氏之說爲有利者。固亦未可厚非。特自學術上研究之。則陸氏之說猶未爲適當也。何則。以國家之作用。須盡向於個人之方面。實未盡然。考從來之國家。自大體言之。其作用非無可稱者。如陸海軍之設備。敎育之與設。雖非爲個人而設。要皆國家之正當作用。苟如陸克之說。以國家祇在保護個人之生命財產自由。則軍事及教育。皆非所以保護個人之生命財產自由。殆將以爲不正當歟。且更轉一方面而言之。個人爲國家之犧牲。亦實際上常有之事。如國家之對外戰爭。豈不謂之保護個人。而謂之犧牲個人也。若是則陸氏所云。以爲政治上之議論則可。苟以爲學說則未完善也。最近可以爲陸氏之代表者。有英儒斯賓塞爾。斯氏著有『個人對於國家』一書。其中一章論將來之奴隸。其言曰。國家爲個人而存在。國家之目的。當爲保護個人之生命財產自由。如現今國家。往往干涉人民。勢必驅人民盡爲奴隸而後已。云云。

以上所舉。皆從來之學說。爲昔時所盛行。至今或絕對消滅者。或尚有遺留者。

第三節　問題之解決

解決此問題。以國家之性質與國家從來歷史上之事蹟(建設諸制度之組織及作用之事蹟)爲基礎。參以諸家之說。而定國家之目的。如左之分類。

國家之目的
- 原始之目的
  - 力之組織及運用
  - 法之組織及運用
- 終局之目的
  - 個人心身之發達
  - 社會文化之進步

前二者謂爲國家原始之目的。卽國家最初之目的。後二者謂爲國家終局之目的。卽國家最後之目的。今分說之。

第一款　原始之目的

國家既當存在於世界之上。又必維持之以繼續其存在。然維持之非易易也。蓋國家對於外部。有國際之衝突。對於內部。有人民之不平。則外之不可不擁護其獨立。內之不可不保持其秩序。國家原始之目的卽在是也。前所云統治者或統治權之維持之說。似與此相符合。而顧斥爲不當者。則以前所論者。以國家之目的專在於統治者或統治權之維持。而茲則但視爲國家之目的之一部而已。

第一、力之組織及運用。

在國家諸目的中。起原最早。且概占重要地位者。力是也。力者何。兵力也。即陸海軍隊之設備及活動也。陸海軍隊者。外之對他國家之侵陵。內之對分子之反抗。以之爲排除方法之最有力者也。故當國家之始期。殆以此爲惟一之目的。蓋文化未發達。不知國家尚有他之目的。此亦不足深怪。且亦應當時之狀態。非此則無以維持國家之存在也。何則。自內部觀之。文化未開。人民往往不慣國家之組織。易生破裂之端。又自外部觀之。國際間無平等之觀念。與今世不同。(現今國際間。雖實際上不盡平等。而形式上則皆平等。蓋未有無故搆兵者。)國家之立脚點。殆不出於鎖國主義或世界征服主義。是以力之組織及運用。爲非常重大者也。雖然。國家之始期。僅以力爲目的。而不省其他。抑亦不得稱爲善政。然非善政之政

原始之目的

治之存在。尙優於毫無政治者也。至於國家發達。漸次自覺有他之目的。然力常爲强制組織之根本。國家爲强制社會。故力之必要。與國家之存在相終始。爲力之組織及運用。爲國家之一目的之地位。雖國家大發達之後。亦不能除去力之目的。今各國所以汲汲於擴張軍備者以此也。至於今日之國家。以力爲惟一目的者。固非善政。而全然除去力之目的者。則又恐招劣弱之虞。故今日國家目的中。力之組織及運用。比較的尙占重要之地位也。

第二、法之組織及運用。

法也者。非但個人間（國家分子）行爲之規律。又國家諸機關之組織及作用之規律。亦併包含之。法與國家存在。有重要之關係。有國家存在則必有法。故法之組織及運用。亦可爲國家之一目的。至如何爲國家存在之法。如何爲國家目的之法。此別問題。又法也者。因時代而變遷。雖非萬古不易者。然法之存在。爲國家之必要條件。則固可斷言也。

法與力有互爲目的互爲手段之關係。以法爲目的以力爲手段者。如既有立法又必有力以運行之。以法爲手段以力爲目的者。如編制軍隊又必有法以保持之。二者爲國家之目的。實無可軒輊者。但分別言之。則對外之關係。力爲重。法次之。如國際紛爭。雖恃有公法。而至於破裂。則必訴諸實力。若對內之關係。法爲重。力次之。如維持內政皆依國法。獨法所不及而後用兵力。但對內以法爲重而力爲次者。不過就平常而言。而有時則有以力爲重而法爲次者。卽當未開之國家。或紛亂之國家。皆專重乎力。然法之目的。則亦不可缺也。

論者或謂法爲個人之發達所不可缺。如主張消極說所云。國家之目的。在法律之維持之說相符合。是蓋以國家之目的。在於個人之發達。不以法爲國家之目的。而以法爲國家所以謀個人發達之手段。然未免視法爲已狹。而以法爲個人間之規律已耳。其實法之云者。非但規定個人間之關係。且亦規定國家間之共同關係。法爲國家之一目的。個人發達又別為國家之一目的。二者蓋不容混同也。

以上所述。法與力二者。自原始國家以至進步國家。皆有此目的。或謂此二者之目的專注重於國家。與後二者之目的專注重於社會者不同。似可稱此二者為專屬之目的。然力與法二者之組織及運用。歸於國家之專占。在中央集權之國家。或得見之。苟在封建時代或聯邦制度之國家。則達此二目的之機關。不必專屬於中央政府。而皆由諸侯或各邦分掌之。即在中央集權之國家。亦有以之委任於地方團體。故予棄專屬的之語而選原始的之語。蓋以有國家即有此目的。故謂之原始之目的也。倘有不列入國家之目的以內。而為國家原始所有者。即財政是也。夫當運轉國家之機關。而達其目的。必需多少之貨財。其貨財之額與收入支出之方法。約言之即為財政。固國家之大問題也。故雖始期之國家。亦不可不具備財政機關。然國家於貨財之聚散。畢竟因達他之目的所必要之手段而已。故不列於國家之目的中也。

第二款　終局之目的

終局之目的。對於原始之目的而言。或以原始之目的。爲關於國家之存在。終局之目的。爲關於國家之發達。然各目的對於國家之關係。并非全不一致。其於國家之存在與發達。均爲必要。徒爲此區畫。無當也。或以幼稚之國家。急於維持存在。故注重原始之目的。而終局之目的。不過爲達其原始之目的之手段。而時引其注意而已。至發達之國家。則又變其位置。而原始之目的。卻爲達終局之目的之手段。要皆失諸極端之見解也。蓋政治學者。非指一時代之國家而言。乃通於一般之國家而言。故平心而論。宜使兩者併立。無分輕重。所謂原始與終局云者。不過因發達之順序而冠以此語而已。

第一、個人心身之發達。

國家之始期。已有謀個人心身之發達。但不過爲達其原始之目的之手段。比其稍進。國家之權力既已樹立。注目於個人心身之發達。更爲特別種種之施設。然古代觀念。因謀國家之發達。而後謀個人之發達。其視個人為國家之分子。離國家以外。并不認有個人。迨於近世。一方視個人為國家之分子。一方則視個人離於國家有獨立之地位。此自陸克主義之反動國家萬能說。及其他之反抗君主專制說之結果。始認個人之地位。不僅為國家之分子。遂以個人之心身發達。為獨立之一目的。而所以謀個人心身發達之施設。亦益完備矣。

或謂完個人心身之發達。當予個人以自由。遂以國家之目的。在擴張個人之自由。此殆因目擊歷史上專制之結果。故有此議論。實亦未免矯枉過其正也。夫專斷原為社會所難免之事實。且在政策上因專斷所獲得之效果。容或更有大者。是固非可盡言也。且自由有政治的自由及私人的自由之區別。皆有一定之範圍。而其意義。則皆因欲達若何之目的。故予個人以自由。是當以自由為手段。而非以為目的也。即有時國家制限個人之自由。要亦出於欲達其目的之手段也。論者但知自由之必要。而不知自由之何所爲而來。故有此誤解也。

個人心身之發達。爲國家之一目的。然國家欲達其目的。不可不愼其手段。否則結果與目的相戾也。國家欲達此目的。宜自限制其手段。不可干涉過當。要不外與個人以便於發達心身之境遇。予以自由而適當保護之。苟急激助長各個人。即在於已發達之國家。亦屢招失敗之結果。如國家機關。欲於一定模型之中。陶冶個人。反致妨害諸種方面之發達。其明徵也。

第二、社會文化之進步。

個人發達。則國家亦自進化。似不必更論及社會。然個人與社會。二者非可同一而視。往往個人發達之國家。而社會之組織尚是野蠻。故離開個人。而謀社會文化之進步。亦國家之一目的也。

文化者。爲人類有形無形之發達之總稱也。非分析之謂。而概括之謂也。如今所謂文明國者。皆概括的就國家全體而言。并非就其各個人而分析之也。

前言國家爲强制組織之社會。是國家亦一社會。不過由社會發達而有强制組織而已。是國家之强制組織。原由人類之進步。亦可爲社會之文化。且强制組織之國家自身之發達。亦不可不依文化之進步。是社會文化之進步。爲國家所必要。然國家非能直接產出文化。故欲達其目的。則其所採用之手段。亦不可干涉過當。要不外與社會以便利之境遇。而促其文化之進步而已。應時制宜。不可絕對干涉。亦不可絕對放任也。

或者謂文化之進步。爲社會之事業。非爲國家之目的。而以國家之干涉爲有害者。如消極說所云云。實則不然。蓋國家原爲强制組織之社會。已具有干涉之性質。惟干涉之手段有當否耳。不審其當否而概曰不可。是極端之論也。且謂社會之事業。國家可以置之度外。是奚啻國家發達尚幼稚時代。而未能悉解其當然之目的耶。

從來國家之干涉。往往有多少弊害。此雖事實之常。而其原因則非不可抗也。究其原因。有出於政府中人之惡意干涉者。勿論矣。其出於政府中人之善意干涉。而仍有弊害之結果者。則以政府中人智力有不足。故不能達其所抱之目的。要之皆國民之智德程度尚低。及國家機關組織不完全。爲其原因。故有此結果也。何則。國家機關尚未完設之時。則機關簡單。以少數無智德之人組織之。無論事之臧否。一可任意行其干涉。而弊害遂因而層見。至國家之機關複雜。有統一機關、行政機關、監督機關等。（如監督機關之議會。必係國民選擧。若勅任少數人所組織者。非完全之議會也）則雖行干涉。而弊害尚可減少。且一般人民智德之程度。亦須發達。否則雖有形式上完備之機關。亦不能得若何之效果。如智德缺乏之議員。既不足以監督政府。甚或助長政府對於人民之不正干涉者。往往然也。

若夫近世進步國家。視正當之干涉爲不可少。如從來以社會事業。皆放任人民爲之。至今則有以國家之機關謀之。是無用徒慮干涉之弊害。而謂社會事業爲非國家之職務也。

第三款　結論

以上四個之目的。謂何者關於國家之存在。何者關於國家之發達。不可也。何則。各目的皆爲國家之存在及發達所不可缺者也。又謂各目的互相排斥。可以舉其一而不省其他。不可也。何則。各目的乃互相調和而始奏完滿之功效者也。若欲總括言之。謂國家之目的。在國家競爭力之維持及發達可也。蓋實際上國家之目的。固不外此。前之所以分析者。乃爲便利計耳。然此特自其一方面言之。苟更從他方面觀之。則又可謂國家之目的。在社會之進化。人類之發達也。夫社會人類之進步。亦國家所恃以維持其競爭力。前後二者。固互相調和而非互相排斥也。但僅就社會人類之一方面言之。亦未正當。何則。國家之目的。當以國家爲本位。雖如國家競爭。亦足以促人類之進步。如方今人類程度之增高。固無非國家競爭之結果。然國家之目的。幷不外自謀生存。自圖幸福。而非在人類全體之進步。是則國家之目的。以國家自身爲範圍。其直接在於各自競爭力之進步。惟其結果。則有人類之進步而已。(競爭力非僅指兵力。卽平和競爭亦包含在內。)近來政治學者所倡。有以一般人類爲範圍。謂國家存在於世界。幷非孤立。故一方爲國家謀進步。一方又當爲世界謀進步。此說固世界政治家所當知之議論。蓋爲本國謀發達。亦須爲他國謀發達。卽如國家間之競爭。亦無非促他國之發達。彼宗敎家學問家所鼓吹。亦以文化者非一國私有之物。當公諸世界。使一般人類共享幸福。然在於政治學上。則未中肯綮也。且此說與國家成立之理由。亦不適合。何則。國家之强制組織。不能及於他社會。國家之機關。祗爲自己之社會而設。幷非對於一般人類而特設機關也。然使謂國家可以孤立。不必與他國交通。則又非也。蓋徵諸事實。現今國家。亦有共同締盟結約。以經營公共之利益者。且按之歷史。或倂呑小國爲大國。或聯合多國而爲一大國。皆有自小而大之傾向。其將來能否世界統一。雖未可知。要亦所最希望者也。

（德意志聯邦中。多立憲君主國。亦有專制君主國。亦有自由市。卽民主國）。如此複雜國體。尙能集合爲一帝國。則雖統一世界各種國家。亦屬不難。又關稅同盟。德意志各邦已經統一。此爲經濟上之同盟。（將來世界苟爲此大同盟。亦無不可。）雖然。察是等事實之原因。國家所以行動者。固非拋擲己國之利益。而計人類之進步。又非徒爲世界人道之理想。而蔑視己國之利益。是則國家之目的。當以己國爲範圍。卽當與他國聯合。亦以己國爲本位。非以世界爲本位。此固政治學者所當同認也。

至所揭國家目的之一。如所謂社會文化之進步者。乃就各國所包含之範圍之社會文化而言。非泛云人類社會之文化也。但使誤會此意。徒保持己國文化於高度。而使他國之文化退卻。又非也。蓋國家之存在。非可以孤立爲利。種種文化。不能徒賴己國之力。鎖國主義。殆非今日所可行者也。夫文化猶水也。他處涸則此處亦不能常盈。以他國之所長。補吾國之所短。還以吾國之所長。補他國之所短。世界文化。遂以駸駸日進。苟徒保持己國之文明。而環視諸國。皆屬野蠻。則其國文化。不久亦必隨而衰落。是故所謂以己國爲本位者。幷非破滅他國以自利也。方今國民之愛國心。亦足尙矣。誠能以高遠之眼光。觀察國家之要點。自足引國家於進步之域。反之若徒持淺近之見解。則其愛國心又失之褊狹。今國際間往往有衝突者。大抵起於國民之褊狹愛國心。(Chauvinism)抑亦不知國家以孤立而圖發達。亦到底不可能者也。

第七章 政治及政策

第一節 政治

政治二字。一見似甚明了。然細察之。其意義甚爲漠然。卽從來政治學者所解釋。亦多未正確。余前旣稱政治學爲關於國家之一種學問。似政治亦可謂關於國家之一種事項。且如前所述關於國家之成立存在。如後所述政治機關及與論政黨。似可混同於政治範圍。不解釋之。則易招學者之誤解。故茲欲下一正確之定義。雖然。亦甚困難之事也。

今當解釋之先。必先知政治與政策之區別。西洋學者以Politik通用爲政治、政策、及政治學三個意義。東洋科學發達。遠不逮西洋。如物理化學所用名詞。皆爲東洋所無。中國文學。號稱發達。而改用新名詞。猶且苦於選譯。惟於政治上有政策二字。則固西洋所未曾分析。而東洋所得資以容易解釋者也。

從來學者解釋政治之意義有四種。皆不確當。茲列舉而評判之如左。

其一。政治者。達國家之目的之手段的行爲之總稱也。謂欲達國家之目的。必有手段。有手段即有行爲。政治即此種之行爲也。然此說以政治與政策混同。已不適當。且按之現今政治社會之現象。往往政治家有欲達其目的之心。而忽至於失敗。或政治家幷無欲達其目的之心。而反獲得其結果。是未可以達其目的之手段之行爲概論之也。倡是說者。豈非謂政治云者。當除此一部而言。是固不無多少之眞理。但過重於主觀。按諸眼前之政治現象。去事實遠甚。是挾理想上之將來希望。以解釋政治二字。不當也。

其二。政治者。關於國家以內政權競爭之現象之總稱也。謂國家以內之現象。關於政治上權力之競爭者。爲政治。此說固就客觀的說明。稍近於事實。非若第一說之有過重主觀之弊。然亦有缺點。即過重此國內政權之競爭也。蓋國家以內之競爭。非徒在政治之權力。且政治上亦非常有競爭者。又政權之競爭。非但限於國內。即國際關係。亦常有政權競爭者。政治二字。固當包含內治及外交。單以國內政權競爭（人類間競爭之一部）爲政治。何視政治範圍之狹也。且也國內政權之競爭。雖事實上所常有。但近來競爭政權之人。其表面上常不云競爭政權。而不外云以此競爭爲達國家目的之政策。是又不省政治與政策之關係。此說所以不當也。

其三。政治者。人類間勢力競爭之現象之總稱也。此說以人類競爭諸方面。皆包含之。然較之第二說。則失之太廣。反於普通之用例。蓋所謂人類之勢力競爭。有各個方面。不特關於政治上而已。如因社會上之地位而競爭。或因經濟上學問上諸方面而競爭。皆與政治絕無關係。一概言之曰政治。無亦失之太廣歟。

其四。政治者。國家機關及國民。其影響及於國家之行爲之總稱也。謂國家機關之行爲及國民之行爲。其影響可及於國家者爲政治。此說比第三說較狹。一見似得其中。然猶未免廣漠也。蓋影響可及於國家者。尙不限於政治。如關於經濟敎育之行爲。其影響將來亦可及於國家者。然謂之政治不可也。至於國家機關之行爲。有司法行政。其影響亦足及於國家。普通雖以爲政治。其實則司法行政之行爲。不可云政治。且司法官行政官。又與政治家大有逕庭之別。是不得以其行爲號爲政治也。明矣。

今余所欲下之定義如左。

政治者。國家機關及國民之行爲。直接關於國家之根本的活動者之總稱也。

（一）關於國家根本的活動。第有影響可及於國家者。非政治也。就此一點。限定於國家根本的活動者。比於第四說之範圍較狹矣。

（二）直接關於國家根本的活動。如經濟亦與國家根本上活動有關係。但間接而非直接。故不可謂爲政治也。

（三）國家機關與人民之行爲。或論者尙以此意義爲失之太廣。謂當限於國家機關之行爲。不當包含人民之行爲。是不然。何則。古時之觀念。僅以國家機關之行爲。與國家根本的活動有關係。今則與國家根本的活動有關係者。非但國家機關之行爲已也。如政黨及議會。皆係以國民之資格。其行爲與國家根本的活動。常有關係。且所謂國民之行爲。必如政黨之運動。議會之聯合。始與國家根本的活動有直接之關係。然後可爲政治。若以人民對於政府官吏之請求之行爲。則不得謂爲政治也。

（四）總稱。謂概括而稱之爲政治也。如政黨對於國內有若何運動。分析之不過政治之一端行爲。然不可謂之政治。惟就其全部而言。有政治之性質。卽可謂之爲政治。故政治非分析的而概括的也。

人類之行爲中。所以特稱爲政治行爲者。幷非因其行爲之性質與他之行爲全異。而判別其爲政治與非政治也。惟視其行爲。在於當時與國家根本的活動有密接關係者。則爲政治。在他時與國家根本的活動無密接之關係者。則非政治。故謂人類社會之行爲。概不得爲政治行爲。是又未可斷言也。如社會之輿論。就某問題而議論其是非。此尙不過爲社會問題。而非政治問題。然固某時代某地位。國家之高等機關。直接自覺對於社會之潮流。抵抗之。或助力之。以處分此問題。或國民鼓吹其輿論。驅國家之高等機關。使處分此問題。由是此社會問題。始爲政治問題。而與此關連之行爲。遂爲政治行爲。蓋政治行爲。非視其事項之性質而指定之。隨時代與地位。直接與國家根本的活動觸接者。卽爲政治行爲也。如宗教。如言語。平常與政治上無甚關係。然至於某時代某地位。而要求國家根本上之活動。（卽國民議論此問題。國家機關處分此問題時。）則爲政治問題矣。

宗教在東洋尚無甚關係。而在歐洲各國。則於政治上大有關係。始由人民之信仰。互相排擊。而至於國家機關。不許信教自由。遂有宗教之爭。其關係初及於內治。甚且波延於外交。是宗教之問題。一易爲政治問題矣。近來法國宗教團體。於政治上尚有勢力。國家謀制限其財產。減殺其勢力。而宗教團體輒起反抗。前年內閣因之解散。

又言語與政治本無關係。然於一國內言語不同。社會上嫌其不便。謀所以統一之。尚不過爲社會之問題。而至於國家機關。欲謀所以統一之。則言語問題。一易爲政治問題矣。例如奧匈爲雙立君主國。國內人種複雜。言語不同。一般輿論。咸研究此問題。此時尚不得爲政治。後因軍隊學校及裁判所。大感言語不統一之弊害。而國家機關。乃於軍隊及官立學校裁判所。定使用一定之言語。遂爲政治上之問題。

又所謂國家機關者。乃國家之高等機關也。若在行政機關或司法機關之行爲。則又爲行政司法之事項。非政治事項也。夫行政司法。亦廣義政治之一部。然現今分科。政治與行政司法有區別。雖行政司法之事項。與國家機關有密接之關係。似與政治無異。然已失激動之狀態。不過以爲國家之日常行爲而處分之。其處分與國家目的到達之關係。固無煩國家高等機關及國民一般之自覺的思慮也。故以此與政治區別。謂之無關於國家根本的活動。可也。

方今普通所不視爲政治事項者。其始嘗煩幾多之政論。而後失其激動之狀態。而復歸於鎮靜。漸次爲行政事項。或司法事項。又僅存爲社會事項者。不少也。

以上就國內之行爲。而說明其爲政治者。至於對外之行爲。其爲政治與否。亦當依同一之標準以區別之。如對外之關係。有爲個人問題。自非政治。其有釀成國際交涉者。則又爲政治問題也。

第二節 政策

政策之語。往往與政治之語相混同。然政治以客觀之方面為多。即指其現象之在於特定時代。而非永久繼續者也。政策以主觀之方面為多。乃就所以達其目的之手段而觀察之。不拘若何時代。而大抵可以永久繼續者也。故政治為一時的。政策為永久的。此區別之易明者也。從來學者解釋政策之語。有左之三種。

(甲)最廣義　政策者。人類因欲達其各種目的所採之手段之謂也。此解釋固不為誤，但政治學上之用語。其意義不如是之廣也。

(乙)廣義　政策者。國家因欲達其目的所採之手段之謂也。此解釋亦不戾乎真理。但其用語尚未精密。至不免生出誤解。即國家欲達其目的。其採此手段者。以何人為主體。是不能無疑也。如說者所云。似限於國家機關。則恐導偏重政府而蔑視國民之誤謬也。

(丙)狹義　政策者。國家因欲達其目的所採之手段。在司法以外者之

政策

謂也。此解釋殆謂國家政治。皆所以達其目的之手段。而獨關於司法。則除此之外。其於政治與政策。實已不能判然解釋矣。且前述司法行政既皆在政治範圍以外。而茲獨除去司法而尚包含行政者。果有何根據耶。

今予所欲下之定義如左。

政策者。國家機關及國民。因欲達國家之目的所採之手段之謂也。即甲之意義。失之廣漠。而茲之定義。則以政策爲達國家目的之手段。而採此手段者。即國家機關及國民也。

前言政治學及政治之範圍。皆有限定。政策亦然。定義雖如此其廣。而在政治學上所研究者。則此手段中之根本的也。政策原論。即研究此根本的手段。其他如農業工業商業行政國際等政策。則讓諸他學所研究。雖然。自達國家目的之方面觀之。政策原論以外。尚有種種手段。亦所當研究者。更自社會發達之方面觀之。政策以外。尚有重要之方策。亦不可不研究之也。

第三節　政策之前提

研究政策。以何者爲起點。即政策之前提也。政策之前提。謂人類之行爲。達至若何範圍爲限度。當以意思自由爲必要也。何則。無論如何政策。不外個人行爲之集合而成。如國家機關及國民。皆以個人而存在。舍個人人類以外。則無國家機關及國民之存在也。夫個人之行爲。苟係先天的豫定。則無政策之可言。惟其不然。各個人之行爲。在一定範圍以內。有意思之選擇自由。而後有所謂政策。是即政策研究之前提也。故欲論政策者。不可不證明個人之意思有選擇自由也。

關於人類意思。有二個學說。一曰。自由意思論。謂人類意思。爲絕對自由。意思一決而事無不成者。一曰。行爲既定論。謂人類行爲。爲先天豫定。雖表面上有取捨之自由。而其取捨亦操自先天。此二說在哲學家有極大議論。且亦各種學問上所共通適用者。而非政治學者所暇論其可否。特予因主張人類行爲在一定範圍內有意思之選擇自由。爲政策之前提。

故亦欲略爲解釋之也。

持自由意思論者。殆謂人類意思。有絕對之自由。毫不被外界所束縛。然人類意思。殊未必有絕對自由。蓋因社會上一切事情。不脫原因結果之法則。欲打破一切之因果關係不能也。例如土耳其國內文化尙未進步。累次發布憲法。終無成效。在彼政治家。欲施行憲法。豈非自由意思。特以不敵其國勢民情之因果關係。而至於不見效果。是自由意思非絕對可行也明矣。且徵諸歷史。不圖適合社會一般之程度。而徒恃自由意思者。其不能敵因果關係。輒至失敗。蓋比比然也。

又其反對說之行爲既定論者。殆謂人類行爲。全受天然之支配。毫不容意思之自由。然人類行爲。雖不脫自然之支配。而在於何等範圍。猶得因意思而決定其行爲。謂之絕對不能自由不可也。且隨人類之發達。而天然之支配漸以縮少。在個人如是。在社會亦復如是。彼之幼童及未開社會。常受天然之壓抑。其對於外界。全然不知不覺。出於本能之行爲。若大人及開化社會。則有自由意思。可以抵抗天然。(例如幼童及未開社會。處於寒帶之地。不能有抵抗寒氣之方法。往往爲天然力所困。而至於不能自存。)是人類愈進於開明。其受天然力束縛者益尠。彼漫然以人類行爲全歸於先天。不亦謬哉。

凡人對於事項。在行爲之先。必先加以審議。在行爲之後。又必負有責任。此非僅就政治上之行爲而言。乃就人類行爲之一般而言。其故爲何。則以人類意思有選擇之自由故也。若不認意思之自由。則一切事項。不過純任自然。吾人之思慮。亦無意味。何審議之云。義務之觀念。又爲無用之長物。何責任之云。

然意思非得無限自由。而意思所得選擇之行爲之區域。要自有限界之存。茲就政治上言之。政治行爲之事項。不一而足。政治家皆有選擇之自由。但不能超出範圍以外。即如一國之歷史。國民之特質。外國之關係。及國內之憲法并其他法律。皆所以區劃政策之範圍者也。在此範圍以內。

可以選擇自由。超乎範圍以外。則不能有意思之自由。是卽政治家行爲之意思自由。所以受限制也。使反此數者。則不能成功。如推翻傳來之歷史。固勢所不能。改造國民之特質。或變尙武之國而使爲商工。或變商工之國而使之尙武。皆非一朝一夕之故。又如列國關係。近來無問距離遠近。皆甚密接。不顧列國之關係。其政策亦終無功。他如憲法及法律。固非絕對不可變更。且其變更亦爲政策上之問題。特當於未變更時。必不可超出其範圍。反之則召不良之結果。蓋此數者。乃區劃政策之條件也。然此條件固非旦夕所能變。而又非永久不變。苟依政治家之手段。以改造種種面目。又屬可能。蓋以此數條件。已爲過去政治家施展手段之結果。則今日之政治家。何不可以其手段變動此條件。而造他之結果歟。是政治家自由之制限。非絕對的。乃相對的。後之視今。猶今之視昔。將來自由選擇之範圍。其或益加擴充也夫。

以上所述。人類之自由意思。爲政策之前提。其自由意思。有一定之限界。

然欲概括的而明確指定之。則困難之事也。何則。政治之現象。實變化不可測。就特定之事件而言。則其所關連之事情。猶得調查詳密。以指定其限界。若就政治之全體事件而言。則千差萬別。難於一一說明。而一般之論究。殆無可指定其界限也。然則謂政策原論無研究之價值可乎。是又不然。蓋各論研究之發達。固足以補助原論之研究。而原論之研究。要卽研究各論之先導。且近世國家之政策。雖各不同。然已有一般之趨勢。從根本上而論斷大體之方針。亦所必要。是政策原論。自有研究之價值也。

第四節 理想政策及現實政策

理想政策者。純任理想之政策之謂也。現實政策者。基於現實狀態之政策之謂也。從來政治學者。往往偏於一方之議論。互爲排斥。其結果皆陷於誤謬。茲則以調和二者。而始爲正當之政策也。何則。理想政策者。非認現在之事實。而一任思想之範圍。雖不適現時之狀態。而對於將來。則有以理想爲事實之希望。現實政策者。不事空想。而以現在事實爲基礎。計算各種之勢力。二者固非互不相容也。而其可稱爲正當政策者。則當具有理想及現實之二方面。如調查現在之事實者。必運以純正之理想。豫測將來之方針者。又必察現時之情勢。若徒偏於一方。皆非正當政策也。理想政策與現實政策。雖亦互相排斥。然細察之。則幷非絕不相容者。蓋主理想者所病之現實政策。乃苟安目前之政策。非眞現實政策也。主現實者所病之理想政策。乃徒憑幻想之政策。非眞理想政策也。以似是而非之理想政策及現實政策。其爲世所詬病也固宜。夫偏於理想者。徒希望於將來。而不知現在着手之途。偏於現實者。行爲每陷於卑近。而不能有遠謀未來之明。要其結果。一至於旁皇無措不知所歸已耳。

夫政治社會。至爲複雜。一般政策。往往生出種種之結果。不能有利而全無弊者。又不能有弊而全無利者。即在政治家。亦祇能選擇其比較的利多弊少者而實行之而已。際此選擇。而其爲判斷政策性質之標準者。則理想也。其爲論定實行程度之標準者。則現在事實也。今試例證之。如欲行專制政策。以愚黔首。理想上所以爲有弊者。雖自實際上言之。或以國民程度甚低。使之參與政事。反有妨礙。不如行專制政策之爲愈者。然就政策之性質。則斷其爲非善也。是依理想而爲判斷之標準者。反之。如欲養成國民之資格。則當採用自由政策。使之參與政治。在理想上固以爲利。然實行此民主政策。又當視國民實在之程度如何。是又依現在事實而爲決定之標準者。

理想政策及現實政策。其互相關係有如此。在於一般國民。常有傾於理想或傾於現實者。而在於經世家。則當調和理想與現實。非但爲思想家也。又非但爲斂腕家也。即在眞大國民。有高尙之理想者。又當採取可以實行之手段也。

更徵之實際。如德之俾思麥。世所稱爲政治家。而皆謂其爲專重現實政策者。如擴張武力行貴族武斷政治是也。余意俾氏或因嫌惡人民自由之思潮。亦未可知。然以其欲達將來之目的。必用此種手段。而後得使德意志建爲一大國。則謂其全無理想不可也。溯其畢生所爲。皆具有理想及現實二方面。卽俾氏所著政治論『思想及回想』其中一章。論俄國將來之政策。頗有趣味。茲不暇述。總之。俾氏一生之事業。一與丹麥戰。再與奧大利戰。再與法蘭西戰。粗觀之。似無甚遠見。然俾氏之政略。在欲使德意志於歐洲中部。占强國之位置。必先統一各邦。而又非養成武力不爲功。故利用普魯士之武力。以統一各邦。而計其他之强國若丹麥若奧大利。則不可不排之於德意志之外。又以法國常與德爭衡。必先制法。而後可以獨立。是皆能以豫想計畫政策。而後着着施展其手段也。同時與俾氏同理想者。亦有其人。但手段與俾氏不同。以爲不用武力。當用人民之合意。然俾氏則不憚犧牲一切以養成武力。而卒能遂其志。論者多以俾氏爲偏於現實。抑亦不知其確有理想也。

政策之理想。在達國家之目的。從來學者。以原人時代。皆自然之狀態。至人類漸與自然相遠。始有惡之現象。苟能返於自然。則罔有不善者。此爲自然法派所倡。然以論政策則殊不然。政治上之手段。果當循自然界之作用乎。抑當矯自然界之作用乎。概言之。蓋甚難也。蓋以世界進化人力足以制勝自然。循自然界之作用者。不必皆善。而矯乎自然界之作用者。亦非皆不善也。苟第依各個事情而論。則或者以循於自然為善。或者以矯於自然為善。猶可說也。夫理想存在於人類之腦筋。非孤立於人類以外之自然界。人類能自作理想。而又為將來之希望。故其循於自然與否。可不問也。

第八章 國家機關

國家機關。與國民相對而言。今先解釋國家機關。而後解釋國民。

第一節 國家機關之權力

社會上有種種之勢力。而國家之勢力其一也。國家之勢力。幷非社會諸勢力中之最高位。特從國家之方面觀察之。固以國家權力為最。然從社會方面觀察之。則國家權力尚未為最也。蓋就經濟之方面言。則以大企業家大資本家爲有勢力。(昔時企業家資本家皆出自一人。今則有營業之知識者。雖無資本。可以爲企業家。有資本而不營業者。可以爲資本家)。就學問之方面而言。則以學者爲有勢力。(大學教師雖等諸官吏。而學者之見重於世。則不在官吏之身分)不察社會上一切勢力。而以國家之勢力爲最高位。抑已誤矣。

比較社會各種之勢力。孰者常占最優之地位。則又難於斷定。蓋社會上各種勢力之消長。因社會之狀態及各種勢力之狀態而決。而此二個之狀態。又常因時與地而變遷。如美國則實業家之勢力優於政治家。蓋因有力者皆趨重實業之故。英國實業雖發達。而實業家之勢力則遠不及政治家。德國則政治家之勢力爲優。然僅限在朝中之高等官吏。而在野之政治家則不逮焉。日本前惟官吏有勢力。今則漸及於在野之政治家。即實業家亦不無勢力。是社會上勢力之狀態。常有變遷。故一種之勢力。無永久對於他種勢力而占優勢之地位也。且以社會各種勢力。亦須平均調和。苟以一種勢力占最優之地位。而壓倒其他之勢力。亦非良好之現象也。

國家之勢力。受國家之權力之名稱。蓋因於與他勢力區別之便宜。今舉國家之權力之特徵有四。

(一)勢力活動之範圍之明確。他之勢力之活動範圍。容有伸縮。而國家之勢力則否。

(二)勢力活動之迅速。

(三)勢力活動之强硬。

以上三者。爲國家之勢力所以優勝於他勢力者以此。

(四)勢力活動之不得左右精神。國家之勢力所及。祇在人民之形式。如法律之拘束外界。不能支配人之精神是也。若夫歐洲之宗敎。日本之佛敎。皆在社會上占有勢力。爲能支配人類之精神。學者所以能於社會上占有勢力者。亦以敎育能達於精神之區域。而國家之勢力則不如是。

然有當注意者。國家之成立存在。仍必與人類之精神相接合。苟人類之精神無國家。即國家亦難以成立而存在。是國家之成立存在。仍莫能外乎人類之精神。特此爲間接而非直接耳。

國家之權力。與國家機關之權力。當分別言之。然國家之權力。非泛然無所附麗。必經國家機關之運用而始行動。不由機關而行動者。即非國家特有之意思。國家機關。原由個人組織而成。個人以機關人格之行動。始爲國家之行動。是國家之權力。即存於國家機關之權力也。夫立憲制度之國。國家機關。至爲複雜。而位其上者爲統一機關。統一機關。亦非能隨意行動。故統一機關之權力。非即爲國家權力之全部。若法王路易十四世之言曰「朕即國家。」直爲專制君主政體之代表。而以統一機關即爲國家。實大謬戾。總之。就機關複雜之國家而言。則國家機關全部所有之權力。即爲國家特有之權力。就機關單純之國家而言。則國家機關所有之權力。即爲國家之權力。此從國家機關之方面觀察之。以國家機關即爲國家。可也。苟轉而從國民之方面觀察之。國家者人類之社會。因其有一定組織之點。而指其社會爲國家。指其人類爲國民。且國家機關中之人類。亦爲國民之一部分。故自此方面觀察之。國民以外無國家。謂國民即國家。可也。

由前之說。以國家機關即國家。由後之說。以國民即國家。各爲國家之全部。而非國家之一部也。然此特觀察點之不同而已。苟使察國家所以達其目的之手段。則其所有勢力。不盡在於國家機關。而國民之勢力亦所必要也。蓋求勢力於國家。而發見有國家機關之權力及國民之勢力二者。是以國家機關及國民。就狹義解釋。爲互相對立。必合二者而後成立國家。且使二勢力爲調和的解釋。而併行論究之。亦論定政策之便宜者也。何則。國家機關之權力也者。在憲法或慣例上。乃國家機關爲國家强制權運用者而有之勢力。國民之勢力也者。乃國民爲被治者在於政治上所有之勢力。兩者勢力之種類雖異。而至其爲政治的勢力則一也。在公法學者。以法律範圍以內。僅認國家機關之權力爲國家之權力。若政黨輿論。則爲法理上所無。斯不認爲國家之勢力。然政治學上所研究之勢力。乃應事實與政策之必要。而不問法律規定之有無。蓋徵諸政治學之定義而自明矣。

第二節　國家機關之分科發達

因達國家之目的。其所當利用之勢力。有千種萬別。然約言之。則歸於國家機關之權力及國民之勢力二者。特從來國家之內部。往往見兩者之軋轢。不能一致。內部軋轢益甚。則國家之目的不能達。而國家之權力亦漸衰退。欲避此無益之衝突。要在善爲維持調和。使歸於一致。即國家機關之各部分間。及國民之各部分間。（如各政黨）亦當謀一致也。夫人類競爭。原以促社會之進步。然就於達國家目的之一點。則國家機關及國民。不可不調和。即國家機關相互間。及國民相互間。又不可不調和也。然察諸政治實際之現象。往往不能與此相符。即徵之學說。亦有相違者。

或者謂國家機關之權力。與國民之勢力。不可幷立。其一伸張。則其一必縮少。因是而有二種正反對之政治迷信產出焉。

（一）在使國民之勢力萎縮。而專計國家機關之膨脹。

（二）在使國家機關之强制力歸於無效。而國民之勢力。益趨於專橫。

專制政治。屢陷第一之誤謬。彼擴張國家機關之權力。而蔑視國民。是不知國家因國民而成立。而忘乎國民爲國家之地盤也。極端個人主義。往往惑於第二之歧說。彼擴張國民之勢力。近於無政府之境遇。是不知祗會所以成爲國家。必有特別之强制組織。而忘乎國家本來之性質也。此二種絕對之迷信。其弱點之暴露。特於對外競爭劇甚之際而益發現。蓋欲以此種之國家占優勝之地位者。殆無聞也。由前之例。如實散沙爲丸。而外封以鐵殼。苟遇堅靱之物相撞。外殼一破。立見其潰散。由後之例。如摶結衆沙爲丸。不用外殼。苟與他物相撞。雖其體質鞏固。而不能保無所缺損。二者均未見其可也。

政治與主義之用語之差別。政治云者。以政治上實有之現象。如專制爲政治上確有之現象。故謂之政治。主義云者。乃社會上所唱導。而未見實行。如所謂極端個人主義者。即有時國家亦有陷於無政府狀態。然不過一時之現象。而非可久者也。

國家機關與國民之競爭。即爲自由與秩序之競爭。政黨苟能調和斯二者。則固甚善。概言之。老年者常愛秩序。少年者常愛自由。富者强者常愛秩序。貧者弱者常愛自由。故二者亦常有衝突。專制政治者。愛秩序也。個人主義者。愛自由也。然斯二者均爲絕對。實則秩序者要自由之秩序。自由者要秩序之自由也。當夫日俄和議成就之日。而有日本國民之騷動。亦自由與秩序之競爭。在政府則保持其秩序。在國民則奮爭其自由。即新聞之祖政府者。則主張秩序。祖國民者。則主張自由。是也。玆本屬於實際。當歸於政治論。不在政治學範圍以內。然亦足供研究者之參考。故附言之。

凡國家之發達。得分爲分量上性質上二方面。此二者互相關連。不得僅容其一之進步。如土地擴充。人口增殖。是爲分量之發達。而又必察土地人民之性質善否。然後能斷定其國家之發達與否。苟分量發達而性質不發達。則其國成爲腐敗。性質發達而分量不發達。則其國無展拓之餘地矣。

夫國家之發達。固有種種之必要條件。國家機關之發達。乃其最要之一條件也。國家機關之發達。以統一的分科爲必要。統一的分科者。謂分科而仍歸於統一也。若分科而不統一。則於國家之發達無裨。但徵之實際。往往與理論相違。蓋如物理學所云。凡物皆有惰力。而社會之習慣。即爲社會之惰力。故當初因社會之必要所設定者。既已寖成習慣。及因其不必要而欲改變之。其保守者必不欲破除習慣。自政治上言之亦然。國家機關亦有惰力。故新機關之設定。及舊機關之消滅。皆甚困難。此固由政治上之慣習。而又因於利害關係。如舊機關消滅。而向之依爲城社者。必出而反抗之。至於新機關設定。則更詫爲新異。而斥其病民。且其所謂利害關係。亦不必果皆身受。卽在想像上之利害關係。亦能生出阻力。此政治上之改革。所以不能趨於正當秩序之變遷者也。

凡學問與政治事情。未必盡能相通。在研究學問。祇求正確。而一般議論。其影響不足接於學者之耳。而在於政治家則不然。政治家之措施。苟徒憑學問研究。而不察乎一般議論。則不能昭世人之共信。其事情亦不可得而行。故政治家之所信。必使一般國民共信。之卽不能使之共信。亦須減少其反對。孔子曰民可使由之不可使知之。然至於今日政治發達時代。所謂秘密政策。殆非可行者也。

國家機關之秩序變遷。雖如是其難。要非不得與以概括而言之也。考之各國政治之沿革。與夫近世國家之現況。莫不有其類似之點。當夫最初國家發達。尚爲幼稚。其機關之組織簡易。事務亦甚單純。惟有統一機關。統轄政務。所謂國家之首長是也。然隨國家之發達。而政務膨脹。首長不能親視諸政。遂於其指揮之下。有執行政務之官吏。特是等官吏。尙無公私之別。爲首長之補助。其事務之分業。亦不明瞭。厥後漸次分科。其始有宮中府中之區別。以宮內事務。屬諸宮內省。以政府事務。屬諸內閣及各省。次之有司法機關之獨立。司法機關。狹言之則司法裁判所。廣言之則併行政裁判所。歐洲各國或有權限裁判。其凡屬司法機關者。均不受內閣管轄。次之有政務官事務官之區別。關於國家根本上活動之事務之官吏。爲政務官。關於普通事務之官吏。爲事務官。且不特就執政機關中而有各種組織已也。更有別種之國家機關。如民選議院是。但民選議院之議員。由國民選舉。非若政府官吏由政府委任。是議員與官吏。性質顯然不同。似不得謂議院由於政府之分科。然自其作用言之。議院爲監督政府之機關。（政治上）而在於古時專制國家。亦非無此監督機關。如觀察、監察、巡按、等名目。皆政府所設立以監督官吏者。惟古時以官吏監督官吏。今則以議院監督官吏。古時以監督機關置於政府以內。今則以監督機關置於政府以外。是就其作用言之。謂議院由於國家機關之分科。可也。

自有議院之國家。而政務官事務官之區別。尤為必要。蓋以議院一與政府衝突。內閣勢為所動搖。內閣交迭。而全國官吏。盡因而交迭。於處理國家事務上。反多所梗塞。所以當區別政務官與事務官。使值內閣動搖之時。限於小部分政務官之交迭。而事務官決不被其影響。能實行此制度者。厥惟英國。故英國當內閣交迭。限於國務大臣及其他在於重要地位之小部分官吏。隨之交迭。而至於事務官。則不因之而變動其地位。若法若美。則無此制度。美國值內閣交迭之時。其影響且及於郵政官吏。現今大統領羅斯福氏嘗改正官制。以矯茲弊害。然遠不及英國之區別政務事務之明確也。

國家機關之分科發達。遂有議院。其理由因於政務分量之增加與其性質之複雜。固已。然此外更有必要存焉。卽豫防一機關之專橫。是也。法儒孟德斯鳩倡爲三權分立說。其所著『法律之精神』一書。(係千八四八年所著。卽侯官嚴氏所譯之法意。或譯爲萬法精理。)係就英國立論。以英國爲採用三權分立之制度。然三權分立。不可無以統一之。卽以英國政體論之，雖有國家機關之分立。實以國會爲之中心。而君主卽爲國會之一員。是爲孟氏所說之缺點。特氏之痛論專橫之弊。謂當使三權分立。互相監督。而其影響披靡於全歐。(除俄國而言)爲近世立憲制度之初範。則固彰彰不可掩者。況自政治上言之。與其以議會爲立法。甯以之爲監督政府者。斯則孟氏之說所脗合者也。

至於制議會之專橫。當注意於國內憲法上制度組織。然其專橫之甚。有非制度之力所能抗。斯不可不賴人民政治的智德之發達。今世界各國人民政治的智德最發達者。莫如英。故英國雖無成典憲法。而不聞議會專橫之弊者。有以也。(政治的智德。別於普通的智德而言。若第言普通的智德。則小學教育制度。法德方駕英國而上之。)微之英國。其上流社會無論矣。其下流社會雖不可知。而中流社會。則政治智德最爲發達。苟就婦女而叩以現今內閣及政黨之加何。就勞動者而叩以日英同盟之關係如何。皆能津津道之。其他歐洲各國人民之政治智德。遠不逮英國。而尙可與英國彷彿者。獨美國而已。

如上所述。國家機關之發達。或分科。或新設。其種類固日以繁雜。然在政治原論。亦不能盡取而研究之。故茲所論究者。僅限於國家之重要機關。如統一機關、執政機關、監督機關三者。他如各級裁判所、會計檢查院。雖亦國家之高等機關。其組織及活動。亦非不用政策之論究。然以是等機關。乃直接活動於法規之秩序。而與國家之目的無甚關係。且於國家根本的活動。不致有重大之影響。故於政治學上則省略之。

第三節　統一機關

國家諸機關。隨國家之發達而繁雜。而諸機關各自獨立活動。又不可無中樞機關以調和之。苟缺中樞機關。則各種之活動。既失之散漫。又復易於牴觸。機關之效力。大有減殺之虞。此中樞機關所以爲不可缺之要件也。統一機關。卽此中樞機關。在始期之國家。固感統一機關之必要。卽至國家機關發達之時代。而此統一機關。猶爲必要。何則。最初之統一機關。親任庶務。而又兼爲總攬者。至近來之統一機關。則以其向所親任之庶務。委於新設諸機關。同時而其本來之中樞的性質。亦益以發揮。蓋隨國家之發達而不容或失者也。

統一機關。如是其必要。但須用若何之組織乎。夫組織機關。皆爲自然人。組織統一機關。亦必爲自然人無疑。至用何等之自然人。則非一定不變。此蓋關係的問題。當依時代或地位而決定之也。統一機關。有爲單獨之自然人。有爲多數之自然人。然按之歷史。其以多數人組織統一機關者。亦不數覯。且不能永久。蓋以統一機關之性質。在總攬國家事務。若採用合議體。其不適當也固矣。至於以單獨之自然人爲統一機關。其制度又有二。爲世襲乎。抑爲選擧乎。換言之。卽君主政體與共和政體。以何者爲適當乎。歷來學者所論。往往偏於一方。皆未愜當。夫研究政治學。必須精密歷史上之事實。苟徒憑於理想。匪特不切於實用。且亦未必爲正確之見解。況以各國有特別之國情。僅察一國之歷史事實以爲論據。則仍失之太狹。彼夫尊重自國。而蔑視他國。爲大陸國民之通病。持此自尊心以論斷一切事物。是以迄無持平之說。若君主政體與共和政體。要皆應各國歷史上之事實。各有短長。研究者當置身局外而觀察之。然後能下公平之評斷。苟徒概括的謂必用一種政體之統一機關。誠未見其可也。試引例以明之。在今日以君主政體與共和政體相提並論。則崇共和而抑君主者爲常。然設舉世界之君主國。盡變爲共和國。則又難能。如俄、專制君主國也。而其國內種族混雜。其人民之政治思想。選舉不可得公平。且其宗教與政治混同。俄皇兼爲希臘教主。苟一變爲共和國。其結果亦非所敢問。反之。而舉共和國盡變爲君主國。則又非易易。如法、共和國也。自大革命以來。易君主爲共和。更由共和而易爲君主。復由君主而反於共和。雖其間有行君主政體。然非可久之現象。法國當時尚有王黨。欲變共和爲君主。今則勢力式微。而其一般人民遭累次之改革。不願復反於君主政體。卽王黨之主張君主政體。而果以何人爲君主。則又紛議不一。或謂以波爾門之後。或謂以路易腓列布之後。或謂以拿翁一世之後。此實困難之問題。德國柏林大學教授脫勒克氏嘗謂法國何不可爲君主國。特難乎其爲君主之人耳。其言良可味也。總之自政治上觀察之。君主政體與共和政體。當視歷史之情形。及現在之必要。不能概論其善否也。

且當國家最初之期。其社會之狀態。尙屬混沌。國家之若何成立。亦不能劃然。然統一機關。則已有之。特其時之統一機關。不甚確定。而爲統一機關者。又必富武勇智巧而備經驗之人。然後進而掌握國家之樞機。此亦社會上生存競爭之使然。何則。社會間互相競爭。其社會非有富武勇智巧而備經驗者以指揮大衆。則無以對他社會之競爭。其爲統一機關者優。則其社會強且存。其爲統一機關者劣。則其社會弱且亡。夫最初之國家。固必有如是之英雄豪傑。占統一機關之地位。然數傳以後。其子孫之才略雖稍不及。猶能世襲其地位。蓋在英雄豪傑。愛及子孫。每欲使之世襲己身之地位。而在一般民情。又以英雄豪傑本無種子。或因地位之競爭。而不堪其紛亂。且以崇拜祖先之風。爲東洋所固有。既愛己身之祖先。因而愛君主之祖先。故君主雖不賢。而因念己身之祖先與其祖先有關係。則亦爲之曲諒。是故元首之子孫。藉非至愚極惡。亦不必雄才大略。已足遞嬗其統一機關之地位。而遂成世襲之局。然使謂定中樞機關。不用世襲而用選舉。理論上非不正當。特徵之實際。又未必然。或因擁候補者之黨派競爭。害一國之調和。或因野心家之操縱。釀選舉者之腐敗。或其競爭之結果。歸於敵少無能者之當選。徵之德國。當千八百六年。王位出自選舉。選舉權在七諸侯。而其當選者不皆賢明也。即共和國之選舉大統領亦然。當選者往往爲第二等人物。蓋以第一等人物。自置甚高。反對者衆。且第一等人物。非僅一人。因避其衝突。至於均不得當選者。而第二等人物。則屑為種種之運動。又乘選舉者之腐敗。而行賄賂之方法。此固一切選舉所同有之弊害。特於選舉統一機關時。尤為彰彰較著者也。

當國家幼稚時代。統一機關以外。無他之機關。故統一機關為專斷。多不認人民之權利。至於國家機關膨脹之期。有府中宮中之區別。君主之下。有執政之有司及宮中之貴紳。其勢力或駕於元首。而元首不過為虛位。後之經濟上之發達。（人民富足）社會上之變動。智識及敎育之普及而中等社會。遂起而要求政治上之權利。元首不應人民之要求。則反召國內之騷動。此時當局者感萬機決於公論為得策。遂認人民之政治的勢力。以民選議院。注入於國家之高等機關中。且對於他之高等機關。與以法規範圍內獨立行動之餘地。即統一機關之行動。亦根據於憲法。此即立憲政體所由起也。立憲政體實際上之良否。視運轉機關之當局者及人民之狀態如何為比例。有文面上之良組織。或因不得其人。而流為害毒者有之。但就主要言之。近世國家。無出於拋棄立憲而逆行專制之暴舉。

（土耳其曾經立憲而復反爲專制。然其頒布憲法僅數日。祇有立憲之名而無其實。不足爲例。）實以衆民之智識普及。而其勢力亦益膨脹。立憲政體之潮流。遂一發而不可遏。且國家之性質。本以人民爲基礎。使人民得直接間接參與國家之政務。亦所以達國家目的之正道也。

立憲國之統一機關。其地位雖與專制國不同。然其價値則毫無減少。蓋在於立憲國。統一機關固猶爲必要也。或以立憲國統一機關之行動。必在憲法範圍以內。似較諸專制國之統一機關爲狹。是不然。何則。統一機關之作用。其形式有二。有活動常現於表面而可見者。如德國之君主是。有在內部活動而不現於表面者。如英日之君主是。而近今英國君主。嘗與他國君主會見。其作用亦常現於外部。卽如法美之大統領。亦常向於外部活動而無甚制限。斯亦足見近今立憲國統一機關之作用。固未嘗減縮也。

第四節　執政機關

執政機關。與通常所稱行政機關不同。執政機關之主點。在運行政策以達國家之目的。而不拘於法律範圍以內。非若行政機關之活動。惟依於法規之秩序也。夫自法理上觀察之。執政機關。似皆依法規而行動。而自政治上觀察之。則執政機關。非但以依於法規行動爲盡其職務。而實以運行政策。達國家之目的。爲盡其職務也。故今用執政機關之語。而不用行政機關之語也。

執政機關。廣言之。自國務大臣以至所屬之各省官吏皆是。然各省官吏。不過受國務大臣之指揮。而不能自由運行政策。惟國務大臣。爲政務集注之中心。統轄一切之執政機關。而在於統一機關之下。與監督機關相對立。其政治上地位。視他之官吏爲特別者。茲故就其狹義而論國務大臣。

國務大臣。保統一於總理大臣之下。以聯帶責任。當重大之政務。實近世政治組織上極大之進步者也。此內閣制度。固隨立憲制之發達。然按之實際。即在國家尚未發達時代。已有此種機關。不過隨立憲制之發達。而益以明確耳。內閣制之成立。以聯帶責任爲最要。如一部之政務。固以其主務之大臣獨力行之。而至於國家重大之政務。則以國務大臣共同行之。所以保持意見之合致。而共同擔負其責任也。若未有此制度之時。大臣祇因君主一人之信任。而躋於顯要之地位。止於分掌元首所命之事務。而各大臣間政務上之意見。毫不合致。且漠然若不相關者。其時之君主。亦不利各大臣之合致。爲恐其不易操縱也。然此時代大臣之責任。亦非僅對於君主。即對於一般人民。亦有政治上之責任。何則。不問監督機關之有無。縱令無政治思想之人民。而其對於大臣所行政策之得失。常不能免輿論之批評。況以君主所信任之大臣。因格於輿論。而至於不安其位者。事實上往往有之。是則內閣制未發達之時。大臣固已有政治上之責任。特其責任不如今日之明確也。

夫大臣之責任。在內閣制未發達時已有之。而大臣責任制。則在內閣制發達時始有之。且內閣制之發達。又隨立憲制之發達。蓋國家已行立憲制度。斯有監督機關之議會。議會對於執政機關。爲對立之地位。各大臣當於運行其政策。以得議會之贊成爲必要。或便利者居多。是以不可不謀內閣員之統一。否則大臣之一舉一動。輒爲議會所掣肘。此即大臣所以必要意見及行動之一致而生聯帶責任者也。且其責任。亦因有議會而增加。其有明定於憲法者。謂爲法律上之責任。其有不定於憲法者。謂爲法律上無責任。而要自政治上觀察之。則皆爲有責任。不問憲法上之規定與否也。

且立憲君主國。以君主無責任爲原則。凡有事務。必經大臣副署。君主之行爲。即爲大臣共同輔弼之行爲。故君主之責任。移於大臣。若在於專制時代。君主似無責任。實則君主一切行動。不經大臣參與。乃直接對於人民而負政治上之責任。一政不善。則集怨於君主一身。而大臣不與焉。此所以立憲國家。因計君主地位之安全。盡移其責任於大臣。而大臣之責任所以增加也。

執政機關

國務大臣爲執政機關。其運行一國之政策。不能保無一失。苟無他之機關以監督之。則不免於人違或事違。於是有議會之成立。又因內閣制之成立。同時而認其必要。蓋二者相輔亦相制也。夫議會之設立。所以對執政機關之專橫。而保障各個人之政治的自由與私人的自由。使執政機關對於國民之政治上責任。更爲顯著。而與議會以監督之權能者。實立憲制之根本的思想。而近世政治史赫赫之事實也。(政治的自由。與私人的自由。不可同一視。如立憲國之人民有參政權。而至於個人行動。則甚束縛。是政治的自由廣。而私人的自由反狹也。反之。專制國之人民。政治議論。動受抑制。而至於個人行動。反甚自由。是私人的自由廣。而政治的自由狹也。如俄國人民。其私人的自由。雖有被束縛者。然亦因其牽涉政治的自由之故。苟以較之他國人民。則其私人的自由。尙有過之。)夫議會之設立。原爲防遏執政機關之專橫。然亦有以之防遏統一機關之專橫者。觀於日本之議會。固以防遏執政機關而設。若英國之議會。則以防遏統一機關而設也。

議會成立。斯執政機關對於國民政治上之責任。更為顯著。今日各國議院制度。皆採用兩院制。有上院之勢力優於下院者。亦有下院之勢力優於上院者。然就歷史上考察之。下院為代表人民之機關。故執政機關對於國民所負之責任。皆在下院而不在上院也。

執政機關。其對於議會之責任若何。即辭職是已。然此亦因各國之政治事情而決。非必一有議會反對。即當辭職也。英國內閣。非有重大過失。不致辭職。而輕小事件。議會率不過問之。法國內閣。與議會常衝突。每因輕小事件。而致內閣之辭職。此法國內閣更迭之數。所以較諸他國為多。然實非政治上之福也。

主張政黨內閣制者。欲以政黨負內閣之責任。(政黨內閣制者。國內有二大政黨。其一黨有大勢力。則盡為內閣員。內閣一失信用。即為此政黨之勢力失墜。而他政黨隨以復興。然亦極端之論。蓋政黨內閣制之能否實行。須依各國之國情而決定之也。反之。而有謂以法律制裁之有無。而決大臣之責任者。然自政治上觀察之。大臣對於議會所負之責任。固不因憲法上明文之有無。說者殆不解政治上調和發達之道。抑又不察近世各國之歷史現象也歟。

政黨內閣制。惟英國爲能實行。而歐洲其他諸國。則欲行之而未逮。美國則絕不能行政黨內閣制。夫美國爲共和國家。而顧不能行此制度者。是當從憲法上及政治上之二方面以觀察之。蓋自憲法上言之。美國之採用三權分立。最爲明確。其政府與議會。互相對立。至爲平等。無上下之組織。故不得行政黨內閣制。更自政治上言之。美國選舉大統領。用複選舉之方法。其選舉權悉操諸共和黨及衆民黨。是統一機關之個人。已求之政黨。斯其執行機關。遂可無用政黨之操縱矣。

第五節 監督機關

組織國家機關之人類。廣言之。卽一般國民也。此國民之少數者。以機關人格之行動。卽爲國家之活動。特個人之智德。不能完全無缺。或有意而有不良之行爲。或無意而亦得不良之結果。且以國家機關。居有力之地位。若濫用權力。則其影響及於國家者綦大。是故欲使此重要機關之行爲。能有效以達國家之目的。不可無監督機關也。此監督機關。固非始自最近。蓋自古而已有之。特古今之性質。比較不同耳。古之監督機關。其效力祗及於下等官吏。而不能監督夫統一機關執政機關。卽有時能監督統一機關執政機關。亦無甚效力。古之監督機關。以官吏組成之。以官吏監督官吏。自不能得良好之效果。至於今日。則採用民選制度。遂有議院以爲監督機關。雖不敢謂絕無弊害。然以視諸古時。固已善矣。

當未有議會之時代。僅有官府以監督官府。然廣言之。則除此官府以外。又非絕無監督之也。蓋彼之統一及執政機關中人。常受良心及輿論之制裁。是良心及輿論。亦未嘗不足以監督之。然此惟限於賢明之當局者。

而後能引良心及與論以爲監督。苟其不然。則此無形之制裁。決未足以爲確定之監督也。自有議會。獨立爲一種機關。而其監督亦歸於秩序。且其權限釐然。以機關之人格。政府亦不得不採用之。而與論之效力。蓋因之而益大矣。

世人往往以議會爲立法機關。然自政治上言之。則大不然。何則。就實質的意義所謂立法者。決非議會所獨占。近世議會之特色。不過關於重大之法規。須得其協贊。若輕小之法規。即政府亦可規定之也。且議會之權能。又不僅在於立法一端。如豫算亦議會中最重大之事項。其是否爲立法事項。論者不一。法國稱豫算爲每年法。視豫算爲法律。實非正當之解釋。他如上奏、質問、批評、事後承諾等。凡政治上一切事項。議會皆得發表其意見。是立法不過爲議會之一部事項。若以議會之權能。專在於立法事業，則未爲適當也。況以議會雖有參與立法事業。而議會所以爲世人所注目者。固不在於立法事業。徵諸美國議會。其參與立法事業。駕於英國議會之上。然議會之爲世人所注目者。以英國爲特甚。而美國反不及之。英儒西理氏所著政治學。嘗論英國議會所以爲世人所注目者。以能製造政府也。而美國之議會則不如是。其所謂製造政府者。卽政黨內閣制實行之結果。如國內有二大政黨。以得議會之多數同意者。而後其政黨組織內閣。此惟英國爲然。至於他國之議會。則有以爲破壞政府者。以其雖無製造之能力。而尙有反抗之能力。議會雖亦時有解散。尙不如政府解散之多。然此言亦不無過當。卽以德國政府言之。其權力甚大。殆非議會所得而破壞之者。總之議會之能製造政府者惟英。其能破壞政府者亦有之。其不能製造政府。又不能破壞政府者。則德之議會。而要其共通性。則皆能監督政府者也。以其能監督政府。故政府之對付議會。亦有種種方法。或恐嚇以解散。或賄賂以金錢官位。而要其懾議會之反抗則一。然則由政治上觀察之。議會固非但參與立法事業。且立於監督之位置者也。故可謂之爲監督機關。

夫所謂時代之思潮者。當某時代。於一定範圍內。有共同之思想也。其範圍因時代而有廣狹。閉鎖時代之思潮。僅行於一國以內。交通時代之思潮。則奔騰於世界。寖成爲世界之思潮矣。如歐洲十五六世紀之時。英德則有改革宗教之思潮。奧國則有保守宗教之思潮。而至於近世。則有經濟上競爭之思潮。有抑壓自然力之思潮。有利用科學之思潮。有立憲政體之思潮。皆浸淫於全球。而在於政治上所稱爲時代思潮者。即此立憲政體是也。立憲政體之特質。即在於政府以外。有民選之監督機關。苟第有議會之名目。而其議員非出自民選。或徒有憲法之名目。而不予議會以權能。斯亦無貴乎其爲立憲也。夫今日之時代思潮。所以傾向於立憲政體。而要求民選之監督機關者。蓋以國家事項。若盡任於政府中人。恐不能應國民之需要。故有待乎民選之監督機關。雖然。欲行立憲。必先一般人民之生計發達。而後有參政之慾望。若人民之生計不足。衣食住之謀且不暇。何論政治上之思想。近世立憲政體。所以釀成時代思潮者。亦生計發達之結果也。又必養成一般人民之智識。而後有參政之能力。養成智識。全恃乎普通敎育。如學校敎育、社會敎育。(新聞雜誌)均所當注意也。又必一般人民富有公德心。有政治思想之國民。富於公德。而其私德不必完善。專制國之人民。雖重私德。而其公德則絕然無見。公德心發達。然後對於公益事情。能不計利害而毅然任之。不然。則於立憲制度之實行。猶不無遺憾也。

立憲政體之主要。在於民選之監督機關。此固因時代之要求。且其要求之程度分量。又與國民發達上爲比例。雖然。欲全部國民之發達。盡能要求立憲。則又所不能。蓋當初不過先由中等社會之發達。起而要求參政權。其後乃波動於一般國民也。徵之英國。當於千八三六年。其議會猶有貴族之性質。亦以當時立憲之始。乃出自中等社會之要求。今則一般國民之能力擴張。皆知要求參政權矣。以英國之發達。尙爲循序而進。如長江大河然。故其發達之次序。歷歷可見。若法國之發達。則非循序而進。故其發達之次序。不易指數。然試徵法國當第一次革命時。其要求立憲者。在第三級之市民。法國制度。以貴族爲第一級。僧侶爲第二級。市民爲第三級。時則市民反抗貴族僧侶而要求參政權也。施伊業氏嘗論法國之立憲政體。皆出自市民之力。而其第四級之人民。則不知要求參政權。至於今日漸次發達。參政權始普及於一般國民。更徵諸各國。莫不如是。是則要求立憲之智識能力。欲其一時通於一般國民。乃必不可得之數。惟其一部之先覺者。多係中等社會之人物。爲要求立憲之原動。久之始波接於全般國民也。而在於統一機關執政機關。則宜與有智能之國民。共同休戚。而認與其分擔國事。方爲至當之政策。蓋如是而後國民之愛國心崇法心。益益發達。而國家之分子亦益充實。國家之基礎。亦益鞏固而安全。且當國際競爭劇烈之世。有國民爲政府之後援。其於對外競爭力固大有影響也。

議院之組織。爲二院制。乃因(一)歷史之沿革。(二)現在之普及。(三)聯邦之各邦代表之必要。此外尚有得策之理由如左。

（一）豫防議會之專橫。

（二）調和議會與他機關之牴觸。　議會與執政機關常有衝突。衝突之善否。當依其結果而判斷。但衝突頻繁。亦非良好之現象。採用兩院制度。則一院與政府衝突時。他一院可以調和之。

（三）監督機關中。更爲分科。而與以各盡其任之餘地。　兩院制度成立之初。已有不同之性質。因其不同之性質而分科之。使上下兩院。得以各盡其責任。

（四）抑制議會之輕躁行動。　此與第一之點略同。議員若有輕躁之舉動。於機關作用上。時有缺憾。至用兩院制。則一院所議決之事項。尚須付其他一院而審議之。如此可以遏輕躁之弊。

（五）使國民中之優等少數者。與以在政治上發揮能力之便宜。　第有一院。則國民中之優等者。不能盡入於議會。有兩院制。則國家對於優等者。得予以特別待遇。如有功勳德望學問財產者。特置爲上院議員。雖然。徵諸事實。各國之上院議員。不皆爲優等者。如美國上院議員。尙皆優等。而英國之上院。其中因貴族僧侶之關係。而厠爲議員者居多。故英國政治上之議論。有倡廢止上院者。有倡改正上院制度者。夫廢止固不可。而改正則所不容已者也。

至於議會上下二院之搆成。如下院全由人民選舉。爲各國所同。而上院則隨各國之政治事情而有差異。在聯邦制度之國。則以各邦之代表者。爲上院議員。或因有貴族之關係。以貴族爲上院議員。此外多以有學問功勳德望財產者爲上院議員。選舉之外。尙有用勅選者。要之。上議院之議員。必富於保守之性質。故其任期亦較諸下院議員爲久也。

下院議員皆由人民選舉。特其選舉方法。各國又不盡同。有普通選舉。有比例選舉。二者各有最有力之論據。夫普通選舉。理論上固爲正當。然必視一般人民之能力發達。與渴望政權之程度。能否適合。否則舉多數民衆盡投於政治圈內。反釀立憲制之害矣。普通選舉。以丁年之男子無犯罪者。又能獨立不待他人救助者。不拘財產之多寡。皆得有選舉權。（近尙有女子選舉之問題。各國運動甚力。澳洲已有實行之。英國議會。亦往往提此問題。但尙未議決。）若比例選舉。則比例國內各黨人數之多少。而定選出議員人數之多少。甲黨之人數多。則其選出之議員亦多。採用比例選舉。原不致有如普通選舉之危險。特實行之。則其手續甚爲繁重。惟國內政黨易於調查者。尙可行此制度也。

監督機關與他之機關之關係若何。各國皆以之規定於憲法。但憲法不過就其大體而認監督機關獨立之地位。指示其監督之方法而已。至於微細之規定。不能置諸憲法。蓋以一國政治之情狀常有變動。苟必規定於憲法。則憲法亦不得不隨事情而變動。此則所大不利者。故如此事項。祇能讓諸格別之法令及一般之慣行。例如政黨內閣制。常依政治社會而轉變。不能絕對可否之。苟以憲法繩之。則非策之得也。

所謂政黨內閣制者。卽政黨之爲內閣員。必得議會之多數贊成。此時之議會。爲能製造政府。反乎政黨內閣。則爲超然內閣。或稱爲大權內閣。以其由於元首之大權作用也。然此說實未確當。蓋不問政黨內閣。或超然內閣。二者皆係元首之大權作用。而玆所以稱爲超然內閣者。則以其對於議會而超然獨立者也。夫政黨內閣。其閣員由於政黨選出。而超然內閣。則其閣員由於官吏選出。與政黨絕無關係。但官吏亦必占有政治上之優勢者。方足當此地位。且官吏亦有黨力之關係。實與國內政黨遙遙相對。故內閣之更迭。不能不視一般輿論之傾向也。

第九章　國民

本論分國家之勢力爲二。既於前章論國家勢力之一面爲國家機關。今更進而論國民。國民政治上勢力之著者。輿論及政黨是也。德儒伯倫知理。以輿論政黨外。尙有出版集會。皆國民之政治上勢力。然出版集會。實非離輿論及政黨而獨立者。何則。出版卽爲發表輿論與政黨之意見。集會卽爲輿論之造成或政黨之運動。是言國民之勢力。直以輿論及政黨二者概括之。無不可也。或又謂革命亦爲國民之勢力。然革命乃違法之勢力。不可相提并論。且革命之原因。由於國民輿論不見採於政府。久之而輿論激烈。遂促革命之進行。是革命亦輿論極端之結果。非輿輿論并立者也。

第一節　輿論

第一款　輿論之性質

輿論之語。其意義甚爲漠然。而察輿論之性質。或遡諸各國之語源。似以用公論之語爲當。日本維新誓言。已有萬機決於公論云云。茲以輿論二字較爲普及。故沿用之。其意義實與公論無異也。且政治學上之用語。多沿用英國。蓋以英國政治發達最早。英文 Public Opinion。譯卽公衆言論之意。法文德文。則同此意義也。

欲說明輿論之性質。必先示其定義。輿論有廣狹二義。

廣義之輿論者。關於公共問題。自由發表。在於社會上優勢之意見也。

狹義之輿論（政治的輿論）者。關於政治問題。自由發表。在於社會上優勢之意見也。

右揭二個之定義。其意義相同。特其範圍有廣狹耳。今就狹義之輿論而分析之如左。

（二）、輿論者。意見也。意見者何。謂關於事物之判斷也。其判斷非必依於推理。而其蒙感情之影響也頗大。然亦常費多少之思慮。毫無所思慮者。則無意見之存在。特其思慮非必全然獨立。而因於模倣的而來者爲常。法儒某氏嘗言人類之模倣心。乃有生之普通性。故其意見不必獨立。但由各自意思自由取捨。即可稱爲意見。蓋取捨云者。即其判斷力之作用也。若夫軍隊之行動。惟長官命令之使左使右。是因有强制。不得已而服從。無思慮之存在。非意見即非輿論也。又如專制國家。但有上下之組織。無平等之關係。其臣民惟順從命令。是爲不煩意思。徒然器械的而與之雷同。無思慮之存在。非意見即非輿論也。

(二)、輿論者。關乎公共(政治)問題之意見也。政治問題。乃爲公共問題之一部。狹義之輿論。卽關於政治之公共問題。而爲政治學所欲論究者。特其性質上無大差。故得以一個之說明。而解兩義之輿論也。輿論必以公共問題爲其目的。若關於私人之問題。則不能發生輿論。然有時以私人問題發生輿論。是必其人之地位行爲。有足影響於社會一般者也。

(三)、輿論者。自由發表之意見也。所謂自由者。非絕對之謂。而比較之謂。故其發表之後。不問有反對者與否。而其發表時。則固不失其自由也。(此程度之自由。乃輿論成立之必要條件。)若被外界所束縛。不能發表眞正之意見。而反出於違心之言。非輿論也。又若因自己之利害關係。不自發表其眞正之意見。而屈附於他人者。亦非輿論也。且輿論爲不可不發表之意見。若徒包藏腦裏。爲他人所不得推測。則輿論仍不能成立。至於發表之方法。或以口舌。或以文筆。或以他之舉動。其於成立輿論。無所差異。積極的舉動。固可爲發表之方法。卽消極的狀態。亦可爲發表之方法。假如政府提出一宗事項。豫期能得贊成之表示。此時苟示之以沈默靜止。卽可推測其爲反對意見之存在也。

(四)、輿論者。在於社會上優勢之意見也。　卽在社會上最有勢力之謂。社會之意義甚廣。輿論在於各種社會皆可成立。(除人類以外之社會而言)優勢者非絕無反對者之謂。輿論以外。或有他意見之反對。惟比較輿論之勢力。視諸反對者爲優勢耳。社會上優勢之意見。卽構成社會之各個人之意見。然必各個人對於一問題之意見。全然合致。此亦稀有之事。故輿論者不外就其根本的思想。(英文爲Middle idea譯爲中心的思想)有同一或類似之點。卽無妨爲優勢之意見也。又優勢之意見。非必社會上過半數之意見。蓋社會之各個人。除婦女幼年。皆不能發表意見外。又或對於一般事物而皆以冷淡視之。或雖有意見而緘默不欲發表之。而至其能自由發表意見者。已屬少數。是輿論者。決非社會上過半數之意見。

特不過爲自由發表者中之過半數之意見而已。且有以少數之人。自由發表意見。造成有力之輿論。而多數之反對者。反不足以敵之。則雖少數者之意見。仍不失爲優勢之意見也。此弟就廣義之輿論而言之。至於狹義之輿論卽政治的輿論。亦爲社會上優勢之意見。顧政治爲國家的觀念。故或謂政治的輿論爲國家之優勢意見。然恐與國家機關之意見相混同。故茲篇用社會之語。非爲表示較廣於國家之意義。乃欲明輿論之爲社會的性質也。且政治輿論。與國家機關之意見。爲對立之地位。國家機關之意見。卽元首意見、政府意見、議會意見之總稱。輿論對於元首政府之意見。常有反對。卽議會原爲輿論之代表。苟有時不洽輿情。亦惹起輿論之攻擊。蓋以元首內閣員爲當局者。廣言之。卽議會之議員亦爲當局者。議會與元首內閣。皆並立於政治舞臺之上。而輿論則爲社會公衆之意見。與當局者之意見相對立也。（如演劇然。舞臺上之人物。猶之當局者。而觀劇者對於舞臺上人物之批評。猶輿論也。）至於政黨。雖非當局者。

而輿論則不必與政黨之主張爲一致也。

第二款　輿論之成立

輿論之成立。受社會上種種之影響。其關係甚爲複雜。最著者爲政治上事情。如立憲制度是也。未有立憲制以前。雖有輿論之成立。而常在於不利之狀況。自有立憲制。而輿論之力量。乃確定而增加。他如教育之普及。交通通信機關之整頓。出版術之進步。皆能予輿論以絕大之影響。而助其容易成立者也。

例如新聞能使輿論容易成立。且有傳播輿論之效力。然新聞之發達。必隨以印刷術之發達。然後能有多量之出版。又非電信郵便之發達。則材料難於蒐集。非鐵道航路之發達。則發行不能迅速。然此第就物質而言之。藉非教育普及。則能讀新聞者稀。而新聞仍失其效力矣。是第就新聞一端。其與教育普及。及交通通信機關出版術等發達。已有如是之關係矣。

至於輿論之成立。雖係社會上各個人獨立思慮而發表之意見。然普通人皆有模倣的性質。其在於社會上。能自動的發表意見者。尙爲少數。而受動的採用他之意見者。反占多數。故輿論不過優勢少數者之意見。雖其表面上爲多數一致。而其內容則多因於模倣。特此受動的民衆。亦非與輿論之內容絕無關係。何則。(一)個人之意見。所以能爲社會之意見者。必須與社會相接近。否則人人各以獨立發表。勢必互相攻擊。何以爲輿論之成立。(二)優勢之少數者。當其造成輿論之先。必計其何以喚起社會上之同情。苟徒爲高尙迂遠之論。則一般民衆。亦將對此自動的少數者。而生反動。是則受動者亦非無與於輿論之搆成者也。

輿論之成立。普通皆爲遲緩。且同時有反對意見之發生。然亦有得以容易迅速成立者。如簡單且重大之問題。以一般人類之常識感情。得以一時立決其贊否。蓋以重大而不簡單。則不易解決。簡單而不重大。則又不足引起世人之注目。故其成立均不能期於迅速也。

輿論自何時而成立。不能明確指定。而至其所由成立者。則不外於議會、新聞、出版、演說、談話諸方面。可以察知輿論之傾向。（集會亦不過於演說。故不另列。）在於立憲國家。議會新聞。雖有發表輿論之大勢力。而尚不免政府之壓抑。此時則以談話爲最有力者也。

第三款 輿論之價値

輿論之價値。分爲二段。（一）勢力的價値，即輿論在社會有若何勢力之問題也。（二）眞理的價値。即輿論之合於眞理與否之問題也。

（甲）輿論之勢力的價値。

細分之。爲分量上與性質上。蓋因人數之多少。而輿論之勢力有大小。故當從分量上研究之。然人數雖多，而其勢力又不盡大。故又當從性質上研究之也。

（一）分量上。

歷來學界政界論輿論勢力之强大者孔夥。今舉其最著者。如拿破侖以輿論等於强國。時歐洲有五强國。而拿翁謂有六强國。其一即輿論也。又羅馬格言曰。民之聲。神之聲也。意以一般輿論。皆含眞理而又有强大勢力。然輿論之果含眞理與否。茲不具論。而第執此言以代表輿論之勢力。則固不謬也。又前法相尼格兒曰。輿論雖爲無形。而其勢力則較軍隊及金錢尤大。非但能支配一般之市。而且足以支配帝王之宮殿。由前諸說。是輿論之勢力。固古今所同認者也。

各種輿論勢力之大小。依分量之大小而不同。輿論之分量。往往因政治上之關係而變動。如專制國家。平時不見輿論之勢力。然至壓制過其度。則反動隨生。遂來革命之慘狀。其勢力亦不可謂小矣。

輿論之勢力。以何種類爲最大。比較言之。則以消極方面視積極方面爲尤大也。消極者。不過對於當局者之政策。表示贊否之意向而已。積極者。則獨立表示一定之政綱。而要求其實行者也。蓋僅表贊否者易。而案出政綱者難。民衆之意見。每趨於容易之事。故就於消極之方面。其勢力之分量爲尤大也。

（二）性質上。　輿論之勢力。如是其大。特其勢力之性質。非有法律。故無國法上之命令權强制權。而不過歸於心理之制裁。社會之制裁。政治之制裁而已。然此制裁。雖不如國權之作用。能使人之生命身體自由有變動。（雖有時因輿論之激動。有暗殺暴動等事。然非輿論自身直接所生之制裁。）而其影響於人之名譽地位思想。則不可謂不鉅。若以輿論之勢力。非法律的權力之故而蔑視之。則近於淺見。彼當代之經世家。豈非視輿論之制裁。較諸國法之制裁爲尤可懼也歟。

（乙）輿論之眞理的價值。

輿論之有勢力者。未必合於眞理。故眞理的價值。與勢力的價值。不相符合。所謂「民之聲神之聲也」之格言。以之表示輿論之勢力的價值則可。苟以之形容其眞理的價值。則不無失當也。蓋輿論也者。非但關於公共問題。且其意見之基礎。亦具有公共之意義。換言之。卽社會分子之個人。以社會全體爲基礎。關於公共問題所發表意見之合致之謂。而非各個人因規畫自己利害所定意見之總額。以此時雖有多數意見之偶然合致。而苟稱爲純正之輿論。則難矣。然普通所稱爲輿論者。雖號爲社會公共之意見。其實則混以個人之利害關係而下判斷者爲常。故欲問輿論之眞價若何。須視其接近眞理之程度若何。茲示其必要之準則如左。

（一）輿論也者。與其爲創造也。不若爲批評。與其爲經營也。不若爲監督。故輿論之眞價。在於批評及監督之方面者大。在於創造及經營之方面者小。

（二）輿論之眞價。與思慮緻密及發表正確之程度爲比例。苟其思慮緻密之程度高。且發表正確之程度高。則其眞價大。

（三）輿論之眞價。視人民依於理性之程度爲比例。而與其流於感情之程度爲反比例。蓋國民果依理性而下判斷。則輿論之眞價大。若流於感情愈甚。則其眞價愈小矣。

（四）輿論有大同化力。特同化力之強弱。非與輿論之眞價爲比例。乃與中心人物與一般民衆之勢力關係爲比例。而輿論之眞價。非與勢力關係爲比例。乃與同化力之中心人物爲比例也。蓋有輿論之眞價小。而其同化力甚强大者。故輿論之眞價。不在同化力之强弱。而貴視其主動者（卽同化力之中心人物）之眞價爲何如耳。苟其主動者之眞價大。斯其輿論之眞價亦大。

（五）輿論之眞價。視其目的之問題之解決難易爲比例。其問題難於解決者。則輿論之眞價小。易於解決者。則輿論之眞價大。蓋輿論以公衆意見爲基礎。故其目的之問題。須爲普通民人所容易解決者。是以須用專門知識解決之問題。其輿論之眞價。恆比於簡易之政治道德之問題爲小也。

（六）輿論之眞價。與人民智德發達之程度爲比例。國民智德之程度既高。斯其輿論之眞價之大。爲當然也。

第四款　關於輿論之政策

輿論既於事實上有强大之勢力。而其眞價復不能同一。故對於輿論。應採若何之方針。亦所當注意者也。今分爲國家機關與國民。就此二者之對於輿論所當採之態度而列舉之。

(甲)國家機關對輿論。

(一)國家機關。務使輿論成立所必要諸要素之發達。有有形之要素。有無形之要素。如教育及交通機關出版術等。皆足以助輿論之成立。均國家之所當注意者也。

(二)國家機關之行動。務必公示於民。凡從前所謂萬事貴於秘密之陋習。悉宜屏除。蓋以國民對於國家。本有關係。無論其智德之如何。皆欲發表其意見。而國家機關。亦須將政治事情。公示於衆。使得有正當之輿論。卽使重大事件。當於未成之先。不宜發表。然事成之後。亦宜布告大衆。以養成人民之政治觀念也。

(三)國家機關。對於輿論。不可壓迫。且不可輕視之。

（四）輿論之有缺點者。國家機關。不可盲從。而當矯正之。蓋輿論原不盡合於眞理。苟不辨其是非而盲從之。不可也。

（五）當於實行內治外交之政策。宜勉得輿論之後援。蓋國家機關。於內政外交上。或有難於實行者。得輿論爲之後援。固所大便利者也。前一二兩項。就輿論未成立之先而言。三四兩項。就輿論成立之後而言。末項則更進而言國家之當利用輿論也。

（乙）人民對輿論。

（一）人民須自磨礪其智德。且注意於公事。以期健全之輿論發達。立憲國民。最重公益事業。若徒有智德之進步。而不顧公益。仍不能望輿論之健全。

（二）尊重有智德者之意見。又須付以自己之判斷。不可徒事於附和雷同。

（三）不可流於感情。當以理性爲判斷。蓋對於事物之論斷。若奔於感情。必昧於眞理。於事實上無裨也。

(四)敬重輿論。有反對之意見。又當堂堂發表之。若不發表自己之反對意見。而徒事盲從。不可也。

(五)忍容少數之反對意見。不可掣肘其言動之自由。苟恃其多數而壓抑其他之少數。不可也。

四五兩項。爲對立的。第四項就少數者言。不可因其少數不敢發表。第五項就多數者言。不可因其多數而遏抑少數也。

第二節 政黨

第一款 政黨研究之必要

政黨之發生。不自今日始。蓋古來政治上之事實也。且政治上之勢力也。特其發達之著明。在歐洲各國。則自十九世紀始。政黨之發達。乃隨立憲制度之發達。自立憲制度成立。始有民選議院。爲政黨勢力之基礎。今各國之選舉議員。及共和國之選舉大統領。皆屬政黨之勢力。蓋以各個人之意見不一。則其選擧之效力甚微。故須組織一黨。以擴張其勢力。而同時有反對者。亦復樹立一黨。以選擧其所需要之人。是則政黨所由發達也。

政黨與選擧大有關係。如美國之選擧。在於政治上爲有力。而且頻繁。其政黨具備複雜之機關巧妙之組織。殆與政府併行而競勢力。人有稱爲第二之政府者。若其他諸國。政黨之組織及勢力。雖不至如美國之狀態。然苟在立憲制度之國。政黨亦皆具有勢力。不解政黨。則不能解政治。置政黨於度外。則至於不能行其政策。至於政黨之得失。論者紛紛。然雖在嫌惡之者。亦不能併其事實勢力而亦否認之。於此而說明其事實。幷以政策的論究其勢力。固政治學者之任務也。

第二款　政黨之意義

欲說明政黨之爲何。須先揭黨派之意義。何則。政黨也者。卽黨派之一也。黨派者。欲在社會得優勢之地位。或繼續其地位。有一定之意見。爲共同之活動。人類之任意的繼續的結合也。

黨派有二種。因意見之根據如何爲區別。其意見出於私人之利害者。謂之私黨。或稱爲朋黨。由於公共之利害者。謂之公黨。政黨者。公黨中之一。卽所謂政治上之公黨也。(朋黨在中國歷史常有之。卽西洋古代亦有之。)

政黨者。欲在政治社會得優勢之地位。或繼續其地位。基於公共利害之一定意見。爲共同之活動。人類之任意的繼續的結合也。今分析之如左。

(一)、政黨者。人類之結合也。　政黨由個人集合而成。固不俟言。但其集合。非漫然偶然而生者。乃有共同之目的。形成組織的一體者也。故謂之結合。而不謂之集合也。

(二)、政黨者。繼續的結合也。　爲政黨分子之個人。常新陳代謝。卽政黨自身。亦屢變形而消滅。故茲所謂繼續云者。非一成不變之意。不過表示非一時之集合耳。故雖其結合附有條件期限。或事實上存在時間稍短。而苟具備政黨之要件。亦不失爲政黨也。

（三）、政黨者。任意的結合也。社會上個人間之關係。甚爲複雜。往往有從屬之關係者。蓋自實際言之。個人之加入黨派之中。不皆出於自己獨立之意思。而歸於心理上之社會强制者居多。然社會上雖有强制之情狀。而從未聞以國權之命令。强制其黨派之去就。是卽所謂任意的結合者也。

（四）、政黨者。爲共同活動之結合也。共同活動者。謂欲達同一目的。多數者協力而爲種種之言行也。故僅有意見之一致。而無外部之活動。不得爲政黨。又活動非出於共同。則無黨派之存在。亦不得謂之政黨也。

（五）、政黨者。有一定意見之結合也。共同活動。必因意見而後發生。且其意見乃一定而非偶然者也。如前所述。意見者關於事物之判斷也。特其判斷非必常合乎眞理。故在主觀的。雖爲完全無缺。而客觀的則不一其價值。茲所謂一定之意見者。乃關於判斷事物之重要部分。卽爲根本思想之一致。此與輿論之性質相同也。政黨之一定意見。普通常稱爲主義。主義也者。凡個人皆有之。非獨政黨為然。蓋個人欲達其目的。其所示行為之標準。不過主觀的概括。而至其內容之縷細。則不得全然表白之。苟就其簡單之名稱。而不諳其內容之如何。往往易陷於誤解。如所謂自由主義。於主義之上。冠以自由二字之簡單名詞。常人不知其中之條件。而第執其簡單語句而盲然尊崇之。是大誤解也。政黨之有主義亦同。政黨為發表重要之意見。而有政綱。政綱也者。亦不外以簡單語句。表示其大要。猶如主義之易致常人之誤解。如所謂自由黨、保守黨。其內容與政綱往往不相符合。考之英國歷史。政黨尚無甚變遷。然察其黨中之內容。則時有變動。英有自由保守二大政黨。就名目而言。似乎自由黨主進步。保守黨主維持。而按之實際。則自由黨反無聞有改革事業。而保守黨猶多熱心於改革者。是名稱之與內容。固如是其相違也。普通以進步黨與自由黨。皆對於保守黨而言。進步黨在以少數者所握之政權。移於多數。保守黨在以多數者所握之政權。移於少數。然在少數者掌握政權之時。

在進步黨固爲改革。在保守黨固爲維持。而苟在多數者掌握政權之時。則進步黨將保守其多數者所既得之政權。而保守黨反欲改革爲歸於少數者之掌握。當斯時也。二者之主義又當互易矣。且二黨對於政治上。其目的常相同。而所不同者祇在手段。如進步黨主急進。保守黨主漸進。是已。故非考察政黨之內容。無從與以眞正之區別也。

(六)、政黨之意見。須基於公共之利害。

利害之意義甚廣。不問有形無形之事項。能使吾人感痛癢者。或害吾人之感情者。皆爲利害。而茲所謂公共之利害者。則必爲一般所同視爲利害者也。換言之。卽政黨所主張者。爲國家全體之利害。非先其一部分之利害也。然以實際言之。政黨之意見。亦不皆出於公共利害。往往有一黨之利害與公共之利害相衝突者。特既爲政黨之意見。則其表面上必以公共之利害爲先矣。而茲所以爲疑問者。卽政黨之意見。既基於公共利害。又何必有多少黨派之分立。是也。不知利害有有形者。有無形者。有形之利害。容有一致。而無形之利害。則從各人之理想而不同。縱當社會發達之時。應用上之有形利害。或可期於同一。而至於理想上之無形利害。則終不能歸於一致也。

某政治學者。謂一國之政黨。當依社會之各階級及各團體而組織。如甲黨代表貴族。乙黨代表平民。丙黨代表勞動者。而選舉議員。卽由各黨選出。庶足以應一般社會之需要。而代表公共之利害。此說雖贊否不一。然按之實際。要非可行。何則。政黨之意見。雖不敢必其爲公共利害。而表面上則無非爲國家全體之利害。卽如關於勞動者之利害。亦以國家之利害爲言。是現在政黨。雖不完備。而亦不至有偏袒一黨之弊也。徵之德國。政黨亦多爲勞動者主張利益。若古昔羅馬之貴族平民黨。各袒其團體之利害。今殆無之。英國之自由保守黨。其黨中所包含各種之分子。有貴族平民及勞動者等。故其政黨所主張者。均係公共之利益。由是觀之。則以階級或團體分爲政黨者。反恐未能主張公共之利益也。

(七)、政黨者。以政治社會之優勢地位爲目的。

政黨者。黨派之一也。黨

派之目的。在社會之優勢地位。政黨之目的。則在政治社會之優勢地位。若非以社會上之勢力爲目的。僅以意見一致爲結合者。非黨派也。黨派必有反對者與中立者。其優勢之地位。即對於劣等之地位而言。故優劣競爭。爲黨派所不能免之關係。黨派之語。乃示社會之一部。非示社會人類之總體也。中國黨派二字。雖無明釋。而其意義。實可作一部解。西洋文字。則係表示一部之意義。如政黨二字。英文爲 Political party。法文爲 parti Politique。德文爲 Palitische partei。英文之 Part。即一部之謂也。

黨派乃社會之一部。以在社會上占優勢地位爲目的。而政黨則以在政治社會占優勢地位爲目的。所謂政治社會之優勢地位者。在掌握國家之强制權。如共和國大統領出於選舉。其政黨之目的。在得統一機關之地位。若君主國則元首之地位超然。不容他之覬覦。斯其政黨之目的。在得執政機關之地位。如政黨內閣制。其政黨所運轉之議會。足以製造內閣。固最適於政黨之目的者也。至於不行政黨內閣制之國。其政黨不能掌握執政機關。而其目的。則在使當局者實行其政見。是即比他政黨而得優勢之地位也。夫以理想言之。政黨得實行其政見。已可謂達其目的。但一般政黨。往往以得優勢之地位或繼續其地位。爲直接之目的。而不徒以政見實行爲目的。茲所以云以優勢地位爲目的者。亦以現在之政黨。不能以理想之政黨解釋之也。

第三款 政黨之得失

就各國具體的政黨而言。則得失各有不同。即同一得失。而其程度亦復不一。欲類舉之。亦頗困難。故茲第以概括的列示其利害而已。

(甲) 政黨之利。

(一) 使人民對於政治上有興味。 一般人民。不問其厠身政黨與否。皆使有政治上之興味。蓋自有政黨。而人民對於政治。始覺有多少事業之可爲。即不能自行發表意見。而第對於政黨之政綱之贊否。皆足以刺擊其政治上之感覺。斯對於政治事業。不至冷淡也。

（二）因共同活動。使各種智德之發達。　政黨既爲共同活動之結合。則個人私見。自不能容於其間。卽或意見不一。亦可捐其小異而趨於大同。依此習慣。不特政黨中人之智德發達。卽一般人民亦有所觀感。而馴致智德之發達也。

（三）對於有爲人士。予以事業及地位。　無政黨之國家。其人除在朝爲官吏外。別無地位事業。自有政黨。而有爲之士。雖不爲官吏。皆得進爲政黨。以企圖政治上之活動。且第就官吏而言。自官制發達。有政務官事務官之區別。政務官自能企圖政治上之活動。事務官則不過依法規而行動。自有政黨。而下級官吏。亦得進爲政黨。以企圖政治上之活動也。夫教育普及。社會上一般人民。智德日益發展。使限於官吏。始能爲政治上之活動。則有爲之士。觖望者多。此亦足見政黨之必要矣。

（四）擁護立憲制。而抵抗少數者之專制。　憲政成立之始。往往不免少數者之反對。彼統治者及政府。嘗欲打破立憲之制度。而人民雖渴望憲政。以無反抗少數者之力量。其結果或歸於挫敗。此立憲國之人民。所以常懷不滿者。坐是之故。自有政黨。則組織團體。具有擁護立憲制之實力。而補助一般人民以反抗專制也。

(五)與當局者以有力之批評及監督。且爲其後援。　當局者。廣言之爲元首政府議會。而通常多專指政府而言。如採用政黨內閣制之國。其政府與議會。多爲政黨中人。似政黨亦可爲當局者。然政黨之性質。實通於一般國民。不可謂之當局者。而實可以批評監督當局者。且當局者於內治外交上之政策。往往有難於進行之憾。得政黨之意見以爲後援。信可暢行而無阻矣。

(六)使豐富政治素養。以備爲當局者之楷梯。　政治素養。即由政治教育。未有政黨以前。政府尙秘密政策。故一般人民。對於政治上之智識。無從發生。政治素養。更不待言。自有政黨。發表意見以批評監督政府。漸喚起國民政治之感覺。因而政治素養漸以豐富。且未有政黨以前。惟官吏有政治上之經驗。自有政黨。斯一般人民。平日皆有預備。足以供爲當局者之階梯。夫自廣義而言。議員亦爲當局者。苟議員素無政治知識。一旦被選。安望其能盡職。自狹義而言。則以政府官吏爲當局者。若素無預備。一旦柄政。亦不免茫然無措。若是則政黨所以使政治素養之豐富。以備爲當局者之階梯。豈可少哉。

（七）使國家之政策。有多少之繼續性。　國家之政策。固非一成不變者。然或因一人之易任。而政策一變。或同一人而政策又前後屢變。則於國家之行動。甚有不便。自有政黨。使一定之主義。使政策有繼續之性質。即在政黨內閣制之國。其二大政黨互相反對。而當於內閣交迭。亦不能盡反其政策。此所以賴政黨而有繼續性也。且未有政黨之時。國家之政策。一隨政府之朝更暮改。以視有政黨之時代。顧何如也。

（乙）政黨之害。

（一）黨派心之增長。使對於眞理與正義之感覺遲鈍。且品性墮落。

因辨護黨派之結果。凡眞理正義之所在。無暇審慮。且因施展其運動。不免有卑劣之行爲。而品性因之墮落。

(二) 爲欲得多數。而用不正之手段。如賄賂或威嚇。此在選舉之時。因欲得多數之投票。往往有之。美國政黨。在選舉區內。常有此弊。夫因欲得多數。而爲正當之運動。亦復何害。特現今政黨。尙未能及此也。

(三) 恃其多數。而壓反對者及局外者。 旣得多數。尙欲以其不正之手段。壓制少數。固事實之常。如議會制定法律。自爲多數者之利益。往往以多數人決定之。而不顧其他少數者之黨派也。

(四) 於表面上衆民政名義之下。爲少數者逞其專橫之器械。 此弊害以立憲國視諸專制國爲尤大。何言之。專制政府。尙有一種恐怖心。恐專橫之召起民衆反動也。若在於立憲國。則恃有議會之機關。可以代表人民。而政黨對於人民。又無負責任。藉此名義。以陰助政府之專橫。其爲害匪淺鮮矣。

（五）濫用公職。政黨競爭激烈之際。因欲得附己之多數。往往以公職授與其同黨之人。而自翬其在朝之勢力。然其同黨非皆善類。因私意而授與之。是爲濫用公職。此在美國猶有見之。

（六）分割共同生活。使之增長紛爭。　未有政黨。社會上尙有共同生活之快樂。自有政黨。則因地方之黨派不同。往往於政治事情競爭之外。甚至個人關係之小問題而亦行競爭。此在法國有見之。日本亦因政黨競爭之盛。而各地方之運動紛紛。其顯著者也。

（七）使具有高尙品性者。遠於政治。　政黨競爭過烈。徒滋紛擾。而無利益。且政黨流於夥雜。不正之手段。亦復有之。故社會上之高尙者。往往鄙夷不屑厠身政黨。此弊在英國尙輕。以法美爲特甚。故美國選舉大統領時。不免有人達之感也。

政黨之利害。如右所述。而比較其利害之多少。於何見之。則以公黨與私黨爲標準。進爲公黨者。則利多而害少。傾於私黨者。則害多而利少。如以上所列舉者。不過就近世國家諸政黨而概括言之。若欲論特定國家之政黨。則當研究其特定之事實。若何之政黨。於若何事情之下。由若何之人而爲運轉。均須調查之。且不特察政黨之組織。又須探求其實際之原動力而後可也。

夫政黨原隨社會之進化而來。當未發達之社會。國民之智德不備。自不宜有政黨之存在。苟至於非常發達之社會。一般國民。幾於合致。又無用政黨之存在。獨在今日立憲制之國家。政黨之發生。誠出於自然。且使無數民衆爲政治之活動。所不可少者也。古時之政黨。不過徒被朋黨之名。而其內容實有可議。至於近世。則不能不費政治家之研究。要使之利多害少而已。昔美國立國之初。華盛頓嘗反對政黨之組織。然至於今日。以美國之政黨爲特盛。其足與比儗者惟英。是政黨固不可無也。要之。政黨也者。所以使覺醒之民衆。滿足其政治慾望。毫無足疑。除極幼稚之國家及非常發達之國家以外。皆無可避者。識者徒探其黑闇之方面。而沈於悲觀。則何如努力於改良其缺點發達其所長也。

第四款　關於政黨之政策

國家機關及國民。對於政黨。所當採之態度。不在撲滅。而在改善。不在敵視。而在扶殖。其如何之點爲當改良。因各政黨而不同。概括言之。則有四點。在與一般人民以正當之觀念。使之依此而行動已。

（一）政黨競爭之目的。

（二）政黨競爭之方法。

（三）政黨對於他政黨及局外者之觀念。

（四）局外者對於政黨之觀念。

其結局在明政黨之本質。圖政治道德之進步。就中如局外者之公平贊否。所以促政黨之進步。與有力焉。

一國政黨之數。以少爲宜乎。抑以多爲宜乎。換言之。即以二大政黨爲宜乎。抑以多數小政黨分立爲宜乎。二者各有主張。實皆未可厚非者也。蓋以意見之性質。原有各個之不同。驅為大黨。則不免雷同。無從發見各自之意見。於此則小黨羣立尙焉。若意見之實行。又須厚其勢力。分爲小黨。則意見渙散。勢力不厚。無從期其實行。於此則大黨對立尙焉。夫政黨也者。非徒事意見之發表。而實以勢力之掌握與共同意見之實行爲目的。政黨而欲占有勢力以實行其意見。則莫如兩大政黨。徵諸英美之政黨。其勢力甚大。則以二大政黨之對立也。墺德之政黨。其勢力薄弱。則以多數小黨之分立也。然使政黨既不能占勢力。僅爲意見之發表。則惟有取小黨分立之傾向也。

能在社會上占有勢力者。必爲二大政黨。特二大政黨。以何者爲分界線。此學者及政治家所視爲大問題也。從來學者屢主張分界線之恆久性。以進步與保守之二個相對性質而區分之。他如中央集權、與地方分權、內治與外交、自由與干涉、資本與勞動、之各種方面。皆可以爲政黨之區分。然是等種種之思想。互爲種種之結合。不過以其最重要者爲旗幟而示黨名耳。而所謂最重要者。匪特因地而異。又復因時而變遷。於此而黨之旗幟變。區劃線變。黨員變。黨名變。是爲政黨分界線之變遷。旣有變遷。故二黨之境界。終不能以概括而永遠表示之也。當政黨境界變遷之際。而從來政黨。悉爲種種之分合。暫失其靜狀。而旋呈其動態。世人往往以此爲小黨分立之徵候。是誤以眼前瞬間之現象。而期其永續於將來也。抑不知分解之政黨。勢必更求新中心。而競爭上復爲兩大併立者也。

立憲制之國家。大政黨之併立。有爲政黨內閣之傾向。政黨內閣者。卽執政機關之內閣。歸於優勢政黨之掌中。政黨之優勢與否。依民選議院之議員多數之贊否而決也。政黨內閣制之利害。非存於制度。而要因政黨及其周圍之狀況而決。故不必以法令否認此制度。或强行此制度。而須委諸政治慣習。察之各般狀況。按於國家利害。然後決其採合也。

政黨內閣之制度。須有相當之條件。而後能奏善良之效果。其條件有三。列舉如左。

(甲)元首之超然。

元首之地位。須超然而與政黨無關係。然後能行政黨內閣制。反之則政黨之隆替。元首亦隨而變遷。統一機關之地位。甚爲危險。徵之美國。大統領之位置。既隨政黨勢力爲消長。其內閣即由大統領選任。內閣之當否。祇與大統領共其任期。此蓋因統一機關。既歸政黨之操縱。斯執政機關。不能再任諸政黨操縱。而後得期政治上之調和也。

(乙)人民之發達。

(一)須無反對憲法之根本的極端思想。　立憲制以前。自無政黨內閣之發生。然至立憲時代。其人民尚有反對憲法之思想。則有甲黨以立憲爲是。乙黨以立憲爲非。則內閣之變動。其影響有及於憲法之危險。故須人民無反對憲法之思想。即有之。亦須等諸無勢力而後可。

(二)政治智識之普及。　一般人民無政治知識。則不辨是非。贊否多不得當。政黨內閣之良果。亦無從而得之。

（三）政治道德之普及。且須有耐忍及積極活動之風氣。能忍耐。則無輕躁激烈之舉動。能積極活動。則能案出政綱。非徒爲消極之贊否。

（丙）政黨之發達。

（一）政治上之原動力。不在於政黨以外。蓋使政黨以外。尚有政治上之優勢。則足以牽掣政黨。斯政黨內閣不得成立。

（二）政黨要分爲二大政黨。若小黨分立。則政黨內閣仍不成立。

（三）二大政黨必由歷史之發達。歷時永久。而後基礎鞏固。若係偶然發生。則易於解散矣。

（四）二大政黨。多網羅政治人才。此與第一項相對。政黨以外。雖無有力者。而政黨以內若無人才。則組織內閣。亦無良好之結果。

（五）二大政黨之意見。須爲穩和。而有多少共通之基礎。蓋兩政黨之意見過於激烈。則因內閣之交迭。而致政治上劇烈之變動。使政策**失其繼續性。**

（六）二大政黨須有訓練。且富於責任心。

（七）政黨內閣之更迭。須關於重大問題。若輕小事件。不得爲內閣交迭之問題。有如此之慣習。然後內閣不至輒遭變動。

苟缺以上之條件。則政黨內閣制。難以實施。卽行之亦不可得豫期之良果。故欲創設此制度。或維持此制度。均須具備是等之條件。不然。則徒使熱中於爭奪政權。烏從而見良好之政黨內閣耶。

且固守所謂超然內閣者。非可漫然就於理論上指摘政黨內閣之所短。或攻擊現實政黨之弱點。其在朝者。須期國家機關之有效運轉。在野者。須發揮善良市民之能力。使天下知政黨以外有可用之材。如此人士。旣多數而且有力。斯其所排斥之政黨內閣。亦不易行。縱令其勢力尚不及於贊成政黨內閣之人。而內閣終落於政黨之掌中。然得此黨外人士之環視。其於矯正政黨及政黨內閣之弊害。猶與大有力者也。

第十章 內治政策

國家之目的。與乎左右政策之重要勢力。前既論之矣。今更進而概論近世國家之決定政策。當用如何之方針。謂近世國家者。即古代之國家不與焉。而今之專制國家亦不與焉。茲以便宜上分爲內治外交。先就於內治政策。而舉其重要之點如左。

(一)、內治政策。當爲改良的。

(二)、內治政策。當爲衆民的。

(三)、內治政策。當爲自由的。

(四)、內治政策。當爲合理差別的。

(五)、內治政策。當爲社會的。

以下就其大體而說明之。

第一節　改良的內治政策

凡政策不可甘於保守。而宜期於進步。且其進步須經着實之階梯。而避急激之根本的變革。改良的政策。即此之義。蓋一方反乎守舊。而一方排斥革命之意也。

社會之狀態。非一成而不變。換一新時代。而社會上之勢力關係亦隨而變遷。國家亦社會之一。其當隨社會而變遷者勢也。國家若對此自然的變化之新勢力。試無益之抵抗。其結果反招變則的變化而已。蓋新陳代謝者。社會之常經也。強與抵抗。其反動即激成革命之慘劇。故惟對此新勢力而利用之。斯可矣。按之歷史。世界各國。莫不同出一軌。今日之社會狀態。已非復數十年前之社會狀態。昔之掌握社會上勢力者。惟貴族。後來漸移於中等社會。今則因經濟事情之變遷。而下等社會。亦均有勢力。夫社會之狀態。既如是其變遷。斯國家亦不能免地位之變遷矣。近世國家。其變遷最爲急進者。莫如法國。德儒達文士丁所著「法國社會之變遷」。及法儒達爾第所著「權力之變遷」其言社會之勢力。隨時代而變遷。社會已然。斯國家亦不能不變。誠哉言也。

革命之語。普通所恒用。特解釋之尚屬漠然。今欲爲正當之解釋。必以革命與改良區別之。其區別之標準有二。卽必然的標準及普通的標準是也。必然的標準。卽依於革命時所必然之狀態而決之。普通的標準。卽依於革命時所常有之狀態而決之。

必然的標準。乃關於變化之目的及變化之方法。(1)變化之目的。關於國家組織之基礎。(2)變化之方法。脫於憲法及政治慣習之範圍。具此二者爲革命。若二者缺其一。則爲改良也。是故以根本之變更爲目的。而其方法非脫乎憲法及政治慣習之範圍者。與夫以脫憲法及政治慣習之範圍爲方法。而其目的不在變更國家組織之基礎者。均非所謂革命也。或謂以二者之一。卽爲革命之標準。是未爲完全也。

普通的標準。卽變化之速度與乎變化之狀態。普通的標準者。非必然的。乃假定的推測的也。卽變化之速度急激而其狀態騷擾時。則視之爲革命。反之若變化之速度緩慢而其狀態平和時。則視之爲改良。然急激與騷擾。固革命時常有之現象。而不足爲革命之要素。卽如國內騷動。亦常有達於急激與騷擾之景象。然使無關乎國家組織之基礎之變更。則亦不得謂之革命。故第以普通的標準而區別改良與革命。不可也。

或者以變化之方向。區別改良與革命。以國家之變化。有二方向。取少數者之權力而歸諸衆民者。革命也。取多數者之權力而歸諸少數者。改良也。不知變化之方向。依某時代某社會而不同。其爲改良也有之。其爲革命也亦有之。若輓近文化國變化之趨勢。大都取於衆民的方面。苟如論者之區別。則近世國家。殆僅有革命而無改良。其信然乎。

普通所謂革命。皆由下級對於上級之反抗。然亦有上級自行變亂憲法者。卽法文所謂(Coup d'état)。譯云君主與國家分離之狀態。昔拿破侖三世。變共和爲君主。是其例也。世人往往以此爲國家基礎之變動。由於君主。而另設一名稱。余意實不謂然。蓋以革命也者。須依必然的標準爲斷定。苟其目的在於國家基礎。而其方法又脫乎憲法及政治慣習之範圍。則無問其爲人民向政府之反抗。或君主之自爲變動。均可謂之革命。特其性質不同而已。

國家之狀態變化。爲生存發達所不可少。而變化之原則。自當依於改良而不可藉革命。彼論者之稱羨革命。殆不過以革命前後事物之優劣而下判斷。而未可作爲左證也。且革命及於人心之影響殊大。其始爲背反憲法之行爲。甚且人心激動。一有不平。卽試於革命。將使滅卻其國法尊奉心。而導其輕訴於暴力之惡習。此卽革命所以當排斥者也。彼見革命而有良果。則從而喜之。見革命而有惡果。則又從而惡之。不知革命旣不能盡得良果。且不免有不良分子介乎其間。卽非可謂爲至善之方法。故一經革命之後。而復爲第二次革命者。殆稀有也。

然欲避革命。則又不可守舊。須勿間斷而謀改良。然欲達改良之目的。其重要之關係有二。卽憲法之組織及國民之風氣是也。(1)憲法之組織。須應政治社會之狀態。使新舊勢力新陳代謝之圓活。若其憲法永不許變更。則改良綦難。不久必招革命之結果。(2)國民之風氣。當使之慎重忍耐。

不致因小憤而暴動。否則一舉一動。稍不便利。卽欲脫成法之範圍。而試急激之運動。雖有憲法之組織。而革命終不可得而避也。是以導國民風氣於良好。爲適當之憲法組織。乃有識者之任務。而希望國家之平和進步者。尤所當協力也。

雖然。一切事物。皆有例外。故革命雖所當排斥。然至於不能藉改良以達國家目的之時機。則亦不得不認革命爲例外手段也。卽際國家之積弊太深。非訴於革命以掃除之。則國家之運命危殆。當此時也。殆舍革命外無良法矣。但所是認者。乃自革命總括計算。爲終局之判斷。而非併構成革命之各種舉動而悉是認之。是又所當注意者也。蓋構成革命之舉動。亦有弊害。因革命之不得已。而併其舉動之弊害。亦是認之。不可也。

第二節　衆民的內治政策

衆民云者。自歐文(Democratie)譯來。原與共和之語混同。對於君主而言。然共和之意。乃非君主之謂。而(Democratie)則爲多數人之意。與少數人相對待。譯爲共和。實不足以當之。(共和政體亦有少數)又有譯爲平民。然平民則必有貴族之存在。亦失之有階級之觀念。故茲譯爲衆民。蓋自羅馬以來。皆指多數人民而言也。

衆民的政策云者。非但政策之結果。歸着於衆民。即關於決定政策。亦當認衆民之勢力。蓋非但使民由之。而又使知之。非但使民知之。而且使之參與政治也。若第以政策之結果及於衆民。則如專制時代。亦有仁君仁政利澤及於人民者。而非茲所謂衆民的者也。

近世國家。不問其爲君主國體。與共和國體。其內治皆有趨於衆民的傾向。社會上不認有階級之特權。所謂法前以萬人平等爲原則。無論貴族平民。刑法上之處分同。民法上之權利同。惟除未成年者無知識者及女子之外。皆與以均一之參政權。亦以能力上不設差異。實於政治上無益也。

近世家國政策。皆向衆民的而行。衆民之意思。於政策決定上增加其勢力。而同時又不免有濫用政權之弊。使衆民萬能之論者失望。往往疑衆民的政策之得失。然是不外過重衆民的政策之反動耳。天下事利之所在。弊亦隨之。甯獨衆民的政策爲然哉。惟夫衆民政策。以多數之普通人民。包含於要素中。其關係既已複雜。危險亦因之而大。實所不得不然者。然欲減殺此危險。須謀教育之普及。以利導衆民於正當之途。而烏可因噎而廢食哉。

夫國家所以必採衆民政策者。非無由也。蓋國家最終之地盤爲多數民衆。國家之運命。結局歸於衆民之掌中。彼等人民。當於自覺其地位之初。即其要求衆民政策之時。少數人士雖欲無視此要求。不能也。況以多數之積極的協力。比於消極的服從於國家之經營上。固遙得良果耶。此所以衆民政策。不特稱霸於以主權在民爲主義之共和國。而且蔓延於文化國。即在立憲之君主國。其君主地位。亦待衆民政策。而增加其鞏固。若專制國家。常有君民衝突之事。致國家基礎之動搖。是可爲殷鑒也。

雖然。凡衆民的政策。非皆有同等之眞價。即不皆自然產出良果。而其爲國民智德發達之程度所感應者。決不容或忽也。

第三節　自由的內治政策

自由之語」雖有種種之意義。其要者。私人的自由與政治的自由。是也。(1)私人的自由者。即各個人因其意思而爲各種活動。不容他人之干涉之謂。似政治的自由。亦可包含其中。特茲所謂私人的自由之意味。則除去政治的而言之。(2)政治的自由者。即國家機關之行動。依於法律範圍內之謂。政治的自由。尙有國家與私人之區別。而茲之意味。蓋併國家之政治的自由而言。

私人的自由。必俟政治的自由之發達而始安全。政治的自由。乃與參政權之衆民的相隨。於立憲制度時始有之。蓋對於私人的自由之侵犯。不但由他之私人而來。其由國家機關之侵犯者。更爲危險。苟非有政治的自由以爲保障。則其他私人之侵犯猶可避。而國家機關之侵犯。則不可避也。

私人的自由與政治的自由。須相待而始確定。然二者亦不必常為並行。觀於羅馬帝國。人民感政治自由之缺乏。而私人自由之範圍較廣。至於近代。政治自由之進步。不特私人自由之進步。不可得期。且於衆民傾向之下。而私人自由反有不穩之景象。蓋以社會事情。日益複雜。而法規亦不得不複雜。私人自由。遂因之而大受束縛。例如衛生事情。昔時皆屬放任。今則衛生行政。勤勞國家之干涉。私人自由。屢覺不安。此固所當注目之現象也。

夫國家之存在。固以私人自由之確立為必要。但實在之國家。非必制限其機關之權力於相當之範圍。故政治自由之確立。為私人自由之第一次保證。特此不過對於少數者之抑壓之形式上保證耳。若對於多數者之壓抑之保證。則惟有藉衆民之智德發達。而非法律限制所能為功。私人自由之神聖。亦非絕對。蓋個人在於國家之獨立地位。非無條件也。

然因四圍之壓迫。或其他共同生活上之必要。固有不得已之制限。舍此以外。則對於私人自由。又不可出於擴張或鞏固其範圍之方針。近世立憲國。卽於此方針之下所發生者也。憲法也者。所以設定政治的自由。規定國家機關活動之準則。以供私人自由之根本保證。而國家機關與國家之區別。國家機關全部與其一部之區別。蓋在於立憲制而始明瞭也。或以國家爲强制組織之故。而謂國家之活動。常侵私人之自由。兩者爲互相牴觸。終不能以兩立。是特見有專制國家。而不知有立憲國家也。夫在專制之國家。固有侵犯私人自由之現象。而在於立憲之國家。則以其强制組織。預防他之私人或國家機關對於一個人之襲擊也。且當其有襲擊之時而示以善後策。誠巧妙之制度也。惟其運用。須有不斷之注意耳。

要之。國家所以當用自由的政策者。蓋以一般人民之發達。因而增長其獨立自重之念。厭干涉而喜自由。且個人心身之發展。必待自由而始可期。而國家之發達。卽以個人之發展爲要件。此所以主張自由的政策之理由也。

第四節 合理差別的內治政策

前言內治政策。當爲衆民的。宜乎以萬人平等。方爲合理。然萬人之能力。事實上不無差異。非可擧優者劣者而同一視之。政策上卽因其優劣。而差別其地位。其差別要於合理。所以優待優者。而使其能力勉爲社會公共爲傾倒也。茲所稱優者。乃謂個人之具有優等能力者。而非指歷史上之上等社會。故階級門閥之如何。非所問也。孟子曰。有天爵者。有人爵者。茲之差別。卽依天爵之優者而尊重其地位。非依人爵而差別其地位。此所以冠以合理的之稱也。徵諸英國。貴族之智德。較優於平民。故雖有差別。而不至於衝突。法國則貴族之智德未必優。而徒有階級之差別。故其貴族平民間。常有衝突。法國之革命。亦以此爲其原因。故所謂優者。乃貴天爵之優勝。非人爵之優勝也。

社會上之優者。又因各方面而不同。或以文學優勝。或以美術優勝。然一人不能具有各種能力。卽一人不能占各方面之優勝。文學美術之能力優者。祇能在文學美術之方面占優勝。而政治之能力優者。祇能在政治方面占優勝。蓋優之云者。並非一切超越於普通人。惟於某點特爲傑出而已。有此傑出之特點。故當與以優待之理由也。

或以社會之進步。爲境遇及衆民之賜。非僅恃一二人之優勝。所能奏進步之效果。如是則社會上可無庸設優者特殊之地位。是說也。非無一面之眞理。蓋無論優者之如何卓見。苟衆民不能理解之。境遇不能採用之。則雖優者亦毫無效果。且近來衆民的時代。輿論勢力强大之社會。彼優者之地位。外觀之若不甚著明者。然經營國家而前導社會。常爲優者之所獨任。優者之思想事業。常爲積極。而衆民之對於優者之狀態。不免較爲消極。縱謂近來之輿論。爲衆民之產物。其表面上若不易發見優勢之地位。然其中心則無非優者也。

或又謂人材之輩出。在於嚴重階級制之下者少。而在於平等的社會者多。驟聞之似不甚謬。然按之實際。人材之有無。幷不限於時代。不過比較言之。階級時代。敎育限於貴族。自不及平等時代之敎育普及。其得材爲多耳。夫在於階級時代之人材。往往無用世之機會。而徒潛伏於下。而在於平等社會。則一切階級。皆能供給優者。無受人爲之障害。然在平等社會人材之輩出。乃因其發足點之平等。而其到着點則非同一。其所得表示伎倆者固爲均一。而人材與普通人之待遇則非均一也。夫待遇之區別。所以使優者奮起之動機。苟無何等特殊之地位以奬勸優者。而欲望優者之現出。抑亦可謂不解人性者。故所謂人材輩出之平等社會。甯稱之爲合理的差別社會也。

昔法國拿破侖一世。出身微賤。及躬爲大統領。自謂社會上不當有階級。凡有材力者。皆當引用。其時從龍之士。類皆英俊之材。惟是等人材。在當時尚置諸無用之地。自拿翁出。而始得見用。是社會上非無人材。特以其不見用於世。故以爲無材耳。

第五節　社會的内治政策

第一款　社會的政策與勞動問題

社會的政策。與社會主義。不可混同。英語(Social)爲社會的。(Socialistic)爲社會主義。二者原有區別。茲之主張政策當爲社會的者。厥有二重之意義。一曰。政策之目的。他曰政策之方法也。(1)政策之目的所以爲社會的者。謂政策之着眼點。不在於社會之一部特殊階級。而亙於社會之全部一般也。(2)政策之方法所以爲社會的者。謂反乎國家萬能之思想。政策之實行。不借國家之强制組織。而任於個人或團體之自治也。若夫社會主義。則於此二點。皆陷於謬見。(1)社會主義。在期下層多數人民地位之變革。欲破壞少數之優者。使歸於平等。不知社會上不能無優者之地位。欲使優者犧牲其能力。則又甚難。彼輕視社會上重要之一部之少數優者。其誤謬一也。(2)社會主義。視國家爲萬能。欲以改良社會之手段。求之國家。以土地資本。歸於國家。經濟之經營。一任諸官吏。而不知社會之發達。亦須一般人民均有經營事業之能力。彼過於重視國家。一若人民惟有依賴國家者。其誤謬二也。

政策之當爲社會的。匪特就於勞動問題之解決爲然。乃一切政策所共通之原則也。然勞動問題。爲當今文明國之重要問題。常與社會問題同一視之。故社會政策。不啻爲對於勞動問題之政策。茲編就於勞動問題而辨其大要。固非不當也。何則。勞動問題。非但經濟問題。而又爲政治問題也。

且社會進步。文化發達。社會各部之分科增長。其間往往生軋轢之虞。如何而調和此軋轢。完分科之利而避其害。乃社會之重大問題也。此爲廣義的社會問題。而勞動問題其一也。勞動問題。即關於資本家與勞動者之衝突之問題。在於當今。特引社會之注目。故茲謂之狹義的社會問題者。非無一理也。

第一款 勞動問題發生之原因

勞動問題。與他之社會現象無殊。而各國異其特色。是蓋因歷史、政治、法律、經濟、教育、宗教等之國民狀態。及關係於此問題之個人性格。各有特殊之原因。因各國而不同者也。特此問題殆爲文化國共通之問題。在西洋既無國蔑有。即日本近來亦已萌芽。中國數十年後恐亦不免。然則既爲共通之問題。必有共通之必然原因。此共通原因之主者有二。即精神的原因及物質的原因是也。精神的原因。卽自由平等博愛之觀念之普及。物質的原因。卽經濟組織之變遷。(如生產分配消費之變遷)物質的原因。歐文爲 Industrial revolution。譯云產業的革新。或卽以此爲勞動問題。然缺精神的原因。尚不能發生勞動問題也。

物質的原因。其詳讓諸社會學者經濟學者之談論。茲不過簡單述之。當十八世紀之後半期。英國之生產事業。非常發達。邇來文化普及於世界。斯有所謂產業的革新者。蓋因學術之應用。而致生產技術之進步。因交通之發達。而致市場之擴大。家族之工業。隨而衰微。工場組織之工業。隨而隆起。以大資本之經營。得減少其生產費。而小資本之經營。不能與之競爭。於是大資本經營。壓倒小資本經營。而小資本者。至於不能獨立。而降爲勞動。由是而社會之分料激甚。貧富之差莫大。使勞動者之階級。大有不安之地位矣。(如此經濟組織之變遷。與政治組織之變遷。皆自十八世紀發端於英國。)

經濟組織。雖如是其變遷。然設無他之原因。則勞動問題。亦不過隨起隨滅矣。夫以今日之資本家與勞動者比較。貧富固爲懸隔。然勞動者之生活程度。既已高出數倍。資本家之待遇。亦較昔時爲優。似乎勞動問題。不至發生。而不然者。則亦足見物質的原因之外。復有精神的原因之存在也。蓋以進取之民族。不甘久伏專政之桎梏。自十八世紀後半。政治之改革。(法國革命)教育之普及。其影響所被。遂使自由平等博愛之思想。滔滔然奔揚於文化國。而勞動者亦自覺其地位與資本家之境遇。大有貧富不均之感。一旦與物質的原因相抱合。遂因此而產出勞動問題矣。夫際產業之革新。非無僥倖以博巨利。及用不正之手段以苦勞動者。然似此現象。古今東西甚夥。要不外徐圖人性之改良。組織之整頓。以期於減少耳。且縱令無此附隨現象。而當產業革新之時。其偉大之幸福。常與其黑闇之狀況相隨。固無可疑也。又彼之自由平等博愛之思想。非無失其中庸而馳於極端。因而流爲害毒者。然其根本上則含有千古不磨之眞理。且以個人及民族之發達。既達於一定之程度。則亦必了解如此眞理而主張之也。故曰。勞動問題。與此二大原因。有必然之關係也。

第三款　勞動問題解決之要件

勞動問題之解決。甚爲困難。且須有制限之要件。今之囂囂然於勞動問題之解決者。社會主義也。彼社會主義。知個人之力。到底不適此解決。而主張經濟組織之變革。以現在社會之黑闇。歸於自由競爭之個人經濟組織。故欲救現在社會。須撤廢此制度。而採用共同經濟組織。以土地資本歸於國有。復由國家分配於各個人。則庶乎其可也。雖然。此主義不過一空想而已。蓋自由競爭。爲世界進步之動機。亦人類固有之惰性。且以一切財產歸屬於國家。各個人皆不過爲其勞動。則其不平孰有過乎此哉。故此之主義。雖嘗促政治家之注意。使謀拯救下等社會之方法。不爲無功。然欲實行之。則難作矣。今以吾人之所見。關於勞動問題解決之必要條件。大略如左。

（一）了解勞動問題發生之眞原因。 欲解決一問題。不可不知其眞原因。

（二）察社會之全局。而與以精神的物質的兩方之解決。 如均富主義。第足以補救物質的。而不及於精神的。故如法前人格之平等。亦不可不加意之。

（三）維持現今之立憲制、私有財產制、及自由競爭制。 此三者雖不皆無弊。然第可就其缺點而改良之。而不宜撲滅之也。社會主義者。對於立憲制。雖無破壞之意。而對於私有財產制及自由競爭制。則恐欲破壞之。

（四）勞動者之自覺。不可抑制之。而當使其責任觀念之發達。且隨勞動者能力之發達。而與以政治上經濟上相當之待遇。　如勞動團體、勞動組合等。皆所當承認之也。

（五）整理競爭之形式。使易爲平等之競爭。　不然。則名爲自由競爭。實則不自由者殊多。

（六）因正當競爭之結果。所生貧富之差。不可干涉之。但因正當競爭而敗北者之運命。務使之勿超相當程度之最下限。

（七）減少競爭中偶然之要素。　如土地因偶然之事實而價值騰貴。所有者坐收其利。社會上卽有不平之感。於此當籌所以減少之方法。如課以重稅。使收益多者負擔亦多。

（八）勞動問題之解決。以勞動者之自助自治共同爲主。而國家干涉。則限於不得已例外之時。　蓋以國家干涉之甚難。不如勞動者自爲之。

（九）須覺悟以一舉而現出黃金世界之不可能。彼社會主義之誤。以打破現今制度。可以一舉而變爲極樂世界。是與徒歆羨立憲制。而謂一經立憲則庶政可舉者。爲同一誤解也。

（十）解決勞動問題所必要之積極的施設。委諸私人。或難達其目的。則以地方團體任之。而中央政府。祇可監督或補助之。至於直接經營。則限於例外之時。　如勞動保險問題。德國以國家經營之。實未適當。蓋此種施設。宜以私人經營之。或地方團體。亦能相時而制宜。若國家祇能持其大體。而其直接經營。僅限於眞正之例外。且以國家爲之。則近於以國家爲萬能。恐復流於專制之弊矣。

第十一章　外交政策

茲所謂外交者。非第關於國際事件之處理。乃包含廣義的對外政策而言。卽當列國併立之時。各國因欲達其目的。而向外部進行之方針之總稱也。此在各國各時代。固因特定之境遇。而有特定政策之必要。然概括近世國家。而舉其所當採之根本政策。大略如左。

(一)、外交政策。當爲國家的。

(二)、外交政策。當爲國民的。

(三)、外交政策。當爲膨脹的。

(四)、外交政策。當爲平和的。

(五)、外交政策。當爲世界的。

第一節　國家的外交政策

既謂國家之政策。則不問其爲內治外交。而其中樞觀念。要當在於國家也明矣。雖然。國家之爲統一的單位。在於外交爲特著。但此單位之國家行動。當依如何之軌道。且國家之單位。將視爲本位而獨立乎。抑以有範圍更大之本位而占其從位乎。此則古今不無異論者也。夫以人類社會爲本位。而犧牲己國之利益。與乎以國家爲中心而無視他國之利益。二者皆馳於極端。故茲所謂國家的者。乃不因世界而犧牲己國。亦不因己國而排斥他國也。夫十八世紀之博愛主義。其結果有萬國平和協會。為欲弭世界之兵禍也。然按之現今人性發達之程度。此主義倘不易見諸實行。若中古之麥克柏里（意大利人）國家本位說。亦馳於極端。氏所著君主論。謂以國家為本位。舍保護己國之安全外。其他國家。儘可漠視之。且因圖國家之發達。可以併人民之自由及他國之地位而否認之。特氏之為是說也。非其本心。乃以意大利文化最早。而因各邦分裂。故為西班牙所侵。意欲併合之為大國以對抗他國故也。

且近世勃興之帝國主義。全然國家本位主義之變形。世界強國。不論國體之如何。而各以其本國、與殖民地、保護地方、勢力範圍等一一括之。以鞏固其軍事之統一。又屢設保護稅。而圍繞自己之境域。以對抗外國。期得競爭之優勝。固方今之趨勢也。趨勢者。一之境遇耳。放任特定之境遇。而盲從趨勢。其果為至當之政策與否。此為別個問題。而非可概括的斷言之。雖然。國家者。為在於一定之土地而有統治組織之繼續的人類社會。而所以為其目的者。即在其社會之發達。故其對於一切國際問題。當要求自己之社會之主觀的解決。是則外交之以國家為中心者。毫不足怪也。

國家對其分子而有權力。分子受法之拘束。故直接支配個人者法也。若國家則反是。國家之上。不認有何等權力。彼包含國家之世界的大社會。幷無以中央權力。臨其分子之國家。而各國之行動。皆以己國利害為根據。故各國之行動。與其謂為從一定之法的規律。甯謂為隨國際之勢力關係也。如所謂國際公法者。直可謂之由列國政策而來。為國際所承認之狀態或慣習。即或不守。而其制裁之能及與否。終歸於勢力關係之如何而已。然使無重大之理由。漫然逞其勢力。違反國際公法之規定。亦非政策之得當。惟即此可見外交上之單位。為國家。而非國家以上者。明矣。

第一節　國民的外交政策

外交政策當為國民的。有二意義。其一在於原動力。其二在於着眼點。是已。

何謂外交政策之原動力當在於國民。蓋以欲達國家之目的。在於一國內外。而對於他國為各種行動。非可僅恃當局者之裁量。且當以一般國民為其原動力也。苟其外交政策。僅仰二三外交官之行動。則國民冷淡於國事。徒袖手而旁觀。匪特外交官運少數之意見。未能達於完全。且外國亦將以其基礎薄弱。而致外交之困難。故當局者不可不披露胸襟。而共國民決定外交之大方針。蓋一方期當局者舉動之平允。一方使外國知國民不可壓之勢力。即所謂以國民為對外競爭之後援也。即有時國際間發生特定事件。當局者須以敏捷果斷秘密。依自己之裁量。以解決重大之問題。斯則當局者宜自覺其責任。出於適當之措置。而國民亦宜勿以輕易行動。掣當局者之肘也。特外交之最終監督。在於國民。識者須常以理性而注目於外交。就於對外方針。而造國論於一致。當局者亦須以強大之國論為後援。而期外交之擴張也。

何謂外交政策之着眼點。當在於國民。蓋以專制時代。對外之政策。一出於元首或政府之舉動。故其着眼點。亦在於元首及政府之利害。若與國民無關係焉。至於現代。排斥專制思想。故既爲國家之政策。斯其着眼點全移於國民之利害。此易明之理也。且所謂國民者。乃國民全部之謂。而非指國民之一部。換言之。即一黨派或一階級。其勢力雖若何强大。苟僅取其自己之有利外交。亦爲勢力之濫用。而非正當之國家政策也。夫對外事件之解決。其結果重大。且又難於挽回。故當局者或一部國民之利用外交問題。而計其特殊之利益者。誠所最當戒也。

若夫一國家由一民族組織而成者。其問題尚爲簡單。苟其民族複雜。則其利害關係不同。國家之內外政策。自必應之而要多少之變化。然以原則而言。國家之外交政策。既以國民爲着眼點。不必區別民族之異同。當以平等保護己國之諸民族。蓋以重國民之利害。而捐民族之利害也。

第三節　膨脹的外交政策

國家的國民的之外交政策。又須同時而爲膨脹的。蓋國家徒事保守。而不擴張其外部。則無進步。膨脹也者。卽進步之意義也。國家對於外部之擴張。其方面有三。(一)領土。(二)經濟範圍。(三)文化範圍。是也。國家欲爲外部之擴張。必先整理內治。若內治錯亂。則其膨脹的政策。終至於失敗。或至於不能繼續。故國家之膨脹政策。不可不先以維持現狀爲基礎也。

國家之行膨脹政策。須個人與政府之協力。僅出於政府之意思。而非個人之經營者。必難成功。雖然。國家之恒久的膨脹。所以待個人經營者良多。而欲使個人之經營。盡效命於國家。而不顧自己之利害。則又甚難。蓋個人非有利益。必不爲對外之經營。故國家欲促個人而使爲對外經營之動機。必須就於經濟方面。而在於個人所見爲最少抵抗最大結果者。故其所爲。非必與國民全體之遠大方針相一致。且政府卽欲强制之使爲一致。勢亦有所不能。惟從大局規畫而誘導個人。幷從事於國民膨脹所必要之諸般經營。例如(一)蒐集海外事情之正確報告而頒布之。(二)移民會社之監督。(移民會社。國家不能盡設。然往往有弊害。故國家當監督之。)(三)造船及航海之獎勵。(四)海軍及其附屬之設備之發達。(國民以實力經營。苟無國家保護。則不免損害。故移民事業隆盛之國。必須擴張海軍以爲後援)均所最重要者也。

膨脹的外交政策。始自殖民。殖民之事業。與其以政府之力量經營之。不如以個人之慾望赴之。若徒恃政府之力。不爲功。法人杜莫蘭氏嘗著一書。論盎格魯撒遜人種得優勢之原因。日本譯名『獨立自營大國民』其言英美殖民之優勢。分爲三部。第一爲英法學校生活之比較。第二爲英法私人生活之比較。第三爲英法公人生活之比較。美與英同。大意謂英美國民性質活潑。而富於冒險性。其殖民皆由個人之意思。故其成功多。法國人民反是。其殖民由於政府之意思。故無所成功。英美國民能獨立經營。法國民則第知爲官吏。英美國民之有財產者。能從事於冒險事業。而法國民之有財產者。僅求得利息。不願遠赴海外。以二者性質比較之。法之不及於英美者遠甚。其所著中。又論及德國。頗鄙薄之。德之殖民。在今日非不發達。然氏以德國人好用武斷主義。將來無足畏者。謂法之所患。當在英國而不在德國。其所論雖或有馳於極端。然多中肯綮。故略述之。

國家之膨脹。必以人民移住於他之國土。是爲移民制度。特其所移住者。宜於開化之地乎。抑宜於未開化之地乎。其移住之人。宜於上層人民乎。抑宜於下層人民乎。余謂此直無庸爲之限劃也。或說以移民宜於未開之地。謂其易與競爭而得優勢。而不知在於開化之地。雖未易期勝利。然吸其文化。未始不足以促本國之進步。或謂宜以下等人民移住外國。以其在內國既爲無用。不如遣之外國爲愈。然下等人民。苟施以教育。無不長進者。或謂以下等人民不宜移住於外國。以其有辱國家之體面。不知下等之穢劣形狀。遣之海外。固有損國家之體面。即令蜷伏國內。而外人亦孰不知之。況使之移住。彼下等者尚有所賴以觀感歟。

殖民與移住。原有相關。特其意義不同。前者謂以本國人民之一部移於他國。而殖勢力於其地。後者不過以此地之人民移住於彼地。似乎移住尙不如殖民之得計也。然今日世界之現狀。後進國已無復有殖民之餘地。十九世紀之末。未開之地方爲列强所分割者。殆有異常之速度。地球表面。苟有適於殖民之地。今皆在其支配圈內。無復可容他國之殖民。此蓋列國採取膨脹政策之結果也。

古今之國家。概由諸民族之雜居也。其於同一地域。有二個以上之民族存在時。徵諸歷史。其運命大抵如左。

(甲)在於固有力之自然境界或優勢之鄰國所圍繞之地域。其地域之共住關係。能使住民感共同利害。終至混和諸民族而爲一團。今因其途行而分之。厥有左之三種。

(一)諸民族之性格互相近似。而其優劣之差小。則其同化作用急速。

(二)諸民族之性格互異。而其優劣之差大。則其同化作用遲緩。

（三）諸民族之間。其優劣之差大。則其同化作用急速。

更由同化作用所行之結果而觀之。有左之三種。

（一）勢力略同之諸民族。融化而成一新民族。

（二）少數征服者之非常優勢。而使他同化。

（三）少數征服者之被同化於他。

（乙）在於無有力之自然境界遮斷。又無優勢鄰國壓抑之地域。其地域內諸民族間。行同化作用也少。而劣等民族。漸次讓其住地於優等民族。而自移住於抵抗稍少之方面。由是而諸民族所占地域之境界。隨以變遷。

又同一民族散在於遠隔之地方。其地域的共住之利害關係絕滅之時。有影成獨立國家之傾向。特至於現今。交通發達。與國家競爭之大規模。如此傾向。遂因之而大減殺已。

以上列記民族與土地之種種關係。乃研究膨脹政策者所當注意。即關於殖民移民等方針。亦不可不利用此歷史之教訓也。

第四節　平和的外交政策

前言膨脹的政策。驟觀之似有與外國牴觸之意。苟因而聯想於戰爭者。是不可也。蓋國家之膨脹政策。不僅一方面而已。於土地政策之外。尚有經濟政策文化政策。其膨脹之政策。非必常致國際之牴觸。即偶然因利害關係而有牴觸。亦非必訴干戈以求解決也。夫牴觸可避則當避之。何則。一經牴觸。則以國家所可得利用之勢力。因之軋轢而浪費。又既有牴觸。而其解決仍當以平和為原則。何則。戰爭以前所豫期之利益。往往不能收之於戰後。即能收之。亦乏於經營之力。故非萬不得已。必不可遽出於戰爭。戰爭者一例外之手段。戰爭之結果。殆與革命之結果相類似也。彼主戰論者。常謂戰爭之結果。有有形無形之利益。而不知是等利益。原不待戰爭而攫取。苟依平和競爭之方法。亦未始不足以得之。且戰爭既不足使國家關係趨於簡易。而適足以增加其複雜。是則以戰爭為膨脹的政策之必要者。非通論也。

雖然。人類一般之平和。乃以列國共同而始能到達之一理想也。今者希望平和之聲愈高。而列強仍益擴張其軍備。以國民之資本勞力之大部分。投於不自然之不生產消費。於輓近爲特著者。果何故耶。試概括而列舉其主因如左。

(一)國際關係。易受感情之支配。且於衆民的時代。而此之傾向爲尤甚。故遇有國際關係。易招輿論之激昂。而因其國民之智識未充。不能有沈靜之判斷。偶有不平。而主戰之聲。即瀰漫於全國。

(二)列國相互之間。彼此不能詳知其內情。而疑忌之心。因之而起。且以交通發達。世界之範圍縮少。而競爭國即因之而增加。故如此之傾向益甚。

(三)列國不甘於自然之膨脹。往往以急激的人爲的圖勢力之擴張。是爲衝突之原因。苟列國能以勢力之膨脹。付諸自然。所有擴張事業。皆始以個人之經營。而繼以政府之援助。則國際間之利害關係。自不得不出於平和之解決。然今日各國。則務先擴張其名義上之勢力圈。不計其實力之不逮。此亦近世未開土地日促之使然也。

（四）以戰爭為解決國際事件之最好方法。在於古時已有如此信仰。今雖不以此為必要。然仍有惰力之存在。譬諸古時法律未備。多訴曲直於武力。而決鬭之風熾。今雖裁判制度完備。而決鬭之風則尚未能革絕。個人如是。推之而國家間之戰爭。亦復如是。

戰爭之原因。既如上所述。吾人非敢信將來之仲裁裁判。得使戰爭之絕滅也。何則。在於地域的繼續社會之間。其人類之競爭。原屬永久。因其競爭所生之抵觸。大之而其利害關係。足以波及於全世界。故欲得他之國家全然立於第三者之公平地位者愈稀。且競爭者以最終之判決。一任於武力勝敗之慣習。亦所不容拋棄者也。際茲境遇。雖若何愛平和之國家。亦常維持相當之軍費。以為最後之手段。誠非所得已也。夫既列為最後之手段。故可避則避之。因之而有當注意者。如左之諸件。

(一)須常詳知列國之事情。且以本國之狀態紹介於列國。使彼此互相知悉。不致有誤解之結果。

(二)以本國之有形無形之平和勢力。秩序的扶植於國外。使在我勢力範圍內之住民。知信賴我勢力。爲有利於彼等。斯無衝突之事。且使列國知我膨脹政策出於平和。其基礎亦復鞏固。斯無可出於戰爭之途。

(三)列國於平時互爲協議。講求所以平和解決國際爭議之方法。如付諸萬國仲裁裁判所之處理是也。

(四)國際紛議。起於一旦。當先盡平和之交涉手段。苟終不能得滿足之結果。倘勿馳於極端。不可因小牴觸而供大犧牲。又當抑制感情。就於戰爭之利害。爲緻密之計算。

夫外交政策以平和爲原則。猶之內治政策以改良爲原則。然察近今國際關係。若難免出於例外之戰爭。亦猶內治之不能免於例外之革命也。

卽當本國雖力持平和主義。而他國反用之以逞其橫暴。此時舍戰爭以外。究不能以維持國家之體面與國民之幸福。則惟有斷然出於最後之手段。固無待言。特於戰後之交涉與戰後之經營。最爲當局者所當警戒也。

波蘭人蒲魯氏。富豪也。感世界戰爭之劇烈。出巨資購求歷來戰爭之書史。以研究戰爭之利害。積五六年之功。成書六帙。名曰戰爭論。其末卷爲『近世之戰爭』（日本民友社譯本）雖於東洋問題尚未周詳。而於歐洲各國之情勢。則言之甚悉。學者苟欲從事於戰爭之研究。可以此供參攷焉。

第五節　世界的外交政策

交通通信機關之發達。使世界之範圍愈狹小。經濟學術宗教之進步。使列國之關係愈密接。因之而政治上之利害。亦複雜而互於多方面。一國所發生之事件。其直接間接。皆足影響於遠隔之國家之運命。乃爲輓近所特著之現象。於是而一國之外交政策。不可不爲世界的也。夫茲所謂世界的者。非反於國家的國民的而爲一視同仁之世界主義之意味也。彼一般人類終極之理想。嘗以世界上當爲一視同仁。此固無待吾人是非之。蓋由政治上觀察之。世界主義。不能適用於實際。即按諸人類現今之發達程度。其足以實行之外交政策。亦不外以各自之國家爲主。然則世界的云者。乃以世界爲對位。非以世界爲本位也。以世界之全部爲對位。非以世界之局部爲對位也。即所謂政策之主眼。在於國家與國民。而政策之範圍。則不限於世界之局部。乃廣之而全世界之動靜。均當注意。以見機實行其膨脹政策也。

一國家之外交上。所特要注目者。列國均勢之變遷。是也。蓋列國關係。以均勢爲最要。均勢也者。(西文Parallel Power譯云平均勢力)列國之勢力互相掣肘。一國欲大擴張其勢力。則各國將連合而抑壓其一國之狀態之謂也。夫在於均勢。其相制之雙方勢力。固當略相匹敵者。然非必精密之同等。惟其勢力之差。不致一方之跋扈而已。

均勢之語。中國古時亦有之。(如合從連橫)但例諸今日則不同。歐洲則自中古之時。行於義大利。時義大利以各邦分立。各謀均勢。後一變而爲歐洲之均勢。再變而爲今日世界之均勢。夫世界之均勢。固非僅在於一點之均勢。乃在於世界各方面之種種局部的均勢之湊合。而局部的均勢。不僅在於國內諸要素。又在於國際地理關係之結果。均勢也者。非出於列國之希望所欲得而盡力者。而實因於各國之擴張勢力而來。故均勢常易破壞。破壞之後。復有他之均勢。是謂均勢之變遷。當夫世界均勢之時代。一局部之變動。其波動能及於他局部。故各國處此均勢變遷之際。宜各從其立脚點而觀察之。或維持舊均勢。或建設新均勢。必有適宜之手段而後不敗也。

國家之競爭力。至爲複雜。而一國之文化諸要素。固亦組成其一部。然現時之政治上均勢。要以立於經濟勢力之地盤。而繼續於軍艦銃礮保護之下。所謂武裝平和者。即形容此狀態者也。處此武裝平和之境遇。各國須各爲相當之武備。然狹義之外交。亦固不可輕視。狹義之外交者。即代表一國而對於他國增進本國利益之技術之謂。精於如此技術之人材之多少。及運其技術之程度之若何。蓋於對外政策(廣義之外交)上所關係。匪淺鮮矣。

丁未年三月初版
中華民國元年十二月六版

（小野塚政治學一冊）
（每冊定價大洋壹元）

原著者　日本小野塚喜平次
譯述者　侯官陳箎
發行者　商務印書館
印刷所　上海北河南路北首寶山路　商務印書館
總發行所　上海棋盤街中市　商務印書館
分售處　商務印書分館　北京　奉天　龍江　天津　濟南　開封　太原　西安　成都　重慶　安慶　長沙　桂林　漢口　南昌　蕪湖　杭州　福州　廣州　潮州

第一〇一九號

九八九六

商務印書館發行

法美憲法正文

定價大洋四角

世界共和首推法美吾國共和之治基礎已定將來設施必以是編詳述法美二國憲法凡其成立之階級變遷之歷史及規修無遺洵共和國民必讀之書也

世界共和國政要

定價大洋七角

是書集合歐美非三洲之共和國凡二十有五歷敘各國政體之沿革憲法之改正政權之執掌選舉之規定原原本本粲然大備足為吾國今日之先導

美國共和政鑑

定價[illegible]角

全書分十二章凡國會之權力議院之規則總統之職務人民之權利及[illegible]衆政府與各州之關[illegible]言之極詳譯筆明爽足以達意共和國民不可不手一編也

美國政 兩

冊定價二元

世界純粹之共和國一切制度不稍留君主之餘影者首推[illegible]編於美國現行各項制度調查最詳計分為政府議會聯[illegible]教育行政財政商政司法陸軍海軍共三十八卷實為[illegible]

政治源流

西歷一千九百十年

政治源流

大清宣統二年　歲次庚戌

北通州協和書院印字館鐫

PREFACE.

The following treatise on Government, its Source and Evolution, was prepared as a basis of instruction in Political Science given to successive classes in the North China Union College. Some knowledge of Government, its origin and meaning, should be possessed by students who lay claim to even a moderate measure of liberal education; and at this time when China has set out in earnest to readjust its social, industrial and political life, the subject of Political Science takes on an added interest, and ought to be studied with increased profit. Political Science historically treated is closely related to general history, is indeed an important department of such history, since it attempts to give an orderly account of the social life of races of men as that life manifests itself in systems of government for mutual protection and benefit. It was decided to limit the discussion to important types of government, fearing that a more extended discussion would make a less distinct impression on the minds of sudents and general readers.

The subject of the origin of government is discussed in an introductory chapter. This is followed by a chapter giving an account of the evolution of government among the early Greek racial divisions. Special chapters are given to forms of government developped by Sparta and Athens. Four chapters are given to the growth of the Roman system of government, and the evolution of Roman law. A chapter is given to Roman government and law in its influence on political institutions in early medieval Europe, recounting in outline the gradual organization of modern European states. Separate chapters are occupied with the governments of France, the German Empire, Prussia, the Austria-Hungary Dual Monarchy, Switzerland, Great Britian, the United states. A chapter is given on Chinese Government, also treating the subject historically. Perhaps the chief value of this chapter will be found in furnishing a basis of comparisin with western systems of government, and helping to judge of their excellencies and defects.

Following this historical study two chapters are given to a discussion of the Principles of Political Science. The first is occupied with an examination of the meaning and types of government; the second with the causes that have operated to widen the meaning and modify the types with the general advance of civilization, and growing complexity of humam intercourse. A closing chapter is occupied with a crief discussion of the meaning of law, and the causes that have operated to widen and enrich that meaning, and adapt law to varying and ever changing human conditions.

The writer must assume full responsibility for both the form and contents of this volume. In its preparation he has made use of general sources of information, but wishes to express his special obligations to President Woodrow Wilson for the use he has made of his excellent handbook on Political Scieence, "The State", which has been a chief source of information on the subjects discussed. This book was a challenge to the writer to attempt a similar discussion through the medium of the Chinese language for the enlightenment of Chinese students. The writer is indebted to two Chinese scholars for the literary form in which this book appears. Mr. Chu is a Christian scholar of long experience in translation work. Mr. Kuan is a young Mohammedan teacher who has been responsible for the first revision of material as given by the writer.

The Chinese language was created to give expression to Chinese thought, and must go through a process of education before it will give easy expression to western thought, but in spite of its limitations it is a language copius in vocabulary and of greater capacity for adaptation and growth than it is usually credited with. It is hoped that the volume will contribute to the enlargement of knowledge on the subject of Political Science among the scholars of China, and assist in some measure in fixing the terminology which will be employed in speaking and writing on this subject.

D. Z. Sheffield.

North China Union College.

Tungchou, September 15th. 1910.

序

天下人情至紛也、古今事變至不齊也、以至紛者使之不紛、至不齊者、使之必齊、則政治尙焉已、夫所謂政治也者、以中國而論、三皇傳之五帝、五帝傳之三王、三王傳之秦漢魏晉唐宋元明以迄於今、其中之或損或益或因或革、咸載諸史册、盡善盡美、守是道以與之終古焉可也、又奚俟外求、然世界愈進而愈開、聲氣愈通而愈遠、問唐宋以前史册中有所謂五洲萬國互相交通者乎、曰無有、問順雍以上耳目中有所謂輪舟鐵軌、彼此往來者乎、曰無有、今旣不能崇垣固鍵、老死焉各不相聞、即不得不博採旁諏、參觀焉求其一是、於是國家有鑑於此、特簡大臣調查各國政治、繼之以預備立憲之問題、愚不敏、不敢謂諸大臣中果有其人、亦不敢謂諸大臣中果無其人、第以憲法一事至重且繁、在他國視爲舊途、在中國則視爲創舉、苟用非其人、則本源未諳、難免納矩於圜、格格不入者有之、人非其學、則淵源莫繼、難免行舟於陸、遲遲不動者、又有之、然則欲求源清流續、非有政治善本烏乎可、此　子榮謝君所以有政治源流之作也、其書上自太古、下及今日、旁及各國、凡人民之進化、政治之改良、靡不蒐羅極備、鉅細無遺、如遊列肆、珍錯雜陳、待人物色、如入寶山、金石俱備、聽人取携、雖譯筆不能鈎深攬微、中西語氣適合、苟政治家得是書而研究之、或上溯其源、次第以相施、或旁稽其流、間接以從事、向之格格不入者、茲且方有矩而圓有規矣、向之遲遲不動者、茲且陸有車而水有舟矣、我國其有厚望乎、

宣統二年歲次庚戌秋八月潞河管國全序於華北協和書院

自序

中華二千餘年間、於風俗政治文學禮儀、少有改變、蓋其隣近諸國、教化未盛、不能有感於中華、雖朝廷屢易姓氏、而風俗政治文學禮儀、仍復守舊章而式古訓、近百年間、泰西各國人民梯山航海、足跡徧天下、諸國互相立約、彼此往來、而中華漸亦能敦睦友邦、修好隣國、由是工商士庶、易其方針、政治法律、即改其故轍、且學校振興、人材蔚起、宗古聖賢遺留之典籍、培其本根、滙泰東西新學之精華、開其腦質、本所學以爲用、必愈能盡其國民之本分、肩國家之重責、夫天下之學問無窮、而人不可不學者、約有三類、一神學、二人學、三物學、人學乃括是非心靈、羣學、政治法律歷史等學、各具特益、不可輕忽、惟政治法律二學、於治國安民之道、裨益尤顯、但此政治法律、非數代中驟然而成、乃自古以切磋琢磨之功、漸次而就、欲知今之政治、當先究古之政治、古之政治既能瞭然、則今之政治之優劣、與其所由來、可得而知焉、樓 所著政治源流一書、非詳論萬國政治之精微、只擇數國有關於時勢、堪以取法者、而解其大旨、且於其不同之處、互相考證、究其本源、則知緣國家之景況、人民之經遇、與風俗之靡常、政治遂分多類、各類由時勢而生、又隨時勢而變也、且此書構造、乃本數國之歷史與政治相關者而採擇之、其他事務則置而不論、讀此書者、必宜先讀各國歷史、方能得其要領、若於各國歷史未能了然、而此書亦難有心得、此書雖爲自編、然多賴賓斯呑大學堂之總教習魏利森所備之政治學爲導引、取精華而棄糟粕、删煩瑣而補缺遺、復於推論數國政治之後、特續三章、詳解政治之義理法律之裨益、自今日以揆將來、則知中華與諸國交際、必多所改良、政治法律、因之大有進步、其最要者、乃在長國之人、賦性聰明、程度高尚、多究考諸國之歷史政治之義理、及其源流、庶中華政治法律之開幕、不至如不學無術者、經營籌畫、損益參半、優劣相混矣、雖不敢謂讀是書者、必列於高尚之地位、任國家之繁難、亦可作國民之主領、蓋因善政治善法律、咸曉然於心、必能盡其爲國民之義務、對社會對國家之本分也、

西歷一千九百十年九月謝衛樓序於華北協和書院

政治源流總目

政治源流　總目　拾

政治源流　總目　拾陸

政治源流

華北協和書院院長謝衛樓子榮著
通州 管國全輔臣氏筆述
武清 諸葛汝楫巨川校訂

政治學之大旨　政治學所究考者、乃在立國之根由、與其義理、並創制之規模、行政之法則、與夫國家之律執政之人也。

人類之原由　欲識政治之由、須溯人生之始、考察聖教之古經、謂上帝以六日之工、造成天地萬物、後乃造人、爲上帝尊美之工、然此言不可拘泥也、蓋人於地脈石類中、已得人類之證據、此世界非成於一晝夜爲日之六日、乃出於萬萬年之變化、六日乃假託之詞、欲人知諸物之變化、非出於自然、乃出於在天眞宰之神工也、因而文人學士、多以後造之二人、亦視爲假託之詞、不過使人知人類之原、爲上帝之意旨定命也、按創世記所載、人類之始、至今不過六七千年、多有好古之人、專心考察其踪跡、或於土中、或於石中、或於山洞中、自謂得其確據、在前數萬年、此世已有人類、近數十年間、興起一門名大耳温門、又名進化門、其創論之大意、謂植物活物、充牣天下、非初創時、即爲是物、乃由一物、或數物、經萬萬年之長養變化、始成此物耳、是論也、究未考其原來之一物、或數原類、由何而有、其中之妙能、由何而來也、近今文人學士、信此講論者甚夥、且分爲二派、一仍注意於諸物之變化、不究考神之有無、一雖注意於諸物之變化、而於變化中、更推解神之證據也、按大耳温門之大意、謂天下諸物、由於一物或數物、變化而成、人類亦在其中、乃由卑下之物、漸變而爲人也、以此論爲可憑者有之、以爲不可憑者亦有之、若謂人果由卑下之物、變化而成、似宜有變化之跡、果由何等之物而來、雖有人指而陳之、究不足確信也、復思人之軀體、與獸之軀體、似無甚差別、然人之天資才識、能辨是非、能行善惡、則與獸判天淵矣、即謂人由獸而變、其天資靈性、究非由獸而得、宜謂由神感而成、俾能習學練達、才識無窮、高出於獸類萬萬矣。

立國之原由　若問上古立國之原由、究不能言之鑿鑿、毫無疑義也、蓋代遠年湮、孰能考其確據哉、近有泰西文人、體察世人之性情、與中世代成國之景况、溯而上之、歷言上古如何成國、其所論如下、或謂上帝造人於世、賜以是非之良、與樂羣之性、俾人欲和睦同居、以禮相待、但古人之性粗鄙、少得開發、私己之心、勝於愛人之心、故欺詐相將、戰爭不息、相沿既久、受損良多、遂困極思反、欲定善章、冀免兇殺之禍、而得和平之福、於是約定互相輔助、以防人衆所受之損、而得其益、或舉其中才能之人、立爲數十家或數百家之長、若與他家他族、興起戰爭、其長必爲之主領、以禦外侮、在和平之時、若興起紛爭、則爲之排解、以判斷是非、漸磨既久、則尊卑之分、交際之禮、風俗人情、漸爲啟發、且男女老幼之禮節、農工商賈之交易、漸有規模、國律漸臻美善、設官分職、各有專司、國家遂由此而立、此乃文人揆度之言、究不能視爲確據也○又有推測上古人類之景况者、則曰、上古之人類、雖有天生之是非、但因教化未開、則與禽獸無甚差別、人與人鬪、家與家爭、族與族戰、有才者欺壓無才者、有能者凌逼無能者、人心危懼、民不聊生、適有才德出衆者興起、歎世道之澆漓、憫人衆之困苦、遂多方開人之智、化人之頑、擬定國律、令人民互相保衛、以樂其生也、如梭倫立雅典之律、來庫古立司怕他之律、奴瑪之於羅馬、堯舜之於中華是已、按以上之意、自古賢哲、殫心竭力、定擬國律、啟發人心、其盛德豐功、莫不昭垂於史鑑、爲萬人景仰也、然必有好禮義和平、惡變亂兇殺之人、爲之先導、漸成立國之端倪、而後賢哲挺生、以深遠之謀畧立高美之定章、則立國之規模、更爲完備矣。〇或謂立國之初、由於神之意旨、或某才能之士、某勇敢之人、將散渙之人民、連和爲一、爲之定法律、施政令、國遂因之而立、先數百年歐洲各國、多論王位爲上帝所賜、而君王執掌國權、乃上帝之臣宰、奉其命而承其旨、若有違逆君王者、即違逆上帝也、然此論究有不合、不過欲保護其權位、令人不敢干犯耳、按上帝賜人明哲之才、自主之志、樂群之心、本欲使人聯絡爲家爲國、有交接之禮、美善之俗、賢君興起、愛民行政、使人皆得生平之樂、謂爲上帝所命則可、若暴君忽作、肆志殘民、亦謂爲上帝所命、則爲矯誣之詞矣、觀以上三論、一謂上古立國、由於人民之定約、一謂由於賢哲之創制、一謂由於上帝之特命、其意皆有可取、究不可以爲定論、仍當究考古代之典章碑碣、以及他等遺跡、互相參考、庶能得立國之實據矣。

家室爲立國之原　泰西學士文人、究考立國之證據、初非由於人民之定約、亦非聖賢之創制、更非上帝之特命、乃起於家室、自家而族、數族相合、遂有國家之景象、於是賢哲挺生、開啓人心、定擬國政、法律、權勢、漸有規模、而國勢成矣、按上節大耳温門以人類由獸類而成、若信以爲然、則獸類既變爲人類、其心必蘊人倫之萌芽、亦必有窮源竟委之才、好善惡惡之性、樂群與敬神之心也、試觀諸類之物、彌滿天下、各有雌雄、相感相交、遂有無窮之繁殖、至於人類、上帝亦分男女、兩相配合、始有無窮之生養、則夫婦之倫由此始、父子之倫、即由此生、昆弟朋友之倫、亦由此而出、人心漸爲開發、知聯絡輔助之義、而國勢成、則君臣上下之分、亦由此而定矣、○或謂上古之人、渾渾噩噩、無婚姻之禮、所生之子女、知有母而不知有父、無所謂之夫婦室家也、雖能定連合之約、立相處之規、選立君長、擬定法律、漸成國勢、終不可謂立國之原由於室家也、不知世生之男女、其數無甚差池、此蓋上帝欲一男一女成爲配偶、相愛相助、生育子女、而得人生之樂也、竊思婦女以生育爲一生之重責、約在二三十年間、爲子女劬勞、竭盡心力、至於己與子女之飲食、衣服、房室、以及諸等養生之物、又何暇預爲謀乎、可知人生於世、必先有夫婦成立室家、互相輔助、爲子女者、得父母之保養、而後能長養生存也、况婦女生育子女、即有戀愛之心、其生平之樂、未有大於此者、不但其母如是、其父亦如是也、而夫婦之倫、實由此而起、則家室成立、風化於此而開矣、嘗考西方古巴比倫、伊及、希臘、羅馬、東方之中華、日本、印度諸國、其經傳所記載、碑碣所留遺、莫不以男子爲立家之綱領、婦孺婢僕、皆聽命而行、及其子孫蕃盛、莫不尊崇其祖父、祖父既沒、莫不尊崇其族長、推斯意也、則國由家而起、復奚疑哉、

古游牧人之聯合、即爲開國之始、　近代人民聯絡成國、必有土地、地之大小、必有四境、古人即能

聯絡、則有酋長有規條、然其所居之地、則無定所、蓋因當時闢土地種五穀之事、尚未推行、多賴牛羊以養其生焉、且水濱山麓平壤高原、隨天時而遷徙、或於牧畜之外、更以漁獵爲事、如此景況較諸近代之國、固大相懸殊、然其聯絡合一、自治自保、則可視爲立國之先聲也、試觀歐洲各國立國之原、則知近今所居之地、乃在前千數百年間、由他處移來、侵據於此者、非復上古所居之地也、如法蘭克族、在古嘎拉之地、創立國基、而數百年以前、尚未自北而南、已早有立國之形式也、又如今之英國、乃數族聯合而成、然在未立英國之先、數族已各有其長、各有其政、由是而推、諸國立國之先、大都如是、古代游牧人、易其遷徙之風、而有一定之地、其理有顯然可見者、蓋人之知識愈開、才能愈廣、生喜好之新機、棄往昔之舊業、或畋獵游漁、或耕種貿易、即仍從事於牧養、亦不致轉徙無常、居止無定、由是則結廬以蔽風雨、製造以資器用、風化漸開、迥異乎游牧遷移之風矣。

古代人民爲風化所囿　追溯古代之景況、似當時之人、少受約束、多得自由、蓋以當時室家之規模、群衆之交往、國家之法律、渺無定章、且土地廣大、人民疎稀、足能各適其性、各樂其生也、然此乃虛擬之詞、與古代之典籍碑文所載不合、夫古人之處家森嚴、處衆緊密、操國權者、發號施令、亦多威猛而少仁慈、即所定尊卑上下之分、交接往來之禮、要皆嚴而不寬、子受制於父、臣受制於君、上行下效、代代相沿、生於斯者、遂囿於斯矣、其定國律也、雖曰求民之益、多屬苛虐不仁、蓋所擬定者、由權勢而出、非受仁德之感也、如婦孺奴僕、與懦弱無能者、少得法律之護庇、是乃法律有鈌、而施行法律者、尤有鈌也、揆以上所言、可知其故焉、蓋當時之人心、雖啟倫常之端、且能推陳天理、爲交接往來之準繩、然其性情魯莽、教化未深、多恃權位以相交、少本仁慈以御衆、君之於臣、父之於子、主之於奴、皆有生殺之權、故人民相處也、多有猜忌之心、殘暴之行、性情偏僻、貽害無窮矣、曠觀天下各國、多有家道民風國律、歷代相傳、今與古無甚差別、風化之縛人心、有如縲絏之縛人身者、故其流傳之規、雖偏而不全、邪而不正、奈相習成風、究不能創立新章、改革舊染也、甚至下傳既久、薰染已深、遂致以非爲是、以偏爲正、以殘刻爲公平、而不自知其非焉、浸淫至此、若非與風化美善之國、交際往來、磨礪薰陶、有所取法、曷能改變頹風、漸臻上理哉。

拜神與立國治國之關係　究考古代之國政民風、可知拜神之事、與立國治國、大有關涉也、若問上古拜神之肇端、因何而起、所論者不一、蓋經傳碑文、皆難考其實據也、或謂上帝在太初之時、必將拜神之事、指示於人、而後世之人、漸失上帝之訓示、妄自臆度、則鬼神之論、層出不窮、彌滿天下矣、或謂敬神之心、起於敬人之心、上古之時、人所尊崇者、乃其祖父、祖父尚在、則奉事之、既沒、仍奉事之、於是奉拜祭祀之儀文、由此而生、由一家推之於一族一國、皆有應拜之先祖、既敬拜之、則以爲有神靈能加福於人、降禍於人、心神悚惕、敬拜不遑、此乃由拜人而拜神之肇端也、又有推論拜神之規、由於人虔敬之心、而此心之發、一在所遇之況、一在所動之情、夫人見奇妙之物、則思造物之人、而崇敬之、若見萬物中變化之蹤跡、非人才智所能爲、則思有神運於其中、必更爲崇敬而奉事之矣、又以己之是非、推思在上之神、亦如人之好善惡惡、能行賞善罰惡之權、或因己之懦弱、以爲神有全能、遂將此身託之於神、崇敬奉拜、以求其庇佑也、且人有好交之心、遂推此心於神、冀與神有交心之樂也、所論拜神之肇端、雖不一致、而人之性情識見定章、在上古之時、於敬神之事、已爲開發、且視神爲萬物之本原、皆當盡其奉拜之心、方能得神之庇佑保養也、由是觀之、可知人之拜神、雖難考其發端、而其根在立國之初、已深入人心、於立國治國所係匪淺也、蓋君王自認其位爲神所賜、國家之盛衰、戰爭之勝敗、皆出於神之意旨、於是定擬敬神之禮、爲國家之大典、且以爲保國之本源、俾吾國之君民同享神庥也、古人之敬神如此、若果合乎眞理、其益靡窮、倘人所敬之神、所行之禮、多與正理不合、則百弊叢生、人心迷亂、其患將有不可勝言者矣。

才智風化愈爲開發之故　上節所言人爲風化所囿、每因相傳已久、不易變更、然亦有經歷旣多、磨煉已久、風化因是改變、才能亦漸開發者、此即爲近代諸國、增人智慧、益人才識、振興文學之先導也、夫諸國或守其舊、或謀其新、此中之詳細、雖未能盡知、然其大畧可得而識焉、其爲風化所囿者、因生於斯土、老於斯土、目見耳聞、皆舊日之成規、少有感觸之機、俾滌除舊染、擬定新章也、其不爲風化所囿者、蓋當時人烟稀少、土地廣闊、或因牧牲漁獵、而適他方、或因戰敗逃亡、而逝異域、日引月長、以至凡能養人之土地、莫不有人居焉、特是人旣散之四方、其境遇必多艱窘、因各方天氣不同、土地各異、飲食與用度亦多懸殊、景況如斯、則與人之心才身力以及工作交往、大有所關、當此相激相磨之際、必不能沾沾縛於舊規、而不改良進步也、此所遇之時勢使然耳、夫如是、則人之散處四方、不於人之心志國之風俗、大有關涉哉、〇戰爭之事、與人心之開發、風化之改變、尤有關涉、上古之人、散之四方、歷數代或數十代、因其景況不同、故其風化亦異、然人莫不有爭強好勝之心、或興起才智之君王、謀勇之將帥、率兵進取、戰勝多族、或侵據其地、或擄掠其民、客族與土著、同處一方、朝漸夕磨、遂化合爲一、風化因而改變、與先代迥不相侔矣、且戰爭之後、道途之遠近已通、此方之所產者、可運於彼方、彼方所有者、可販於此方、貿易之事、遂因而發達、於是眼界愈開、心思亦拓、舍舊謀新之機、益爲開發、互相激勵、彼此漸摩、學術技藝之精、更有進境、不第此也、風俗禮節、凡無益於人者、必爲有益者所勝、而善俗乃由是漸生、即近代諸國教化隆盛之先機也。

第一章　論希臘諸族初創國制

一族長治理人民之權　今人能知希臘諸族上古之政治者、多賴騷人侯米耳所遺留之詩歌耳、按侯米耳約生於耶穌前一千餘年、約在中國商末周初之時 當時希臘諸族之長多稱爲王、而其權勢則與後世之王不同、其所轄之地大者或數百里小者不下數十里、所治之民多者數萬人少者不下數千人、合數十家爲一支、支各有長合數十支爲一族、族各有長、其族長即所謂之王也、凡遇內治外交之事、王則招集各支長公同酌商、名曰國會、會集之時、王必設筵、宴飲之間各抒己見意見相合、即定其議、所議之事若有關於民、或借助於民者、必招集民會、維時王居首位各支長列坐兩旁、民在其前、王將招集之故對衆聲明、諸支長各隨己見講論其事、若合民情則同聲讚頌、否則緘默無言、即或民不悅服、仍必聽命而行、若此支之人與彼支之人有何爭論、亦於民會時、斷其曲直、必先察兩造之證據、而後諸支長各陳己意、以相合多者爲斷、諸王所居之處、皆爲堅固之城寨、乃王與其家屬僕役親兵或尊榮之家居之、而耕種牧養者、皆居於附近之村莊、倘有戰事、招軍籌餉、皆在此城、或外侮之來、百姓可趨避城中、以得防禦焉、諸支亦各有內政、各有議會、以議本支應行之事、其所有之業爲本支人民之公業、一家負債本支均償、一家犯法本支連坐、揆斯意也、可知希臘開國、由家而起、自家分爲多支、多支合爲一族、互相聯絡、擬定自治自保之規、是爲開國之規模也。

二拜神之規祭司之職　古代希臘人、視拜神爲聯合人民之本、家長爲本家之祭司、支長族長、爲本支本族之祭司、雖各長之事甚繁、究以祭神爲首要、蓋以諸事之成全、皆賴神之恩佑也、夫當時所祭者、一家有一家之神、一支一族有一支一族之神、揆其意、似所祭之神、爲其家其支其族之先祖、有功德於人者、生前既得其庇佑而尊崇之、沒後則以其靈仍能庇佑、而尤尊崇之也、王所應祭之神、於其城寨立廟、每遇大節、則獻祭行禮、廟中有壇、壇內之火、晝夜不熄、且常設公筵、族中數人、或數十人、在廟筵宴、必以聖餅聖酒獻於神前、或招集國會、或備大節之筵、皆在此廟、至於重大之事、莫不獻祭於神也、由是觀之、家長支長族長責任最重者、即祭司也、其他治民行政、皆以祭神爲本、故其位必傳於冢子、無子則傳於應嗣之人、蓋視其位爲神所立之位、其職爲神所授之職也、其後國制變更、舉立官長、則祭司之事、官長主之、一若其位其職、莫不由於神、仍與先代各長之爲祭司無異矣。

三希臘諸族之闢土　希臘諸族、爲古亞利安族之一支、居印度北之高平原、約在耶穌前二千餘年、入歐洲南界、越數百年、自北而南、源源而來、入於希臘、將該處之土人、或驅逐之、或奴役之、遂侵據其地焉、按希臘人原爲游牧人、遷徙無常、在未入希臘之先、已畧知耕種製造貿易之事、既入希臘以後、因地勢不同、土脈不同、天氣不同、人民所執之業、亦不同、隨時勢以啟新機、風化遂大爲開發矣、先時腓尼基人、已有製造諸物航海貿易等事、希臘人與之交往、遂師其所爲、且仿其字母、造希臘之文字、此乃後世文學教化之管鍵也、數代而後、精益求精、遠越乎腓尼基、而爲後世有教化諸國之師資矣、夫希臘之原族、本屬一源、日久分爲多派、因其各據一方、語言政治度生之景况畧有不同自耶穌前八百年以下三百年間爲希臘人開疆拓土之時所闢之新地畧在地中海沿岸所築之新城約有數百處之多其權勢亦多有與舊城相等者計其所闢之地東在伊及安海之諸島至小亞西亞之海邊北至黑海與馬莫拉之海邊南至尼羅河口西在以大利南界及西西利大島且在今之法蘭西西班牙二國東境濱海之地建築城邑可知在耶穌前五百年間所建之城邑甚多所造之舟楫彌滿於地中海而其權勢遂遠勝於腓尼基喀頮基諸族矣惟是希臘之種族雖同語言文字亦皆相等究未嘗彼此連合成爲一統即如新城由舊城所建而規模制度自行創立不受舊城節制縱有時合數城或數十城同仇敵愾而事過時遷仍自治其事不相爲謀矣。

四創立新城之政治　至希臘人能製造舟楫航海貿易之時先年城邑之規模已大爲變更矣其治城之權有漸歸世家而王徒擁虛位者亦有世家獨攬其權不復立王者當此爭強好勝之時政令之寛厚者少嚴刻者多舊城既如此變更新城之政令其變更殆有甚焉蓋因時勢使然也溯其創立新城之由乃某城中有數十人或數百人欲於他處建造新城必選舉才能之人爲之首亦必取本城廟壇之聖火携至新城以示不忘根本且求神之庇佑也新城之於本城雖親密如母子然仍自主其權不受其約束夫人之所以欲立新城者其故不一或爲易於度生或爲困於虐政或好奇立異欲逝遠方其偕行之人因尊卑不同貧富不同或爲各家各支遠近親疎不同故其所定之制度規模與本城迥異及相傳既久其形式更爲懸殊矣考其主理新城之人雖

其權勢如王、而佐理者、率皆尊富之紳、不數傳、主權漸歸於紳、後則民與紳相爭、或紳與紳相爭、其權多爲有大力者所攬、若能逆取順守、大位自能久居、或專恃强霸、終必底於滅亡、觀如此之角力爭强、其政令之善否、亦視掌權者之爲人何如耳、揆以上之意、上古希臘之政、由族長主理、其後則歸於尊紳、又後歸於百姓、或爲强霸者所攬、然不能聯合爲一、雖技能才藝超越尋常、終爲羅馬吞併矣。

五保德勒非神壇之約　希臘諸城、雖自行治理、不欲歸一主權、然皆知一脈相傳、於先代之規則同守之、先代之神、則同尊之、至於風俗教化、亦大畧相等、無甚區別、夫諸城雖自行治理、而仍有所聯絡、其最關緊要者、即約定同保德勒非之神壇也、凡希臘諸城附近者、必共立一神壇、各敬其神、各保其壇、惟德勒非之阿裒羅神壇、其名最著、按希臘人相傳、阿裒羅乃猶皮特之子、在諸神中爲大有智慧者、故希臘人皆崇敬之、在中希臘之地、同保此壇、約數百年之久、倘有內訌外亂、不許稍有侵擾、同約之城、選舉大臣、每年二次、主治拜神之事、此廟豐富異常、在廟會時、或爲敬拜、或爲游覽、或爲貿易、赴會者不可勝數、當希臘教化未甚發達之時、神壇之權勢最盛、及教化大開、則神壇之權勢漸衰矣、其後因屬廟之隙地、興起戰爭、以至馬其頓王腓力、乘機而起、吞併多城、德勒非神壇、遂歸馬其頓王矣、夫此壇之聲名重大者、乃在以神兆指示於人、爲祭司者、率皆靈敏多聞、其代神答語、最能悅服人心、或易斷之事、則直斷之、不易斷者、則兩可其詞、以敷衍之、迨其後神壇被毀、寶物被擄、祭司散亡、無所謂之神兆已。

六希臘人之賽會　希臘人於同保德勒非神壇外、又有使之聯合者、乃每遇大節、賽所好之技藝也、蓋希臘之疆域漸開、人民散處、凡附近之城、每數年必有一次賽會、其會之最盛者、一在德勒非廟、五年一會、以祭阿裒羅神、一在歌林多平原、三年一會、以祭裒西但神、一在尼迷阿、三年一會、以祭猶皮特神、其尤爲興盛者、乃在歐林皮阿平原、五年一會、亦祭猶皮特神也、在廟四周之大地、皆屬廟產、中有殿宇樓臺、卒皆宏麗壯觀、更有豐碑石碣、與神人鳥獸之像、且有深密樹林、名曰聖林、猶皮特之神壇在焉、當賽會時、凡賦詩者、談史者、奏樂者、以及丹青雕刻等工、武勇技藝之士、各盡所長、以相賭賽、亦有尊貴之人、襄理其事、倘所賽者獲勝、其名即傳播遠方、言旋時、本城之人、必張樂結彩、羣相迎迓、或爲之立碑建坊、表揚其美、惟外族之人、雖許赴會、而爭强鬭勝之事、無其分也、按此等賽會、在希臘各支中、約有千年之久、於才能文學、大有鼓舞、然究不能合爲一統者、蓋其好自立自由之心、甚於相助相保之心也。

七希臘城邑之聯盟　按俟米耳之詩歌、敘述迷西尼王阿基門南、如何率大軍攻克推羅城、此後之聯絡、不一而足、茲特擇其緊要者論之、在耶穌前四百九十年、波斯王率大軍進入希臘、志在吞併、於是諸城聯盟、以司怕他爲盟主、攻敗波斯、逐於境外、此後之戰爭、多係水師、而司怕他雖長於陸戰、因距海稍遠、不諳水戰、遂辭盟主之責、且司怕他掌權者、皆爲貴族、恐統兵之將帥屢獲勝捷、大得榮名、以奪其權也、至四百七十五年、雅典爲盟主、聯合諸城、設立盟約、名曰德勒司盟約、約定此城爲聚集軍兵之所、一因此城有阿裒羅神之古壇、可求其庇佑、一因此城爲適中之地、諸軍之來、不致遠近懸殊也、義士阿利司太地擬定聯絡之規、按城之大小民之多寡、令其出兵捐餉、籌備戰艦、所定者無不公平允恰、並特選大臣專理餉糈之事、且有大隊戰艦蟻集海面、以備調度、可謂兵精糧足矣、爲時不久、雅典之權勢大增、蓋雅典既爲盟主、理餉者雅典人、督師者亦雅典人、人才智謀勇之士、雅典人又較同盟之人爲最盛、且諸城多有甘願助餉、不願出兵者、雅典人遂多備軍士、廣儲戰艦、權勢大增矣、更因公費豐裕、雅典人不免侵漁以爲本城修造之用、同盟中有不服其所爲、甘願退出者、則罰以多金、始允所請、或派兵駐其城中、勒令如數交納、是此盟約本爲諸城有益、易而爲雅典獨攬大權、壓制諸城、居然霸主矣。

八雅典司怕他七十年之戰爭　上節言雅典之權勢已大、爲興盛矣、司怕他人妒之、遂欲尋機傾軋、以奪其權、按司怕他城自創立之初、治理之權、多係紳主、雅典之權、多係民主、規制既異、嫌隙易生、此二城不睦之由也、當時紳主之城、多附於司怕他、民主之城、多附於雅典、自耶穌前四百三十一年、興起戰爭、前後約七十年之久、干戈不息、斯戰也、工商失業、土地荒蕪、死傷狼藉、生民之塗炭、有不勝言者、且當此兵戈擾攘之秋、人不能從事於學問、才能學術、漸即凋零、按雅典之權力、多在於海、司怕他之權力、多在於陸、雅典屢派水軍侵擾培羅哀尼俗諸城、任意焚毀、司怕他亦屢派陸軍侵擾阿替喀大地、肆行蹂躪、當是時、雅典瘟疫流行、死亡枕藉、著名之謀士培利盬死焉、然雅典雖遭此患難、而其權勢未衰、至四百二十一年、立約停戰、兵戈暫爲止息矣、在四百十五年、雅典定謀、派水陸大軍、攻擊西西利島之西拉庫城、蓋此城在西西利中、最有權勢者、若攻克此城、西西利諸城、自必迎刃而解、及附近海岸、南以大利之諸城、亦必聞風降服、如是則南攻喀頽基、東攻波斯、無不指揮如意矣、但因於同盟中、招集軍兵、徵調戰艦、多所遷延、以致西拉庫知其機謀、預爲防備、又因雅典將帥不和、未能協力同仇、且有司怕他人率兵來援、是以攻戰三年、未能得力、終則大遭挫衄、全軍覆沒矣、於此敗之後、聯盟諸城、多有退出、而不肯輔助者、然雅典之志氣、則仍不衰焉、於是備軍旅、整戰艦、又與司怕他興起戰爭、約十餘年、雖屢有勝捷、終爲敵人所敗、在四百四年、司怕他兵圍困雅典城、攻克之、毀其城郭、擄其人民、派執事三十人、治理雅典、恣行暴虐、有雅典之勇士、潛謀恢復、招集數百人、自外而來、攻入城中、逐司怕他人於城外、仍立民主之政焉○在開戰之初、司怕他宣報諸城曰、吾將脫爾於强霸也、雅典既敗、司怕他之强霸、較雅典爲尤甚、各城必令世紳掌權、且常派兵駐札、以防不測、自四百一年至三百八十七年、司怕他率同盟之城、與波斯戰爭、是役也、司怕他屢獲勝捷、而雅典與其同盟諸城、忌惡心生、且受波斯重賂、遂籌餉備兵、整理戰艦、以助波斯、終將司怕他戰艦盡行毀壞、並將其所派之員、轄制小亞細亞之希臘城者、亦爲驅逐、司怕他不得不與波斯立約、將小亞西亞之希臘城、歸其權下、於是雅典以波斯所賂之銀、修築城垣、暫能自保矣○至三百八十三年、因提比城紳民爭權、司怕他派兵協助世紳、攻克民黨所據之營寨、司怕他遂握提比之權、殆三年焉、有勇士數百人、自雅典入提比、攻敗司怕他駐札之兵、仍立民主之政、司怕他遣兵攻之、而雅典聯合多城、協助提比、與司怕他人對壘五年、水陸二軍、亦屢獲勝、而提比之權勢、因之漸增、雅典恐其軋已遂退聯盟之約與司怕他立約罷兵然提比久歷戎行將帥頗識用兵軍士亦習戰陣雖無雅典之助仍與司怕他相持至三百七十一年在路克他之地大獲全勝又分兵進入培羅哀尼俗大地肆行蹂躪由是司怕他之權勢衰微提比之權勢大振不數年馬其頓王腓利督兵進入希臘漸次吞併矣。

九希臘教化廣傳　希臘因戰爭不息權勢衰微馬其頓王遂乘機而起攻克多城爲其所屬按馬其頓人乃希臘與伊利利亞人互爲婚媾遂成此族因久受希臘之教化自認爲希臘人希臘人亦許其入歐林皮阿之賽會至馬其頓王腓利欲圖霸業開拓疆土先吞併附近之希臘城邑適希臘人爲保德勒非神壇分爲二黨互相戰爭腓利輔助一黨攻敗彼黨遂得與於保護神壇之列矣此後鯨吞蠶食兼併希臘多城至耶穌前三百三十八年自爲盟主定意進攻波斯以報其屢攻希臘之仇奈有志未逮爲親兵所弑其子亞利山大嗣位克承父志率師攻服馬其頓以北之狄族時有傳亞利山大戰歿者提比人聞之聯合希臘多城欲脫其轄制亞利山大聞之旋軍回攻拔提比城毀其城垣廬舍鬻城中男女三萬爲奴惟雅典人服罪乞恩得邀寬免自此亞利山大之權大莫與京矣於是督師四萬入小亞西亞攻擊波斯所向無前戰無不克敘利亞大地竟歸其屬下惟推羅堅守其城相拒數月及城破將其民縊死於城上者二千人鬻而爲奴者三萬人又督師進入伊及在尼羅河口建亞利山大城復進軍波斯屢敗其師波斯全土歸其所屬又深入印度大獲勝捷因所得之地難於持守乃旋歸至波斯俗撒京城立巴比倫爲京都欲合

所征數國、歸爲一統、許其臣宰軍士、娶波斯女爲妻、蓋欲將希臘之教化、廣傳於東方也、在三百二十三年、忽染熱症而卒、諸將分裂其國、後仍戰爭不息、當亞力山大之東征也、在多處建立希臘城邑、因而希臘之語言文字技藝、廣傳於伊及小亞西亞波斯等處、數百年後、比三提恩興起、溯其教化之源、實亞利山大東征時爲之基礎也。

第二章　論司怕他之政治

十司怕他政治之原　司怕他人係多安利人之一支、約在耶穌前一千餘年、進入培羅裒尼俗土股佔據拉叩尼阿之大地將原有之土人盡行制服其管理屬地也法律森嚴自始至終未嘗稍懈、其屬下之人分爲三等、一曰奴婢、二曰佃奴、名赫勒特人、三曰編氓、名培利伊西人、夫奴婢之風、雖徧於希臘、而司怕他人所用無多、惟豐富之家足供使令而已、赫勒特人亦爲司怕他所制服者、凡田地之耕種、國家之脩築、皆使此等人爲之、在戰陣之時、每司怕他一人則有赫勒特數人、司怕他人全身甲冑、赫勒特人則執械以從、按傳言云、司怕他之待赫特人也、每年一次以鞭撻之、使其不忘在司怕他權下者、且其所衣之服、與司怕他人不同、令人見而易知、或使之飲酒致醉、顚倒痴迷、令司怕他青年人見之、有所警戒也、司怕他各家將田地計畝均分、使赫勒特人爲之耕種、田地所產、按定額交納、餘則方爲已用也、培利伊西人亦爲司怕他人所征服者、或攻戰之時、置械而降、故司怕他人寬待之、仍令自主、許其建造城邑貿易造作、但供其應納之稅、若遇軍事、則出兵備餉而已、蓋司怕他原族、皆稱貴族、他族皆其奴隸、由是觀之、司怕他人有奴婢以供驅使、佃奴爲之耕種、編氓供其應用之物、遂得講武練兵、專以戰爭爲事也。

十一司怕他人分地產之規制　按司怕他屬下之人數、較司怕他人或多十數倍、而究不能脫其轄制者、因其主治之律甚嚴也、在司怕他創制之初、其人皆屬平等、無上下之分、如是者數百年、迨久事戰爭、多受敵族之習染、而尊卑貧富之分漸生、至於侵佔之地、膏腴者則分與司怕他各家、佃奴爲之耕穫、次焉者、則分與培利伊西人、其大旨、蓋不令司帕他人勤勞養生之事、以分其講武之心、而保司帕他之權勢也、其後生齒日繁、漸有貧富之別、則將地產重分、以羨補不足、使之均平如一、或嫠婦處女之豐富者、不許嫁於富足之家、並令富而無子者、收育貧家之子爲嗣、倘歿後無子、財產則歸於國家、以待分與他人、如此之規制、爲使貧富不致懸殊、以保平等之意也、自司帕他人之入拉叩尼阿也、即有二王秉政、二會議事、見下按傳言云、某王之夫人孿生二子、不知孰爲冢嗣、乃於德勒非壇祈求神兆、祭司托神之言曰、此二子權勢維均、同操政柄、以故司帕他代有二王焉、二王所操之權、厥有三端、一主理諸等祭神之事、二於平治之時、有折獄之責、三於戰爭時、有督師之任、然其權則有限制、如上所言之二會、一曰耆老會、共二十八人、爲貴族會所舉、必年至六十者、二王亦在此會、所議定者、王必依從、公罪與死罪、則歸此會主理、二曰貴族會、年三十以上者、皆可入會、凡當議之事、耆老會先舉意示之、使之擬定、二王與諸耆老皆列焉、居首位者、則監督五人、見下節 凡選舉文武官職、酌定開戰息戰、立約與修律之事、皆在此會、若承繼王位之時、有所爭辯、此會亦能斷定、會中所議之問題、二王諸耆老與監督、固能舉之、亦能論之、會衆悅服此論、則曰是、否則曰非、監督聆其音、察其意、以定行止焉、在選舉耆老之時、先簡堪爲耆老者數人、聚集時、舉選員數人、匿於會所左近之處、令所簡之人、一一經會衆前、人所悅服者、則齊聲歡呼、否則緘默無言、選員潛聽其聲、察其意、則定某爲耆老矣、

十二 監督之責任　監督之任、一年爲限、其權則越乎二王諸耆老之上、若問其位之所自始、未能

知厥由來、或爲二王所舉之輔弼也、故助王折獄、爲王留守、聚散二會、執掌府庫、凡一切政治、皆歸其節制、其權如許之大、吾人不能確知其故、迨司怕他權勢振興之時、其監督五人、始知其由貴族會所舉、二王在監督前、按期立誓、必依律而行、每九年、監督必於諸神前、請示二王有何功過、若遇凶兆、則呈報於耆老會、究問其愆尤而懲治之、監督有如此大權、不敢肆行暴虐者、或因出身於貴族、一年即卸其任、或因所行之政、五人互議、不肯甘爲怨府、究之如此之權、乃啟人爭勝之心、若非政治森嚴、以爲箝制、何能歷代下傳、無霸主興起也、

十三　司怕他之嚴政　司怕他能保其權、以致奴婢佃奴編氓、不敢不服者、乃因其嚴厲之政也、然此嚴厲、非僅待外族人、即自待亦如是、爲男子者、終身如在營寨、自認一身、非爲己、爲家、乃爲國也、若生懦弱之子、或棄於山澗、或委之培利伊西人、孩提自七歲、即入公所、蔬食惡衣、陋室、日講體育、以備戰爭、文事無多、但歌詩鼓琴、取其能鼓舞勇敢者也、三十受室、歸家有定期、六十始脫兵籍、婦女亦講體育、爲其生育子女、氣壯心雄、且如男子、好顯其勇敢耐勞之志、能捐棄其子、爲國舍生而不悔也、觀以上所論、或有以之爲善者、然此等生活、究無人生之樂、夫仁德之人自樂其生、亦欲天下之人共樂其生、而司怕他人以一身爲戰爭之具、志在殺害擄掠耳、彼之所樂、人之所憂也、故其他希臘人之文字造作、皆有可觀、而司怕他人之才藝、無可傳述、雅典之聖賢、可爲萬世之師表、而司怕他僅有數人稍越庸衆而已、其立法森嚴、雖免內亂而勝外敵、然於倫常之道、大有所缺、其人多驕慢殘刻、辜恩妒功、且賣親賣友、至有受賂賣國者、總之此等政治、似益

實損、可爲萬國前車之鑒也、

第三章　論雅典之政治

十四雅典先年之政治　按雅典古傳云、自雅典王叩德魯斯爲國捐軀時、（約在耶穌前一千餘年）其子不稱王而稱阿堪、（即君王之意）下傳三百餘年、改阿堪傳襲之制、由貴族中選舉、職任限以十年、至耶穌前六百八十三年、又改舊制、選舉阿堪九人、職任以一年爲限、按九人之責任、一總庶務、二主祭祀、三治軍旅、其餘六人則司守律折獄之事、於此數百年間、雅典全地之人、分爲三等、一貴族、皆希臘原族之人、一山地農人、一平原農人、貴族執掌大權、境內之田地、多爲其圈佔、農人代爲耕種、逼納重賦、或遇凶年、或因他故、不能如數交納者、則稱貸於富豪之家、加以重息、倘至期不償債、主得鬻其身以抵其欵、蓋定律行律、皆由貴族任意起滅、故得肆其强霸也、平原之土地稍美、濱海者且可捕魚、雖納重賦、尚可貧苦度生、至於山地之人、土田磽薄、雖可養牲、其貧苦爲尤甚、當時貴族專橫、人民愁怨、貴族等亦恐激成禍變、乃於六百二十一年、請著名貴族德拉叩、宣明律例、併選舉五十一人爲讞員、凡訟獄之事、皆依律科斷、按德拉叩所宣之律、仍多殘酷、然此乃由先代所傳、非德拉叩所創也、越數年、有西蘭者、見人民仍遭塗毒、欲乘機攫雅典大權、乃慫慂愚氓、約與同叛、遂與其親附之黨、據一營寨、而人民終悚貴族之威、未有應之者、西蘭糧盡援絶、知事不成、隻身逃竄、其黨逃匿神壇、欲藉聖地冀全生命、而貴族仍執而殺之、其亂乃定、

十五所倫修改政制　雅典經此騷動、遂於耶穌前五百九十四年、請阿堪所倫修改政制、冀免變亂而歸和平、夫所倫者、世家子也、貿易於外、經歷既多、見聞益廣、且曾爲國立有戰功、雅典人皆

仰慕之其所修之政制如下凡負債鬻爲奴者、盡爲釋放負公債者、概行蠲免負私債者、免息緩期久典之地歸原主一家之田有定額又將通國之人民準地產之多寡分爲四級一曰大業二曰中業三曰次業四曰又次業陸兵與兵費由一二三級所出戰艦之櫂手則第四級人充之尊職由第一級中選舉微職由二三級中選舉不似先代之官爵皆出於貴族也阿堪九人爲民會選舉主治國事任滿後若無過失則入亞畧巴古臬憲會此會所司者乃按察百官俾其遵循法律凡謀逆大故皆歸此會辦理又有上議會會員四百人皆由第一級中掣簽而得此職其任限以一年凡民會應辦之事皆由此會指示民會則各級之人皆可入之酌商國事選舉百官以及考察官吏之政皆屬焉又有民讞局人無定額亦由各級之人年三十以上者掣簽而得此任臬憲會所擬定者倘有不平可控之於此會其他尙有應辦之事不具錄此所倫修改雅典政制之大畧也其於舊制非盡廢棄乃因革損益以成此新章雖權要仍握於貴族而總權則歸於百姓由是雅典之民權漸增而其權勢遂超越於他城名望傳流於後世矣

十六派司他徒父子爲雅典霸主　所倫修改之政制主治之權多歸於民故貴族不悅山地之人因未副土地均分之望亦不悅惟平原之人債務豁免度生稍裕其心少慰焉按傳言云所倫定制後遨遊國外有十年之久蓋徐觀其所改之政制行之如何耳此後多年雖遵此制而行然常有結黨紛爭之事至耶穌前五百六十年貴族派司他徒出焉機謀深遠收取民心爲山地農人之首領凡窮困者負債者避私仇者皆歸附之他黨與之相爭逐於城外者凡二次後旋歸賴其

服從之人、攻勝他黨、至五百四十五年、遂攫雅典大權、十有八年焉、似此霸王執政、宜於所倫之政制、大有妨害矣、乃反有益者、蓋當數黨擾攘之時、若任其下流不返、所倫之政制、不將踐踏無遺乎、而派司他徒雖以霸道奪取國權、仍保守所倫之政制、令百姓各安其業、各遂其生也、按雅典人之技藝、甲於天下、如建宮室、設橋梁、以及鐫石繪畫等事、皆由派司他徒多所開啟也、派司他徒歿、其子赫皮阿嗣位、施行善政、亦如其父、約十數年、因其弟爲仇家所刺、遂生忿恨、虐待人民、貴族盈司提尼、會合同黨、並藉司怕他人之助、將赫皮阿逐出城外、而霸王之權勢消滅矣、

十七盈司提尼修改政制以增民權　霸王赫皮阿之權既廢、而結黨之風復熾、一黨欲廢棄所倫之政制、一黨欲保全之、貴黨求司怕他之助、以攻民黨、終爲民黨所敗、於是請盈司提尼、重修政制、盈司提尼以爲欲增民權、必許外族人入籍、當時雅典之商務、已有起色、外族人貿易於雅典者、約有數萬、爲奴被釋者、亦有數萬、由是皆入雅典籍矣、按所倫之政制、尊爵仍貴族爲之、盈司提尼定立新章、聯絡各等人民、以防先年結黨之患、將亞該亞分爲三十郡、雅典附近之地爲十郡、平原濱海之地爲十郡、山地爲十郡、又將三十郡之民、分爲十族、每族兼有雅典平原山地之一郡、蓋將先年分黨者、合而爲一、欲有所謀、必和衷共濟、方能如願而成也、所倫所立之上議會、原額四百人、惟大業者入之、盈司提尼易會員之數爲五百、無論尊卑、皆可入會、每族選舉五十人、仍限以一年、此乃使諸等之民、能有職任、且無尊卑之分、以防結黨生亂也、按希臘先年之規、諸族各有神壇、依時獻祭、以求保護本族、今所分之十族、並非原族、乃强行牽合者、故保原族之

神壇、彼此各不相認、乃舉先年豪傑有功德者、特立新壇、且於雅典大市中立其像以表揚之、所立之民讞局、其原亦必由十族平均選舉、而數萬外族人與數萬爲奴被釋之人、皆與貴族同列、民權大增矣、又定奇異之例、若有成黨之事、人民見某某所行、與衆有損、即可將其人發遣十年、然必經民會議定、不明指其爲誰、聽諸民各隨己見、書其名於片紙、投於官設匭中、一人之名、盈六千者、則發遣矣、自所倫定制以來、八十年間、結黨紛爭、層見疊出、其制幾於廢墮、此例乃預防巧詐之人、增己權勢、以攬國權也、按此例初行之時、於政治固多裨益、後因民會辦理不善、反啟攻訐之機、久之其損愈多、其例遂廢、又定兵餉之制、各族出兵、籌餉若干、預備戰艦若干、各族選立將帥、以統本族之兵、及戰爭時、各將帥輪日而爲統帥、各郡亦立有民會、凡本族之事、不關重大者、本會皆能酌定、此盈司替尼所定政制之大略也、

十八盈司替尼政制之結果　盈司替尼既定新制、未數年與波斯之血戰起焉、希臘諸城、併力拒敵、得保自主之權勢、當此數十年戰爭之時、民會雖仍酌商事務、而以所關甚重、不敢率爾自專、多隨從亞略巴古會之指示、於是亞略巴古會之權日增、其所立之將帥十員、權勢亦由之日盛焉、希臘聯城之戰波斯也、雅典爲盟主、獲勝之榮名、多歸於雅典、蓋水軍屢戰屢勝、乃因雅典人充當水師、或櫂手、不論尊卑貧富、同心協力以攻敵也、耶穌前四百七十七年、著名之貴族阿司太底、於民會中舉意、阿堪之位、凡在雅典民籍者、皆可舉立、民會如其所舉而定、至四百六十二年、民會因亞略巴古會權勢過重、定議將此會所議之事、分撥他會、此後凡重大之權、皆歸民會

矣、於此數十年中、不但雅典之戰功彰著、其文學才藝、亦大振興、名譽特著者、乃培利盈也、按培利盈乃世家子、除阿堪外、歷任諸等尊爵、因思欲增雅典權勢、必開啟民智、俾皆成爲有用之才、故以公欵令靈明之人在戲園演說古代忠義節烈之事、苦樂悲傷、莫不形容盡致、令民隨意往觀、感其情、作其氣、益其心思、廣其見聞、而能承當重任也、先年爲軍士者、爲會員者、皆無薪俸、培利盈特給與之、蓋欲無論貧富、皆能盡忠爲國也、因而民心大悅、政令典章、莫不風行草偃、承順不違、雅典之景況、亦因之通順焉、特是謀算未精、不能預籌身後、及其死也、繼起無人、結黨之風復熾、假薪俸以溺晏安、遂貽誤對國之義務、或貪賄賂、或喜諂諛、受誘惑、縱私情、其弊有不可勝言者矣、前言雅典侵漁聯城之兵餉、以爲建築之用、蓋即培利盈所爲也、雖皆宏麗壯觀、見之者皆稱奇異、然人民因之傲慢、重己輕人、終失聯城之輔助、亦失自治之能力也、年復一年、政制漸即紊亂、遂歸馬其頓王之權下矣、嗚呼、雅典之敗、固外敵敗之也、實內敵敗之也、有國家者、可不戒哉、

第四章　論羅馬之政治

十九羅馬之發源　羅馬事蹟與近今泰西諸國所關甚大蓋諸國敎化法律言語多因羅馬之敎化法律言語損益而成即古猶太敬畏眞宰之道希臘文學技藝之美均籍羅馬廣傳於天下譬諸大湖承受江河之水復又分支別派流入遠方以潤澤田地故歐洲猛悍狄族受羅馬敎化漸成文明之國者不少也考羅馬之發源雖多與希臘相似而其後之變化則多有不同蓋希臘諸城邑時合時分未能聯合爲一而羅馬於所併之城邑必令遵守其法律不但以大利土股之諸族諸城與附近地中海之大地漸次聽從其命即泰西有敎化之邦夷狄之族無不始終聽命焉○按羅馬之開發後於希臘數百年耶穌前三百九十年羅馬城被嘎喇狄族毀滅典籍碑文咸遭兵燹先代之事蹟多無可徵吾人所知者僅大綱大目而已約七八百年間以大利土股之北平原爲嘎喇人所據夫嘎喇一族與希臘羅馬皆阿利安族之分派也中以大利之地爲伊徒司堪人所據此族之原由不能確知有城十二各理其政而互相聯合識者考察該處之踪跡則知此族先代之權勢甚大其語言文字與希臘羅馬迥不相同掌權之王兼祭司之職其拜神之心多出於畏懼羅馬祈求神兆實由伊徒司堪人之習染也此族之人能造舟楫精於商賈多由地中海與他族交易又善建築其遺趾至今猶有存者並善鑄銅鐵之器工雕刻之術羅馬人多得其師資焉更有拉典族人居於太比耳河南之地有城三十互相聯絡羅馬之語言文字皆本乎此是乃羅馬第一之根柢也又有撒賓族人居於拉典東之山地此族人樸實勇敢勤儉度日約

耶穌前七百五十年、拉典人建築羅馬城、其權勢漸盛於他城、溯其興盛之由、半因戰爭獲勝、半因與他族立聯合之約也、至六百年、伊徒司堪、拉典、撒賓三族人已合爲一國、其後權勢愈增、愈大土地愈拓愈廣、下傳約八百餘年、凡附近諸國、漸歸其權下矣、

二十古羅馬之政治　羅馬開創之初、其政治與古希臘相似、惟希臘之王、父子相傳、羅馬之王、由於選舉、其所秉之權、最要者有三、曰祭司、曰總師、曰臬憲、庶民分爲各族、族分各支、支分各家、其後漸即興盛、附近之外族人、多有歸其權下者、雖未歸入原族、而羅馬則以國民視之、許入民會、但無舉權耳、其耆老會亦與希臘相似、聽王之招集、以議國政、如定律立約宣戰講和等事、王又能招集庶民會、貴族庶民皆可赴會、聚集時、耆老居首位、陳明應辦之事、貴族僅加可否、不許參議、庶民則默聽之而已、○約耶穌前五百五十年、有色危烏特利烏者、羅馬著名之王也、當時羅馬之權勢漸增、他族之人由四方來歸者甚衆、遂欲定擬新章、以增兵額而壯國勢、於是無論原族外族、或尊或卑、皆按其財產之多寡、分爲五等、以定充兵助餉之規、第一等備步兵八千、馬兵一千八百、第二三四每等備步兵二千、第五等因人數衆多、備步兵三千、每等之兵費、皆自行籌措、其不列等者、亦宜出人五百、凡工作或軍樂、皆此類人爲之、男子十七歲以上、至五十歲以下、皆入兵籍、軍士分爲二等、年長者居守、少壯者戰爭、又將羅馬城附近之土地、分爲四區、每區名爲一族、四區外之城邑、亦分爲區、以其便於調度也、爲軍士者、一聞角聲、皆聚城外之操場、或訓練、或備戰、或議國事、習行既久、遂漸成爲軍會、權勢代增、以至舉官定律、宣戰講和諸大端、此會

皆能舉意也、

二十一廢國王立執政　耶穌前五百九年、他盈尼烏多行暴虐、國人廢之、立執政二人、同理國政、其任則以一年爲限、如爲耆老會所敬服、解任後、可舉爲某屬邦之方伯、在選立之時、雖由軍會所舉、亦宜民會悅服、其主治之權、二人相等、國家之政令、必意見相合、方能定議、且能招集耆老會、聚集時、則居首位、以指點所議之事、既經耆老會議定、則由執政施行、倘遇戰爭、執政即爲總帥、有無限之權、惟於治民之事、雖經執政擬定、庶民會能阻止之也、若當國家危急之時、執政可選舉一人爲總統、必須耆老會允準、則予以獨斷之權、其任以六月爲限、羅馬之王政雖廢、而民政未興、貴族富家、猶握舉事定議之權、庶民聽之而已、軍會之權、亦爲貴族富家所掌、耆老會之人員、乃貴族中之尤貴者也、爲庶民者、但承奉遵從、無殊奴隸焉、

二十二耆老會　耆老會乃羅馬最著名有權之會也、自王政之初、至帝政之末、此會未嘗廢替、創會之初、其人數約三百、後則約增爲六百、選舉入會人員、初則由於國王、繼則由於執政、其後改訂法律、若耆老會乏人、則由總憲（見下二十六節）舉立、但須曾任五等尊職者、乃能與選、其權無限、軍民二會所擬之事、若非耆老會悅服、則不能施行、凡徵收支用、與交際他國、選派方伯、廢立武職、以及宣戰、講和、立約等事、皆由此會擬定、他會則聚散有時、此會則恒與國事也、凡大員之職任、皆有年限、此會之員、則終身在職、且曾經歷重任、諳練者多、諸等祭神之事、亦爲此會主理、在後代羅馬之職任律例、多所變更、惟耆老會則少有變更、始終執掌大權也、近代泰西諸國之議院、皆

仿羅馬之耆老會而損益之焉、

二十三貴族壓制庶民　羅馬之政治、雖經修改、兵額加多、國勢亦盛、而庶民受貴族之壓制、仍多困苦、蓋羅馬之律例、庶民有田業者、方能列名於族譜、入民會而有舉權也、夫羅馬兼併他國、疆域漸開、凡所得之土地、名曰公田、似宜以公平之法相分矣、乃有職任者在民會者在軍會者、皆係貴族、偏袒徇情、遂將公田瓜分以肥己、庶民仍艱窘如常、按舊日之規、凡荒田草野、庶民得牧牲畜、今貴族亦將此地瓜分、各樹藩籬、不許庶民攔入、且連歲戰爭、少壯者一經選派、即入兵籍、以致家中之老弱畜養無資、及限滿旋歸、有家人離散、廬舍爲墟者、有重債難償、鬻身爲奴者、等等苦情、筆難盡述、如此則富者益富、貧者益貧、惟羅馬京都、凡貿易工作、咸集於此、故豐富異常焉、上言特利烏使五等人充兵助餉、其土地開拓也、乃因庶民寄身鋒鏑、敵愾同仇、而貴族則獨享其利、但侈豪華、不恤民隱、是以羣相謗讟、積忿益深、變亂由此而起矣、

二十四庶民抵拒貴族　耶穌前四百九十四年、羅馬大軍戰勝法勒賽狄族、凱旋時、請其將帥赴耆老會、陳訴苦況、更求改訂法律、俾爲官者不得虐民、將帥許之、耆老置若罔聞、於是諸軍執器械、去羅馬屯據附近一山、聲言自立城邑、得自由之主權、耆老會見其勢大難與爭鋒、不得已、允其所請、於神前設誓立約、按所立之約、窮民負債者免之、爲奴者釋之、最要者、許自平民中選二人爲民政司、有保民之權、受屈抑者、無論晨昏、皆可徑行申訴、若有欺辱此二員者、即定此人爲法外、人人得而誅之、論此司之權、雖未定其邊限、然假諸民之勢力、其權日增、定讞之權、亦漸爲

所攬、凡罰鍰下獄、甚至定人死刑、皆能主理、由是設立新會、名曰衆民會、民政司能招集之、酌議關係庶民之事、後則民權加增、此會所擬者、耆老會不敢置而不顧也、如此政治、庶民雖不似先年之困苦、而猶未大得其利益、蓋貴族仍掌國權、公田在其掌握、庶民不過有田十數畝、差足餬口而已、後數十年、民政司屢在貴族前訴庶民之苦況、求所以益於民者、耆老會遂定數條有益之律、而民困稍甦矣、按先代之法律、未有明文、多由歷代聽斷沿習而成、且牽涉拜神之規、蓋以諸神能指示人判斷之事也、於是折獄之官、任意出入、未免舞弊徇私、庶民受冤抑者、無所控訴、民政司約十年之久、屢迫貴族、宣示法律、俾衆周知、在四百五十一年、庶民貴族、互相推讓、庶民許裁撤民政司二人、貴族亦許裁撤執政二人、遂選舉才智明通者十員、編纂法律、宣示於民、限以一年、且於此一年中、使之總理通國之權、期滿、制定銅板十、鏤法律於其上、立於通衢、因此工未竣、更舉十人、以代其職、仍以一年爲限、期滿、又增銅板二、當後十人之被舉也、中有貴族、名革老丢阿皮烏者、乃前十人中而留任者也、斯人不良、至期滿時、慫恿同人、僞謂其工未竟、不肯解職、蓋欲專執國權、以遂其私、變亂又因之而起矣、

二十五庶民再抵拒貴族　革老丢倡率同僚九人、恣行殘暴、貴族與庶民、皆岌岌可危、朝不保夕、於是庶民大相悚動、仍去羅馬、決意與貴族相分立自主之國、（時在耶穌前四百五十年）貴族因銜怨已深、亦大相鼓譟、此十人見衆怒難犯、遂辭厥位、退離羅馬、自放於遠方者八人、革老丢與其同寮一人被囚於獄、憂憤自盡而死、貴族乃與庶民訂立相和之約、仍選立執政二人、民政司二人、自此民政

司之權益大、能入耆老會、聽其議論、所擬者若不合己意、能諫阻之、最要者、乃定擬律例、使諸族之人無論尊卑貴賤、成爲一會、名曰族會、其權與軍會同、雖亦有貴族、而庶民勢大人繁、所定擬者多洽輿情、未數年、其權越於軍會、能與耆老會同議國政矣、○上言羅馬之法律、立銅板於通衢、實與後代之法律民風、大有裨益、先年之貴族、視平民如犬馬、可驅役之以增勢力、未有親近之、視爲同儕者、今之法律、貴族平民無分、守法行善、共被其恩、犯法爲非、同受其罰、歧異之見稍釋矣、按銅板所鐫之律、讞員受賄枉法者死、謗言妄證者死、家長虐待家人者罪之、且言喪葬稱家之有無、不可奢侈、後世刪改法律、須一視同仁、不可偏袒、至於庶民接交往來之係、茲不具述、

○羅馬連歲戰爭、與其政治大有關涉、庶民之權勢漸增、亦由於此、按羅馬之立國、與希臘不同、蓋希臘諸城、立於山陬、有可恃之勢、羅馬都城、立於平原、無可憑之險、若與附近之諸城諸族、競勝爭存、非進攻退守、必爲他人所兼併、於是練兵講武、侵伐各國、始而以大利全地、繼而西西利全島、以及喀頹基、並附近地中海之多國多族、盡爲所併、如此之戰勝攻取、實賴軍卒之摧鋒陷陣、猛勇爭先、爲軍士者、皆係庶民、恃此戰功、故能與貴族相抗、久之權勢與貴族相侔矣、

二十六庶民貴族因職位相爭　耶穌前四百四十五年、族會舉意容平民與貴族結婚、耆老會不敢抗拒、遂允所議、按先代祭司所言、凡親近諸神、祈求神兆、以至尊位顯職、必屬貴族、方能預選、今所定之律、如闢貴族閉而不納之門、俾平民得入、而無畛域之分也、族會又迫耆老會、特立新律、每年耆老會、或仍選執政二人、或不選執政、則選軍政司六人、此六人中、平民可預其選、耆老

會允之、而貴族巧詐頻生、或平民入選時、則謂有弊端、或祭司僞託神兆、則謂之不吉、以故六十年之久、雖屢選軍政司、無一平民得莅其位者、貴族又用巧詐以減庶民之權、若遇某職不能不舉庶民、則分其職中所應辦者、另派他人主理、至四百四十三年、耆老會定議每五年選立總憲二人、予以大權、以主通國之公是公非、並能裁撤耆老會人員而另補、即出入庫欵各等工作皆歸其主理、至三百七十七年、民政司來西尼烏西可替烏在耆老會中舉新律數條、一裁撤軍政司、仍按先年之律立執政二人、其一人必自平民中選舉、二掌神書之二祭司宜增至十人、半由平民中選舉、三一家之田以五百注革拉（約中國十六頃）爲限、牛以一百、羊以五百爲限、四不可專以奴輩耕田、亦當僱覓自主之氓、五先年負債者、以所入之利抵本、不足者則分年償還、耆老會與之牴牾爭辯十年、不得已、耆老會始允所舉、世稱來西尼烏之律是也、自此而後、民權歷代增加、尊位多由庶民中選舉矣、

二十七　羅馬行政於以大利及其屬邦

以大利諸族之人、漸歸羅馬權下、其言語政治、仍多自主、統計其民、約分三等、一在羅馬籍者、二在拉典籍者、三稱友邦者、在羅馬籍之民族分三十有居於羅馬與附近之地者、有因派爲駐防而散居於以大利之諸城者、亦有特恩賜入羅馬籍者、此等人皆可入族會、酌商國政、在拉典籍之民、居於羅馬附近各城、雖亦爲羅馬之民、然須身登仕版、移居於羅馬城、方與羅馬籍之人無異、夫所稱爲友邦者、於羅馬拉典之外、以大利全地之民、皆括其中、內政多自行主理、受羅馬之保護、不入族會、亦無舉權、祇在爭戰時出兵備餉而已、凡

鑛產森林貿易造作、羅馬均取其稅名爲友邦實爲藩屬矣、○羅馬在數百年中旣兼倂以大利全地又閱數百年附近地中海之土地亦隸其版圖如此之蠶食鯨吞其主治之法隨時論勢初無一定之規模當戰爭之初有敢抗拒且爲勁敵者、則必派兵防守以軍律治之若聞風降服則令其自主取其賦稅而已爲日旣久屬邦加多治理之規漸歸一律耆老會選舉方伯主治屬邦約以一年爲限且派參贊一員主理徵收之事方伯之權無限其政令之仁暴視其爲人如何耳、論此世代之羅馬人貪權好利爲方伯者不免受賄徇私判斷之事多不公允或與參贊通同舞弊浮收賦稅彼此侵漁即任滿歸國被人控告有爲耆老會定罪者亦有自發貪囊廣行賄賂遂得末減或定爲無罪者按治屬邦之政雖多弊端然較末屬羅馬以前尚爲平允蓋爲方伯者皆明通國律雖徇私受賄亦必顧惜身家保全名譽不敢顯然作慝也

二十八民政之衰　數百年間庶民與貴族互相爭權雖國中諸會庶民得爲會員且能居高位以承重任而民衆之景況仍多拘束其心猶未安帖蓋貴族庶民之爭漸息而富民貧民之黨漸生富民之居高位者虐待人民與貴族之昔日無異且歷代戰爭不息羅馬本族之民有戰歿於陣者亦有駐防於外者而羅馬與以大利諸處多有外族被擄爲奴之人居之或爲吏役或爲蒙師或掘鑛耕田亦或有貿易致富得以贖身者勤勞有功爲主釋放者久之得入羅馬民籍與原籍之人互爲婚媾遂至種類混淆性情改變矣按羅馬之先代多有鄉井之人土地無多自食其力今則大地皆爲富家侵佔使其奴代爲耕種人民已無謀生之路加之屬邦之糧糶入以大利者

其值甚廉、則境內之田、易而爲牧畜之塲、人民之生計愈窘、每依傍豪富之家、以求溫飽、因庶民皆有舉官之權、覬覦職位者、必先要結民心、或設盛筵與之宴樂、或開戲塲使之游觀、甚至通餽遺行賄賂、蓋欲得其歡心、冀其舉己爲庶民者、旣無正業之可圖、只顧目前之快樂而已、斯時也、羅馬城中富庶異常、四方豪富之家、多移居於羅馬、居外官者、任滿而歸、宦囊充牣、亦必居於羅馬、且其奢侈性成、豪華自喜、城中之甲第宏麗壯觀、城外之別墅清幽爽闓、飲食若流、僕從如雨、其揮霍有不可勝言者、大家之豪侈如此、庶民之景況如彼、而變亂之機已伏矣、至耶穌前一百三十三年、民政司已增至十人、內有嘎庫替比留者、見人民苦況、力廹貴族、修改國律、欲將所佔之公田、分給於民、使之得養身家、以免寄人籬下、情同乞丐、失其爲人之尊自主之志也、於是貴族大譁、互相慫恿、將嘎庫與其同黨數百人、盡行殺死、及嘎庫之弟開烏爲民政司、繼其兄志、仍廹貴族定有益於民之律、民會中遂定擬數條、但條例中庶民之益愈大、貴族之忿愈深、由是兩相械鬥、開烏亦於亂中被殺、此後庶民與貴族、變亂頻生、兩黨之人、道德漸失、政治日紊、但求一己之益、毫無愛國之心、於是豪傑乘機而起、承攬大權也、

二十九民政變爲帝政　羅馬兩黨、互相殺戮、民政漸變爲帝政矣、其改革之由、一因中農之土地、漸爲富家所奪、二因民衆仰給於富家、失其卓然之志、三因庶民與貴族迭生變亂、四因該撒戰勝諸敵、稱爲總統、實有帝王之權、自耶穌前八十八年、有著名之將帥二人、一名瑪利烏、久統兵在外、多立戰功、得舉爲執政者凡有七次、乃貧黨中有才能之首領也、一名色拉、貴族之裔也、亦

嘗舉爲執政、多有戰功、乃富黨中有才能之首領也、二人既屬二黨、且皆好勝爭强、遂心生嫉忿、有不兩立之勢焉、當色拉整兵將攻本都王之時、先攻瑪利烏黨、瑪利烏倉猝不能拒敵、逃遁於外、及色拉進抵希臘與本都王對壘、瑪利烏乘機回國、大戮色拉黨、凡耆老人員富豪之家屠戮甚衆、色拉凱旋、瑪利烏已死、遂與其黨大戰獲勝、耆老會立之爲總統、於是大肆殘暴、凡耆老會員貴族之家附從貧黨者、縱其軍士恣行殺掠、越三年、辭總統之位、恣其淫樂、未幾得疾而死、斯時有喀蘇判皮烏該撒三人者、協謀欲攬羅馬大權、立約相助、分理國政、喀蘇無甚才能、豐富冠乎羅馬、曾大設盛筵、延請羅馬通城之人、亦曾分糧濟衆、足敷三月之用、後任叙利亞之方伯、爲怕提亞狄族所敗、被刺而死、判皮烏者、羅馬著名之將帥也、其戰功最著者、乃將地中海東諸島中之海寇、全行勦滅、地中海之商船往來無恐者、判皮烏之力也、該撒者大家之裔也、少年從軍、其勇敢謀猷、已於斯時而顯、其大才大能尚未昭著、至耶穌前五十九年、舉爲執政、任滿、選爲嘎喇之方伯、經營八年、蠻疆悉平、聲名遠播、權勢日增、耆老會員嫉之、判皮烏亦嫉其聲勢越己、遂使耆老會定議、撤其兵權、召回羅馬、該撒識其機謀、帥兵南下、近逼以大利、判皮烏倉皇出奔、遁入希臘、該撒並不追擊、先至羅馬、二月之間、以大利全地之人、盡皆降服、乃西征判皮烏兵之在西班牙者、大破之、聞判皮烏在希臘聚合大軍、遂東征、戰於法撒路、大獲全勝、判皮烏奔伊及、伊及王畏該撒之權勢、遂殺之、更攻敗在亞非利加北境判皮烏之餘黨、諸敵悉平、使耆老會諸臣工、仍其舊自爲總統、凡所鑄之錢、印以己像、自此羅馬大權、盡歸該撒矣、然雖以兵力取勝、甚願施行善政、使人共樂太平、其所定之章、如洩積水之區、以便耕種、開太比耳之河、以利通商、設立書局、俾愚蒙開其智、刪訂國律、使訟獄得其平、惜有志未逮、在耆老會被貴族刺殺、羅馬之變亂又起矣、

三十該撒奧古士督得操國權　自該撒被刺後、十餘年間、亂事不已、至耶穌前四十三年、有安透尼阿他危烏雷皮督三人者、復立相助之約、分掌國權、安透尼者、該撒第一有才能之部將也、志向高遠、欲繼該撒之位、獨掌國權、阿他危烏者、該撒之養子也、年未及冠、而才高志大、堅忍有爲、若雷皮督者、無甚才能、只爲二人之輔助而已、三人暗謀、凡耆老會員貴族富家與之不合、或猜忌者、皆暗記其名、使其黨刺殺之、當時之被害者、約數千人、大有辯才之西西柔、亦被其害、初該撒之被刺也、布徒喀西烏實爲首謀、懼罪而逃於希臘之地、招集兵馬、將與三人爲敵、在四十二年、安透尼與阿他危烏率大軍攻之、戰於腓利比、布徒喀西烏之軍大敗、勢窮力盡、自刎而死、其後三人分治全地、安透尼領東方、阿他危烏領西方、雷皮督領亞非利加、越數年、安透尼阿他危烏因雷皮督懦弱無能、逐於約外、其土地、爲阿他危烏所奪、安透尼之妻、阿他危烏之姊妹也、及安透尼往居亞利山大城、與伊及女王盛歐帕他私通、遂棄其妻、淫侈無度、安透尼之聲名墮落、阿他危烏之聲名愈著矣、耆老會迎合阿他危烏之意、遂革安透尼之位、遣阿他危烏率水軍攻之、安透尼雖有伊及之助、仍爲所敗、與盛歐帕他逃往伊及、阿他危烏督師追躡、二人見無生路、皆自盡而死、羅馬之大權、統歸阿他危烏矣、按阿他危烏之治羅馬也、於昔日之政治、雖多有改

革而耆老會舉官定律之權則仍其舊聚集時已亦入會議事與諸會員似無上下之分知國人不與帝政但使人稱爲奧古士督（尊崇之意）終身承當執政總統大祭司等職雖謂爲民政之國而獨握大權與帝政無異矣奧古士督之在位也土地開拓文學振興才人輩出民生暢遂當此世代羅馬大有榮光也

三十一帝政之變通　上言民政既變爲帝政矣然民政之外式猶仍其舊蓋民雖失自主之實仍好自主之名也自奧古士督而後才能之君輩出以致帝權日盛國政皆在皇帝掌握雖庶民仍有舉官之權耆老會仍有定律行政之權而所舉之官必爲皇帝所允許所定之律所行之政亦必視皇帝之意向耆老會員之舉措皆在皇帝之一言惟折獄之事則不甚干預也政治既如此變更不能不增設官員以任其事如設立京尹助理民事若皇帝巡幸則爲留守又招募親軍設立統領又於國庫外增設內庫派員掌管並於以大利及各屬邦派員徵取內庫之欵漸而設立內閣凡國中政務皇帝與閣臣酌商之耆老會之舉意多由內閣之指示所出之示諭亦由內閣之擬定也按先代之民政弊端甚多故變亂迭起今則變爲帝政民生暢遂故國內稍覺安謐且於屬邦多有裨益先年耆老會所派理藩之大臣其吏役率皆貪蠹今變爲帝政爲君者恐屬邦窮困激成禍端且於庫欵多所虧欠故禁止貪賄虐民當時屬邦大臣或皇帝特派或耆老會選派皇帝所派者既不許貪婪耆老會亦必迎合帝意不敢濫行選派也帝政既立之後屬邦之望族與富家漸移居於羅馬多舉爲耆老會員伊等既生於屬邦其風土人情多所諳悉耆老會得

其輔助、所定之律、所行之政、多於屬邦有益、蓋羅馬有如元首、屬邦乃其肢體、先年之羅馬但知以肢體養元首、不知以元首輔肢體、帝政既立、漸知元首肢體如一、則元首自相安矣、先年數帝、因其才德兼優、雖爲羅馬人、亦能顧恤屬邦、其後如生於西班牙之他乍奴、原籍在西班牙之赫地安、奥利利烏、生於大瑪太之代歐盈西安、叙利亞之祭司伊拉嘎比路他、雷西之農人瑪西買奴之數帝者、因其生長屬邦、尤能體卹周全、使之多有裨益也、

三十二仝上　當民政之時、居高位者爲庶民選舉、無傳子之例、自該撒、如利烏、與奥古士督、執掌大權、均藉兵力而變爲帝政、故皇帝既歿、新君雖仍爲耆老會所舉、然必迎合軍士之意、按先代之軍士、乃羅馬民籍之人、其後羅馬之疆界日拓、各地駐防之兵加多、常由屬邦招募、亦認爲羅馬民籍之人、爲皇帝者、雖爲軍士所立、而軍士要不敢違其意旨、至耶穌後二百年以下、多有蠻夷之族、歸入羅馬軍籍者、强悍之心未改、諸將帥好勝爭强、於是惡習生焉、若皇帝逝世、各軍士多有擁立其帥爲帝者、因而興起戰爭、獲勝者遂得帝位、自耶穌後一百八十年至二百八十四年、歷傳二十四帝、半由被刺而死、國中之變亂、民生之塗炭、可想見矣、及代歐盈西安得即帝位、爲人才智兼優、謀畧深遠、設立新章、欲除此百年中之大弊、最難者乃在治理軍士、革其變亂之性也、遂將羅馬全地分爲四大區、與其友瑪西買奴、各治一方、稱爲奥古士督、東西二區之末平靖者、立嘎利利烏與堪司炭提烏、叩婁司爲副君、使之治理、稱爲該撒、四人各治一區、自主内政、互相輔助、而以代歐盈西安爲首、按代歐盈西安之意、若奥古士督逝世、則該撒繼之、别選一人、

以繼該撒、如是國政不至貽誤、軍士亦不至乘機作亂、及代歐盈西安卒、軍士仍結黨生亂、時堪司炭提烏之子堪司炭聽、已繼其位、遂率部下之兵大戰獲勝、而羅馬大權統歸一人掌握矣、於是廢代歐盈西安之制、派大臣四人治理四區、名曰都統、僅予以治民之權、又派四統帥總領四區之軍、都統所司者、治理人民、統轄方伯、以及錢穀刑名無不歸其主理、其權惟少亞於皇帝耳、四大區中又分十三部、每部有副都統治理、十三部中又分一百十六邦、其主理之官、或方伯、或太守、必學羅馬律法、方得此職、又將四統帥之兵分爲三十五軍、分駐各方、每軍有副帥統領、自此軍權與民權相分、不至有先年之變亂矣、

三十三　仝上　耶穌後三百三十年、堪司炭聽自羅馬遷都於比散替恩、修理城池、建造宫室、更其名曰堪司炭此後羅馬都城、遂爲郡城矣、按先年之羅馬貴族之奴役最多、耕種貿易以及供使令者、皆此等人爲之、有才幹者、或爲塾師、或爲家宰、或爲會計等事、至變爲帝政、皇帝所用之臣宰、亦沿此規、擇有才幹之奴役使之職內閣任度支掌制誥、因所長而授其職、雖所司之事皆國家之重責、因其出身卑賤、羅馬民遂輕其人、並輕其職、而不屑爲、其後因授此位之奴役皆賜入民籍、羅馬民籍之人、亦漸有得躋此位者、羅馬人民始重視而企望之、至堪司炭聽之世、欲尊重其人、始晉以公侯伯子男之顯爵、近今泰西諸國有此尊稱、實堪司炭聽爲之嚆矢也、昔代歐盈西安爲其便於主治、將羅馬分爲四區、自堪司炭聽後百餘年間、羅馬時分時合、終則分爲東西、各理其政、且因教事分裂、人心愈離、兩不相涉、居然二國矣、此後西羅馬歷二百餘年、屢經變亂、

終底滅亡、泰西諸國、於此而建國基焉、東羅馬又名比散替恩國、歷傳一千一百年之久、被土耳其所滅、在一千四百五十三年可知羅馬初爲王政、繼則國權歸於貴族、後貴族平民相爭、國權爲富黨所攫、終則禍亂叢生、變爲帝政、人民不能與聞國政矣、

第五章　論羅馬之法律

三十四古羅馬之法律　泰西諸國教化之原乃由於希羅二國文學理學辯學以及建築繪畫雕刻等術多取法於希臘定擬法律主治國政判斷民事則多取法於羅馬蓋羅馬吞併既多行政亦久其所定之律揆時度勢隨風土察人情故所定擬者較他國最爲完美足使後世治國之人刑名之家悉心究考供其採擇也不但泰西之法律取法於羅馬即今東方諸國取法於泰西者實亦取法於羅馬也則羅馬之法律誠爲萬世之師表矣○自創立羅馬城以後數百年間無成文法律而貴族由其交接往來漸有規模禮節其中多關於敬神主治之事而於平民少有關涉也蓋貴族視平民如土芥不以公理待之平民或有爭訟貴族爲官者斷定其事雖不公允平民亦無能伸訴也按當年羅馬拜神之規與治民之法含混無分蓋以神有主治之權祭司等能宣示神旨以爲治國之本源夫祭司者乃於大臣中選舉數人爲之主理拜神之事並酌定婚娶判斷訟獄其後遂成爲祭司會凡先代之法律可爲政治之準則者必當諳悉隨時隨事曉諭百官俾其行政折獄有所遵循也又有能爲預言者或由神兆或由飛鳥或由祭牲之臟腑以卜吉凶是皆出於貴族握主治之權蓋以其能講解法律宣傳神旨故得行其所欲行止其所欲止也夫羅馬之法律既隱而不宣又假託神旨以爲政治之本無怪殘暴之事層出疊見也

三十五祭司會講解法律　上言平民與貴族相爭選舉十員編輯法律鐫銅板十二立於通衢見上二十四節按此宣示之律不過言刑名之大畧顯明其中之義理而已至今十二銅板已湮沒無存其

三板之文人不得而知其餘尚有能記憶者然亦脫落不全也按詞訟之事呈控提犯傳證會訊定案皆應有一定之規模而銅板均未記載雖宣示於衆仍賴祭司之指點或爲之講解事理或爲之援引舊例始能定讞是銅板之律鈌而不全也雖然羅馬後代完全之律實本於此且羅馬古律之進步與近代不同蓋近代多由君上之曉諭或由國會之定擬羅馬則多由祭司講解銅板中法律之意若有諸等控案須先呈祭司會祭司會飭某官或某貴族察訊然必先示其事理如何其人遂傳證究問按祭司所指示者以判斷之每年祭司會選其中一人擇法律中數條關乎當時之境況者講解其理指明當如何而行讞員或貴族必遵其所講者斷定其事祭司會每年如此講解故人識見開發是非通明法律因之多所進步也

三十六臬憲之責　耶穌前三百六十六年耆老會定議將執政折獄之權裁撤選舉臬憲一人主理蓋恐由平民中選舉之執政者於爭訟之事偏袒平民有妨貴族利益也夫折獄之權既責成臬憲而講解法律指示判斷不止由於祭司會矣其後臬憲之權勢日增於法律之進步大有關涉凡訟獄者須先呈於臬憲臬憲派選一員或數員將此事之理指明或援引舊例使之考察斷定近今太西諸國多於訟獄之事選派十二人爲陪審員臬憲亦先指明理之所在或援引舊例使之察考斷定乃法古羅馬之規也按古羅馬之指示讞員者或指銅板之某條或引先代耆老會之示諭或援先年所定之舊案由是愈進愈精愈推愈廣可知法律之變更非由某會之定擬非由某臬憲之曉諭乃由千萬之詞訟研煉而成者也○按羅馬之先年或所立之某會所設之

某官、各有專司、其後增設新會新官、與舊會舊官或同理其事、亦或新會新官、侵越舊會舊官之職、久之新會新官之權漸重、舊會舊官之權漸微、政治因之而變、茲所立之臬憲、與舊有之祭司、亦若是、已祭司之權、雖多爲臬憲所侵奪、而仍未失主理爭訟之職、其後臬憲之設施、較優於祭司會、而羅馬之法律、因之多有進步焉、夫臬憲講解所訟之事、關係何等法律、當按如何條規、與祭司會所講解者相同、其不同者、乃祭司會之講解、拘於銅板之法、臬憲所講解、雖亦本乎銅板、但隨時勢爲變通、初不泥其原意、故其法律愈爲推擴、與時事多所恰合也、在三百三十七年、定立新章、臬憲之職、許由平民中選舉、此後臬憲之權勢愈增、其所講論與法律之變更、尤爲關切、在臬憲接任之時、必將此年內所主理之要件、或遵先代之成案、或依何法爲準繩、宣報於衆、每年如此、則法律之義、旣層出而不窮、而人衆之心愈形機警、可知羅馬法律之前進、多由於人心開啟明曉、是非漸知天理之所在也、

三十七主外臬憲之職　羅馬自立臬憲之後、約百年、復立臬憲一人、名曰主外臬憲、蓋羅馬之法律、由數族人之風化、酌量而成、且與祭神之禮相貫通、於外族人之風化、多不相合、若以此律斷定外族人之爭訟、彼必以爲不平、而怨尤之、蓋羅馬之疆域漸開、外族之歸服者愈衆、爲工爲商者多輻輳於羅馬、於是更設一主外之臬憲、不但外族人之詞訟、歸其主理、即羅馬人與外族人、或以大利境內此城與彼城之詞訟、亦歸其主理、爲臬憲者、於外邦之法律、以及風土人情、必須究考、雖其景況與羅馬不同、而關乎是非之天理、則存乎其中、本此理以聽斷、庶不至有所乖謬

也當其初設此職也臬憲多爲羅馬法律所囿外族之情形未嘗諳悉故折獄之時每狃於舊規或率爾定擬多不允當迨經歷既多識見愈廣其所判斷者遂覺變通而近乎天理其每年所講解與所宣示者積累既多遂名之曰萬國法律然不可視此法律與萬國公法相同蓋公法所關者乃國與國之交涉此法律所關者乃羅馬屬下之諸邦也可知羅馬之臬憲一內一外世代並行內臬憲之設施多拘於歷代之規外臬憲之設施多究夫事物之理久之內臬憲有所觀感漸變其拘牽亦與公理相近矣上言臬憲之講解較祭司獨能變通故其權勢漸盛至耶穌後一百五十年國家定律令內臬憲亦按外臬憲之規模主理其事此後舊規漸廢而內外臬憲之設施無所差別矣

三十八羅馬屬邦之法律　按羅馬主外臬憲之權僅限於以大利諸城邑而屬邦臬憲之權則在方伯或太守其權之最要者厥有三端一治民之權二行軍之權三審判之權大約各邦之城邑羅馬方伯許其仍按舊規有自主之權惟此城與彼城之民與起爭訟必依羅馬之法律定擬按方伯涖任之時宣報理訟之法與所本之理亦與臬憲涖任時相同歷代既久其所宣報之法及所指明之理於羅馬法律之進步大有關涉上言主外之法律名曰萬國法律希臘理學師之講論於此法律亦大有開發耶穌前一百四十六年羅馬大軍攻敗希臘其土地雖爲羅馬所屬而文學仍未衰頹故當時羅馬之青年人多有於希臘著名之學塾中得其學業者按希臘爲師者好窮物理研求宇內萬物之由來好究是非討論人衆行止之本分且以仁義勇敢忠誠爲最高

尙之德、是乃本乎天理、關乎萬國、且顯著萬人之心者也、羅馬文人學士、多佩服之、認與萬國法律相同、蓋此法律之發明、乃由於究考多國之風化、而取其中之公理、以爲治國安民之準則、能助法律通行者、又有故焉、在先代羅馬之貴族、將羅馬民籍之人、與外族之人、大分畛域、然羅馬之疆界愈拓、外族人爲羅馬軍士者愈多、因立有戰功、遂賜入民籍、由是凡屬羅馬諸族、統爲羅馬之民族矣、入籍者既衆、萬國法律愈能通行、遂成普徧之法律矣、

三十九羅馬之律師　自耶穌前約一百年間、講解法律之人漸興、名曰律師、約四百年之久、習此者愈衆、究考愈精、於法律之前進、大有關涉也、論律師之始興也、初非淵雅之士、所講論者、不過在爭論之事、指陳證據之確妄、析獄之規模、並指明法律之所在、其後希臘之理學漸即通明、且於萬國法律之深意、多所究考、遂於斷定詞訟之事、尤爲精當、於是律師之聲名、愈加顯著、讞員遇有難斷之事、則延之推陳其理、所斷定者、雖未必盡如所論、因其準情度理、亦未嘗不奉之爲矩薙、越數代、或將諸律師所論、彙集成書、其指示講解、不在臬憲以下也、按羅馬民政之末、律師之關係、已肇其端、及變爲帝政、其關係尤重、自奧古士督以後、諸帝選著名之律師、賜以官職、凡詞訟不易斷定者、則使之講解、即理訟之官、亦不敢置若罔聞也、在帝政之時、皇帝日理萬幾、必須諸臣襄助、在二百年中、爲皇帝者、雖仁暴不同、而於刑名一事、率多託於博學宏才之律師、其所講解、俾法律日有進步、愈近乎天理、合乎人情也、

四十編輯法律　上言律師推解法律、著有善效、而效之尤善者、乃將法律編輯成書、列爲總目也、

當臬憲蒞任之初、所講之法律、與所出之示諭、歷年既久、積累愈多、稱爲下傳之示諭、奈頭緒紛亂、毫無定章、若在判斷之時、查一合宜之例、以相比附、殊覺不易、至耶穌後一百二十九年、皇帝赫地安、選派著名律師注利阿奴、令將主內主外之法律、編輯成書、列爲總目、又將屬邦中之詞訟、亦加刪訂、按此編輯、雖屬有益、然歷年之講解或曉諭、仍復堆積無章、至五百二十九年、皇帝遮司替尼安、選派著名律師退玻尼烏、與其僚屬、將法律仍加編輯、約數年始克告成、近代泰西諸國、究考羅馬法律者、莫不以之爲本也、按其書分爲四大類、一曰總綱、乃於先代法律中之詞義、詳加考究、陳明事理如何、即因理之所在、指陳法律如何、二曰簡要、乃推陳歷代皇帝所定之法律如何、三曰條目、乃將總綱簡要二類、縷晰條分、俾人易於檢閱、四曰補遺、乃究考其中遺漏者補葺之、前後矛盾者貫通之、按羅馬呑併多國、雖容自主其內政、久之羅馬法律、傳染於諸城、遂爲普徧之法律、且漸感於外邦、或因交接往來、薰陶漸染、或歐洲諸學塾講解推求、或敎會中之主敎、以之主治敎政、於是羅馬法律、廣布於異邦諸族矣、考歐洲諸國、在立國之初、不但受感於羅馬之法律、且藉聖敎大受感於摩西之法律、蓋編輯羅馬法律、乃在聖教之地、編輯之人、亦屬聖敎之人、其所編輯者、實受感於聖敎之道也、

第六章　論中世代徒炭諸族政治之由

四十一徒炭諸族自治之規模　羅馬權勢振興之時、其疆域北與徒炭（今日耳曼族之總名）毗連、數百年間、羅馬屢侵其境、與之戰爭、在和平之時、亦嘗相貿易交接往來、諸狄族猛悍之性、雖未盡除、亦漸爲風化所濡染、而且多有英勇敢戰之人、歸入羅馬軍籍、立有戰功、亦有由此而躋高位者、考徒炭之原族、亦爲阿利安之一派、教化初開之時、自治之規、與古希臘羅馬相似、亦以一家爲主治聯絡之本、或數十家或數百家成爲一村、皆由一本而生、各舉村長、各主其事、本村若有詞訟、村長必公舉數人與之酌斷、附近之田、皆爲公產、計戶均分、自爲耕種、遇有緊要之事、則歸民會辦理、按各村之民約分三類、一爲自主之民、交接往來、皆屬平等、其中雖有才能之人、富厚之家、仍無高下之判、二爲佃奴、爲主人耕種田園、三爲婢僕、供主人之指使、多有數村或數十村、互相連絡以爲自保之計、若有緊要之事、各村選人在公會中公同商酌、倘與他族起釁、選立將帥、籌備兵餉、皆由此會酌定、所選之將帥、必謀勇兼優之士、其權乃在戰陣之時、非長久任職也、然有將帥著立戰功、才能越衆、必有附和之人爲之黨羽、以冀附鳳攀龍、共圖富貴、主帥亦認之爲腹心、與同飲食起居、伊等亦甘願爲之效死、雖在息兵罷戰之時、伊等四出擄掠、以逞其貪功好勝之心、可知徒炭之順服在上者、與羅馬似同而實異、蓋羅馬以多所磨礪、成爲大國、諸民皆以國爲本、遵從在上者之命、非因其人、乃盡其爲國之分也、徒炭諸族之敬服在上者、不知爲國、乃歸心於攀附之人、倘非多受教化、增其愛國之心、焉能有近代之景況哉、四十二徒炭與羅馬政治並行　自耶穌後四百年以往、羅馬境土、漸爲徒炭狄族所侵據、其於羅馬人民、則以羅馬法律治理、本族之民、仍以本族法律治理、凡侵據之地、或逐其民而取其地、或留其民使爲佃奴、或取其膏腴之地、而以磽薄者仍歸於民、按羅馬之法律、乃由多年敎化研煉而成、遠勝於徒炭之法律、徒炭之王公臣宰、雖未用以治民、初無輕視之心、故爲日既久、則奉爲依歸矣、徒炭諸族、仍容戰敗之民、自主其內政、似出於寬厚之心、然究徒炭先代之制、政治法律、各族不同、本族人若有爭訟之事、則按本族之法律斷定、其寬待羅馬人者、亦本乎先代之制耳、當創立新國之初、在外之規模、仍按徒炭先年之政治、而在內之政治、則按羅馬之規模、久之屬外之政治、漸受羅馬內治之感、亦多有進步矣○徒炭諸王、掌權於羅馬、有敎化之地、習染薰陶、漸識羅馬政治法律之善、至耶穌後四百九十五年、布根地王根垙巴德、選派律師、編輯布根地法律總綱、以治理本族之人、越五年、又選派律師、編輯羅馬法律總綱、以治理屬下之羅馬人、五百六年、危司戞特王第二阿拉利克、亦選派律師、編輯法律、後名爲阿拉利克總目、其後六七百年間、歐洲諸國習羅馬法律者、皆以阿拉利克總目爲根柢也、至五百十一年、阿司戞特王、提歐垙利克、亦編輯羅馬法律總目、可知羅馬之法律、歷代存於徒炭諸國中者、乃由四境之城邑、多持守弗失也、在中世代歐洲諸國、屬外之政治、率由徒炭先代之規模、因革損益而成、而近世代西方諸國之政治法律、又多由中世代諸城邑之法律、因革損益而成也、

四十三封建之規　徒炭諸族、由北而南、漸次侵佔羅馬大地、其來也、皆攜帶眷屬、婢僕、牲畜、輜重、

竊其意、非在擄掠、乃在佔據其地以立國基也、統軍總帥之權、較在故土愈爲增大、蓋先年不過族中主領之一、與他族之主領無異、今則身爲總帥、恃其謀勇以獲勝捷、故在開基之初其權儼若帝王、久之其命令不啻詔勅矣、當徒崁之侵佔羅馬也、雖仍容羅馬民族耕種、而將其土地則計數瓜分、總帥得其大分、僚佐將領以及軍士挨次遞減、此即封建之濫觴也、究其意、乃以大軍侵佔之地、即以軍律主治其民、是耕田之小民、各有其主、農民必遵從官吏、官吏遵從公侯、公侯遵從國王、可知徒崁之新政、乃由舊政損益而成也、按先代某族之民、必聽民會之指揮、今則以軍律主治之、所有之土田、皆視爲王之恩賜、受賜者遞相倚賴、各對其主有當盡之義務、論此政治之大旨、所重者乃在振興軍勢保衛王權耳、若國王徵調軍旅、公侯當按成數備餉出兵、公侯以下亦如之、其後歷代之王、多諭令某公侯、於其屬下之地、自行主治之權、且容其鑄錢幣收賦稅、決詞訟等事、由是公侯之權勢愈爲增加矣、凡受在上之土田者、即以出兵備餉酬報其恩、若公侯物故、雖許其子承襲、究當認爲特恩、必有所貢奉以表其順服之意、當封建之初行也、多有自耕其田之農、但知遵從國王而已、及此風大開、此等農人無所倚賴、不得不將其田歸於有權者之下、冀其護庇、蓋當時之政未平、多有倚強壓弱之事、若無所獲庇、恐受他人之欺凌也、其後帝王、多有將大地分賜於教會、或歸主教、或歸修道院之院長、而主教院長每有將其地託於公侯奈特（西文勇士之稱）者、然亦必聽王之命令出兵備餉也、揆以上之言、可知徒崁之政治、掌權者非在一王、治民者非僅一律、王所約束者、乃在所封之公侯、與其畿內之人民耳、公侯權下之民、獨聽命於公侯以此遞推大都如是衆民不自認爲王民只認爲所屬者之民若其主使之備兵助王固可即使之備兵敵王亦無不可公侯據某方大地即認此地爲己之私產隨意位置初不知此大地乃屬公產其主治之權乃爲求民之益也

四十四封建之規與城邑之關係　徒炭諸族在立國之初多有羅馬所築之城邑在其境內後又增築新城閱數代權勢亦大振與上言城邑之民仍願自主其內政不樂公侯之箝制但某城在某公侯之境內則公侯即視爲屬下之城倘有不服其權者或剿或撫初無定章迨封建之制既定其境內之城邑鮮有不歸其權下者於是諸城邑恐自主之權盡失漸起新規創立各會其會之最有關於風化者乃在工商二會也會中必有會首主治會務必有規條倘有不入會者則不許其製造貿易入會者方以本城之民視之於主治城邑之事得有其分當立會之時商會之權勢獨重工會與之爭權閱數百年此會之權高越於彼會矣論創立諸會之本意原爲保其自主之權免受公侯之壓制其後紛爭內起勝負攸分其壓制之力較公侯爲尤甚至耶穌後一千六七百年間各種機器漸興工人極力抵拒但人終視機器爲有益多樂用之近代雖仍有工商等會與先代大不相侔矣自一千二百年以下諸城邑多有聯盟立約者一爲剿滅水陸盜賊使貿易通暢一爲增其權力禦公侯之壓制聯盟之最大者自波羅海至厄勒貝河約九十餘城罕布革與呂貝克二城爲首其次者約七十餘城多附近來因河臥木司美印司二城爲首在聯盟振興之時其權侔於國家凡鑄錢徵稅備兵立約等事皆能主理至後世公侯之權漸微君王之權

漸盛、因與國政有妨、諸城邑之聯盟、遂歸無有矣、

四十五封建之阻力　按封建之規、國王與公侯等、分治其地、王權不能普行於通國、然有二故、阻隔封建、欲通國之政、歸一王主理焉、其一出於羅馬聖教、其一出於聖羅馬國也、自羅馬民政變爲帝政、聖教漸偏於國內、至堪司炭聽而後、以聖教定爲國教、自耶穌後四百年、羅馬東西分裂、西羅馬之地、漸爲狄族侵佔、不但在舊羅馬境內、大受聖教之感、即羅馬境外之狄族、亦無不受感於是聖教之權、歷代增加、凡王公侯伯、皆有教牧在其左右、主領拜主之事、而主教院長等、各有所授之地、既有土地、則有主治之權、是聖教與封建之規、互相連絡矣、然自始至終、仍遵羅馬大主教爲全會之首、稱爲教父、且以教父之權、由耶穌而來、教父乃耶穌之代身、故當視其位爲聖位、聽其命爲聖命也、教會雖多爲偏風所染、而於野蠻之俗、仍能變化之、令其尊崇在上之權、且治教之法律、多近乎羅馬之法律、而國政遂爲教政所感、願國家政令出於一王、亦如教會之命令出於教父也、可知教會尊崇教父、正與封建之規相反、而爲封建之阻力也○自四百年而後、西羅馬國漸歸泯滅、各國互相戰爭、勝負不一、至喀利美印（自七百六十八年至八百十四年）將西歐大地、多半佔據、在八百年時、前往羅馬、教父爲之施行聖禮、加帝冕於其首、稱爲羅馬皇帝、於是教父輔助喀利美印、以增其勢、喀利美印、亦推尊教父、以增其榮、此後日耳曼諸國、雖仍存封建之規、要必於諸王公中推一盟主、以相連絡、而歷代之爲盟主者、雖賢愚不等、其行政治民、則皆以古羅馬爲法、是國權雖因封建無所統馭、爲盟主者、究未失古羅馬統一之規模、及九百八十七年、法蘭

西公爵喀培爲附近之諸公侯、舉爲盟主、稱之爲王、然當時所轄之土地、只屬彈丸、不及今之法國十分之一、與諸公侯無所軒輊、而其歷代之王、多有才智、善用機謀、或以戰爭、或以立約、或以婚媾、疆宇遂因之而大、啟至後世、與諸強盛之國並駕齊驅矣、今之奥布等國、漸臻強大者、亦若是耳、

四十六歐洲諸國受羅馬法律之感　自耶穌後四百年、至一千餘年間、歐洲新創諸國、權無專屬、法無定章、徒炭之掌國權者、其治本族之民也、多按先代之法律、其治有羅馬教化之民也、則循羅馬之法律、歷代下傳、徒炭人爲羅馬教化所感、其法律亦多爲羅馬法律所感、久之融合爲一矣、上言危司嘎特王第二、阿拉利克編輯法律總目、自法國南境漸傳於北境、又傳於日耳曼英吉利諸國、在六百餘年、危司戞特人掌西班牙之權、重修阿拉利克法律總目、以爲主治之準、自一千一百年以後、諸國學塾多講求羅馬法律、其入於課程、則以以大利爲始、蓋以大利之人民、族類不齊、貿易輻輳、人心活潑、故究考羅馬法律、揆度其義理、而採擇之、以爲交接之準繩、以大利最著名之學堂、曰玻羅那、其中之肄業者、不但本國之生徒、即自他國而來者、亦不下數百人、或數千人、所學之法律、非以阿拉利克法律總目爲正宗、乃以遮司替尼安所編之法律爲正宗、蓋因阿拉利克所編者、缺而不全也、一千二百五十四年、西班牙設立撒拉曼喀學堂、法國之巴利曼皮列歐耳林途路司等學堂、後亦漸次設立、未幾、英吉利日耳曼和蘭亦皆建立學堂、莫不以羅馬法律爲課程、按徒炭先代法律、與古羅馬相等、粗疎狹隘、不數取用、故於羅馬法律、勤加

講求、以求條例精詳、於交易分產審判多合其宜也於是凡有主權者、欲增加權勢、必選明通之律師爲讞員、依羅馬法律、以行審判、蓋羅馬法律、能有裨王權、王亦以其權而行此法律、兩相輔助故能廣行於歐洲各國也、

四十七羅馬法律藉教會廣傳　徒崇諸族、雖戰勝羅馬、分治其地、聖教仍振興於四方、其教政教律約束教中人者、未嘗疎懈、按教會之大旨乃在導引人以虔誠之心、敬奉上帝、然亦有二意存乎其中焉、一栽培幼年子弟、以備教牧之用、一救濟諸等苦難、以行仁愛之心、夫教會既多行善舉、必多假資財以供其用、按徒崇諸族先代之風、財產爲一家公用、不可分析、家長物故、必有承繼而爲家長者、若羅馬法律、其家之財產無論先代之遺留、或一己之購置、皆可聽其自便、至衰老之時、可作遺書言明財產歸於何人、或作何用、由是主教教牧院長於君王侯伯富貴之家、多行勸化、必指陳羅馬先代捐助之規、並講解羅馬關係分產之律、使之捐助以襄善舉、按上所言、羅馬文學之保存、多在教會、王公侯伯、必延請通達之士、以爲輔助、而所請者、教中之教牧居多、或增纂新律、刪改舊律、亦必請教會中之教牧主筆、蓋以教牧多知羅馬法律也、當一千年以下、拉典之文字、爲通行之文字、無論文人之著述、兩國之文牘、交往之信函、以及貿易契約等、皆以拉典文爲之、故凡知拉典文字者、必知羅馬法律、因之羅馬法律、偏感於諸國也、

四十八法蘭西之政治受羅馬法律之感　耶穌後九百八十七年、公爵喀培爲附近公侯主教等、推之爲王、其後歷數百年、屢有戰爭之事、法王之權勢代增、諸小邦侯伯漸歸其權下、（見四十五節）夫

諸邦雖尊法王爲首、而內政仍按各邦先代之規、且按徒炭之風、凡訟獄之端、仍依本邦之法律斷定、及法王之權勢大振、於小邦之政治、多所干預、每以羅馬法律約束而箝制之、至一千二百二十六年、法王第九路伊即位、賢哲英明、人稱之爲聖、其生平所爲、每設法增益王權、且將羅馬法律、命文人譯爲法文、國內詞訟之事、讞員皆依此律斷定、又明示各小邦何等案件可控於王之公堂、又於巴利城中、設臬憲會、有重要案件、請公侯入會審判、又分派律師以爲之輔助、所判者、必以羅馬法律爲準、久之臬憲會所任之事、多歸於律師矣、侯伯等因嘗入臬憲會、多習練羅馬法律、其後本邦之訟事、亦以此法律爲歸、初則只取其規模、久之則多踐其實迹、且當時文學振興、爲律師者、多屬才能之士、由是諸邦之折獄、雖未必盡與羅馬法律相合、而其義理所感於法國之法律、大有裨益也、

四十九日耳曼諸國之政治受羅馬法律之感　中世代之日耳曼諸國有二感焉、一乃使之連絡、一乃使之相分、其一感之成效、乃在諸國合成一聖羅馬國、有選舉之帝、有主治之權、蓋羅馬之權榮、在乎政治之連絡、法律之通行、故凡聖羅馬國皇帝、皆欲承攬諸國之權、且指陳羅馬政治法律如何、以輔助其統一之權也、其二感之成效、乃在諸國各主其內政、自行其律、自主其民、蓋諸公侯雖願尊一皇帝、仍不欲失其主權、且各有爭强好勝之心、故數百年雖受羅馬教化之感、而於羅馬法律、則不盡遵從也、夫羅馬與徒炭法律多不相合、羅馬法律、則尊卑一致、無所偏倚、而徒炭之法律、則尊卑有別、輕重懸殊、且鬻田產者、羅馬法律無所禁止、而徒炭則多所阻撓、按

日耳曼之受感於羅馬法律、雖後於他國、而終有成效、約言之、其故有三、昔諸國之讞員、半屬無學之人、即徒歬之法律、尚不甚諳悉、其所判斷、未免多偏、久之、公侯所用之讞員、多係明通之人、必究考羅馬法律而遵從之、其故一也、自以大利學堂以律學爲課程、日耳曼之生徒、多有於此肄業者、在一千三百五十年、日耳曼設立㒳拉革大學堂、一千四百年、設立來西革大學堂、其後諸學堂相繼設立、皆有羅馬法律一科、通明者多舉之爲讞員、其故二也、聖教中之生徒、莫不習羅馬法律、且教會中遇有審判之事、必援引之以爲判斷、其故三也、近代日耳曼之法律、或取諸羅馬、或取諸先代之徒歬、或取諸以大利之纂修者、揭彼注茲、集合而成也、

五十英吉利之政治受羅馬法律之感　英國創立之時、其初亦行封建、而世代之王公、好勝爭權、干戈不息、久之、政治法律、漸有規模矣、且英國之數族人、亦如古羅馬人、長於自治、好和平而惡殘刻、於是世代之法律、愈經磨礪、愈爲合宜、一溯其源、實因羅馬法律之感耳、當北狄諸族尙未南侵也、羅馬掌權於庇歬、以其律主治其民者、約四百年之久、及土地爲北狄侵佔、國俗變更、而其中之城邑、仍有依羅馬法律、自理其內政者、亦有原族之人、逃避四境之內、仍本羅馬法律而行者、狄族遂因之漸受其感焉、自耶穌後六百年以下、多有教牧自羅馬而來、宣傳聖道、其教政多仿羅馬之國政、教律多仿羅馬之國律、教會之傳播愈廣、教政之感人亦漸深矣、聖徒比大嘗爲證曰、撒克森法律、乃本羅馬法律而定也、自一千二百年以下、設立大學堂、亦將羅馬律學、列入課程、越數代、國中律師於羅馬法律、莫不通曉、或爲王臣、以定律、或爲讞員、以折獄、皆以羅馬

法律爲準、近今英國著名之律師、莫不精通羅馬法律、是羅馬法律於英國法律中、有恒久之感也、究之羅馬之亡、固在中世代之初、而新國之政治、莫不有羅馬法律感於其中、雖近代諸國之律、與羅馬不同、要皆以之爲師資也、

第七章　論法國之政治

五十一法國初創之景況　自公爵喀培爲王、其權與公侯無甚區別、政令所及者、不過畿內之地而已、王之命令、公侯識爲有益於己者則遵從之、否則托故遷延、或顯背其命、是時諸公侯、各秉其境內之政、自耶穌後一千年以下、新規漸起、或有某方之民、懇乞本處公侯、許自治其地、自理其事、自取其稅、若蒙恩準、與以劵約、該方即設立議會、選舉會員、此會能舉立董事以理一方事務、如是者數百年、其風始替、非因公侯撤其劵約、乃因王權漸增、不容其如此也、○法國境內、多有先代之城邑、仍持守羅馬政治、且有附近之土地、歸其主理、雖隸某公侯之屬下、仍未嘗順服其權、公侯亦未嘗以兵力脅制之、故其權勢與公侯相等、但掌權者多屬貴族、或歸工商等會、至教會振興之時、各城必有大會堂、教牧等多輔助民權、其民亦尊崇教牧、而教牧之權、遂因之大增矣、按法國之北境所築之新城甚多、雖遵從公侯之權、自有賜劵約之例、本城之事、遂多自主、凡宜自主之事、與宜遵從公侯之事、皆明載於劵約、公侯必派人員駐於城內、察其所行、果如劵約之言否、或有公侯苛待某城、人民揭竿而起、與之抗拒、幸而獲勝、則多得自由、不幸而敗、則不得不受其壓制矣、亦有城邑捐助多金、公侯許其自主者、又有城邑得王之輔助、脫離公侯之殘刻者、由是人民歸心於王、王權漸增、公侯之權漸減、於一千二三百年間、歐洲諸國屢派兵收復聖地、集兵籌餉、需欵甚多、諸城邑遂報效餉需、與以劵約、由是諸城邑之權大增、公侯等督兵於外、或陣亡、或病故、即或生還、而權勢敗落、諸城邑愈得自主矣、

五十二郡會與三級會　耶穌後一千年、法國境內已徧封建之規、權大之公侯、約十餘國、次焉者百餘國、再次則子男奈特等約有數千、及法王之權勢振興、諸國皆歸其屬下、然自先代即立有郡會、郡內之公侯子男等、聚集酌定本郡之事、雖王權振興、此等會並未裁撤、但聚集時須有王命、且有王之使臣在會、聽其酌商、蒙王允許、方可施行、如此實與封建之國有所裨益也、凡郡內貢獻於王者、聽其自取於民、至於築城邑修道路建橋梁諸等善舉、皆任其自主、國王少有干預、若無郡會之處、公私諸務皆不能自由、較之有郡會者、固相遜遠矣○一千三百有二年、法王第四腓利因與教父班伊法司爭權、欲得國人之心、遂招集大會、名曰三級會、一級爲貴族、一級爲教牧、一級爲庶民所舉之員、此乃庶民入會議事之始也、其後數百年中、法國諸王屢招集此會、究未賜以大權、在聚會之時、三級人員咸集於公所、聽王指示、後則各歸本所、自相酌商、將所議者陳於王前、或行或否、聽之於王而已、按三級會雖無重權、然數代中容平民入會議事、乃視平民於治國之事、亦有其分、致啟近代民政之先聲也、

五十三法國政治之變通　法國疆域日廣、人民日衆、政治遂因之而變通、當立國之初、其王不過賴近臣與公侯會施行政令而已、夫近臣者、乃記錄家事之主簿、主理家務之家宰、代王爲公侯會之會正、管理貨財之司庫、執掌軍務之統領耳、及法王權勢振興、則王之近臣、遂爲國之大臣矣、夫公侯會者、在先年無甚權勢、諸公侯雖尊王爲主、究不願干預其內政、及王權大增、諸公侯遂變爲王之輔佐、且因公侯會之事繁多、則按類分班、選舉各班人員、主理各班事務、耶穌後一

千三百有二年、法王第四腓利將公侯會分而爲三、一曰國會、會中之公侯、與王同議國政、雖不主理詞訟、設有判斷不公、或事關重大、皆可來此控告、國王亦能將他處案件、提歸此會審斷、一曰度支會、考察國欵之出入、總理通國之財產、凡因財產涉訟者、則歸此會受理、一曰臬憲會、亦名巴利會、因其常聚於巴利京城也、其後此會名望大著、國中緊要之事、皆歸此會辦理、會中分爲三司、其一查辦瑣屑之事、其二審判上控諸案、其三之職任尤重、公侯皆在此司行走、司中之員、大半著名律師、爲王選派、終身在職、凡重大之案上控者、則歸於此司、若公侯大臣遇有爭訟、亦歸此司剖斷焉、

五十四　法王增權之故　法王權勢大增、上已畧言之矣、而公侯遵從其命、少所違逆者、則自第九路伊始、按路伊之才德智能、實越於諸王之上、其對上帝也、本諸虔敬之心、其待臣民也、毫無私曲之念、其馭公侯也、不失主治之權、且定立新章、增益權勢、令公侯皆聽其命、乃將法國全地分爲數十區、每區選派大臣一員、主治王與公侯交涉之事、每年覲王一次、將所辦理者、奏報於王、蓋欲其心知有王、不至自行專權也、更派特使數人、分巡各區、如有弊端、即行回奏、又示諭境內、倘公侯之公堂判斷不公、許上控於王之公堂、由是王權歷代加增、公侯之權愈爲減少矣、至第十四路伊爲王、（自一千六百四十三年至一千七百十四年）爲人爭強好勝、有勇有爲、即位以來、才哲盈廷、多所創建、由外視之、其光榮固夐乎莫上矣、且善於用兵、戰勝攻取、所向無前、曾將諸公侯之居於本國者、俱召至巴利京都、奉侍於其前、聽從者必承恩澤、拂逆者必受損傷、路伊既如此增權、派往各區之

大臣、其權亦因之而增、城邑之民、在昔少有主權者、今亦盡爲其侵奪、由是封建之規漸替、國王之權無窮、法國之民、經歷無限困苦、始得近代之自由也、

五十五那哀倫之法律　耶穌後一千七百八十九年、法國興起變亂、歐洲諸國大爲震動、於近代之景況多有關涉也、溯其變亂之由、乃因歷代諸王苛虐其民、國權爲國王臣宰敎牧所據、國王自認其位爲上帝所賜、有違其命者、即屬違上帝之意旨、只知豪侈縱欲、安富尊榮、不知主理庶民爲其正責、公侯大臣等亦放縱自恣、高自位置、敎牧等飲食用度、奢侈埒於公侯、於敎養體恤之責、皆置而不顧、適時諸國之文學振興、多推論事之善惡、理之眞僞、先代虛誕不經之詞、皆識其妄而指其非、於是人民多所觀感、而辯論之風起焉、其所論者、率以在上之壓制苛待爲題、自一千七百十五年、第十五路伊爲王、倖臣盈廷、妖姬執政、宴佚怠荒、有忝厥位、至一千七百七十四年、其子第十六路伊嗣位、爲人懦弱無能、旣乏撥亂之才、又多固滯之性、至終被弑、國內大亂、數年之間、受害者無窮、人民朝不保夕、內亂旣生、外患復至、那哀倫乘機而起、百戰百勝、威震全歐、自立爲帝、獨攬國權者十餘年、選派律師修纂法律、其所修纂者、乃以法國先年之法律、滙參仄司替尼安之法律而成者也、按此法律、分爲三十六總目、每總目分爲若干章、每章分爲若干節、每節各記以數、俾人易於檢閱也、凡先年偏袒之處、盡行改正、無論尊卑、待如一律、民有財產、子女均分、是廢先代冢子承襲之律也、且許人民議論國政、於拜神之事、聽民自由、國民稍有財產者、即視爲本籍之民、許有舉官爲官議政之權、是廢先代壓制人民之律也、如是修改、不止有

益於法國、即歐洲諸國與南美各國修改法律者、多以此法律爲準也、或謂那裒倫所修之律、較其戰功尤有榮名、不誠然哉、

五十六王政變爲民政　耶穌後一千八百十五年、那裒倫兵敗被囚、第十八路伊即位、其後五十餘年間相繼嗣位凡四王、以上三王、皆因國民叛亂失位、其第四王、即第三那裒倫也、在一千八百四十八年、被國民立爲國主、越三年霸持國權、自稱皇帝、因其好勝爭强、多干預他國之政、故觸怒布王、於一千八百七十年、興起戰爭、法國之軍士、死傷甚衆、被俘者約四十萬、法王亦在其中、及法京被破、不得已與布國立約、許賠兵費十餘萬萬、布兵始退、當法京之未破也、法民舉立國會、會員七百六十八人、因國政勢如、會員各分黨派、欲爲民政者少、欲爲王政者多、而欲爲王政者各有願舉之人、以故所議者多不相合、如是數年、國政尚無一定、乃遲之愈久、欲爲民政者、勢力愈增、至終會員知民政之必行、於一千八百七十五年、國會擬定總律、爲行政之準、載明如何選立國主、與其權限、如何舉立會員、分爲二院、與其權限、並召會治會散會之規、若二院同在一堂、稱爲國會、有選立國主、與更改總律之權、迄今三十餘年、總律雖屢經修改、其最要者、乃民主一條、永不許變更也、法國總律、雖約而不精、則有可言之益焉、無論執政臯憲律師、講解總律之義、若先代法律中、有合乎時勢者、可奉行之、或先代案件內、可援爲憑證者、則引用之、蓋其法律活潑適宜、倘掌權者存心公恕、此律可爲仁之輔、若邪曲不公、徇私枉法、此律亦可爲虐之助、因其疎而不精、其義理易於謬解也、

五十七國主之權國會之規　法國之國主七年任滿、其輔佐大臣皆由國主舉錯、二院擬定之事、國主無廢弛之權、祇能令其復議而已、倘某院所擬之事、或有結黨、或因他故、國主預爲之防、能暫撤其會、然不能逾月、或某院聚集、已閱五月、國主亦能暫撤其會、且能將下院解散、令民衆另舉議員、然必須上院議員允準方可行之、非叛國之罪、無審判國主之條、倘經控告下院議員、當考其事理、察其證據、以上院爲臬憲堂而審斷之、按法國總律、國會必分爲上下二院、下院議員爲民衆選舉、無一定之期、惟聽國主之示諭、在八十七郡中、（見下六十一節）每郡至少選三人、若郡中民數逾二十一萬、則多選一人、且許屬邦選員入院、至今下院員額凡五百八十四人、須年至二十五者、四年任滿、其會即散、國主令民舉立新員、必在六十日以內、設下院因事被國主遣散、選補新員、必在七十五日以內、在舉立新員之時、其名必須過半、方能定準、倘未及一半、則二次另舉、以數多者爲定、法人之性、本易結黨、如此舉員之法、是益增其結黨之勢也、上院議員其額三百、須年至四十者、九年任滿、每三年舉立議員三分之一、非由庶民所舉、乃選員會所舉也、選員會之規、茲不具述、按總律所載、二院之權、無分軒輊、國家之用度、則由下院舉意、上院評論、是二院之權雖屬平均、至今歷三十餘年、下院之權漸盛矣、非該院人員多有才能也、乃因下院人員爲民所舉、上院人員見民心每附從其所議、故不敢多有阻撓、以失民心、夫國會者、乃二院同堂共議、所議之事有二、一爲選立國主、一爲修改總律、議定即散、不許更議他事、其期亦不許逾越五月、蓋恐結黨、或有他謀也、

五十八國主之輔弼　法國總律、於國主輔弼之大臣、未嘗載明其數、今則定爲十一員、分治十一部、一法部、二度支部、三陸軍部、四海軍部、五外部、六內部、七學部、八工部、九商部、十農部、十一郵部、十一大臣之職有二、一主治本部、二將關繫本部之事、陳於二院、因而諸大臣皆兼會員之職、於議會前議論其所願行之事、按法國總律、諸大臣當將預擬之章程、陳於二院、院員識爲可者、則贊成之、以爲非者、則阻止之、國主之示諭、關乎某部者、必有某部大臣姓名書於其下、方爲定準、諸大臣與國主同議國政、名曰議政會、雖國主在會、而會正乃公舉某部大臣充之、國主舉用部臣、由下院人員選派者居多、亦必爲院中有權力者、不然則所議之政、院員必多阻撓、難於施行矣、按法國之政黨、與英美不同、英美之政黨、分而爲二、其權勢迭爲消長、法國之政黨、自立民政時、亦分爲二、一願民主、一願君主、而一黨之中、因意見相左、又復分黨、自立民政以迄於今、掌權執政者、皆屬民政黨、而君政黨終未一操其柄也、國主雖有舉錯部臣之權、然其位之去留、乃在二院之順逆、倘指陳之事、院二棄而不取、必辭部職、仍爲院員、蓋其舉意必二院允準、方能施行、若二院不服、不啻縛其手足、跬步難移矣、此三十餘年間、諸部大臣更換三十餘次者、職是故耳、且二院有考問部臣政治之權、或某院員舉意以諸大臣所行者爲非、若助之者過半、部臣則宜致其位、或舉意選派委辦數人、考查部臣所行之政、若委辦回報其非、院員多半以所報者爲實、部臣亦當致位、蓋法國之院員、於諸部大臣、每存疑忌之心、故部臣之措施、時形掣肘、政治亦不免遺悞遷延也、

五十九二院擬事之規　二院每月以掣簽之法分班、上院分爲九班、下院分十一班、又自諸班中選舉人員、分爲四司、名爲月司、一司百官請假、二司人民陳訴、三司舉陳事件、四司境內庶務、若某院員舉意、必先報與第三司、司員酌加修改、呈於院會、按常規院會復將所舉者交於特委辦、令其再爲修改、始酌日議論、若部臣之舉意、或關緊要、院會能許其直達於院、當即酌議、會員之舉意、亦可免特委辦之考查、按掣簽之法、本欲免結黨之弊、但必經司員或特委辦之手、於事未免濡滯、且於部臣指示之權、大爲減少、上院又選舉十八人、下院選舉三十三人、主理國欵、其任一年、部臣本有行政之責、似宜主理出納之事、而二院委員獨握其權、於部臣所舉者、多所阻隔、故部臣之權勢、因此而又減矣○部臣因多受二院之阻撓、久於其任者甚少、然其主治國政之權、亦不爲不重、蓋國律疎而不精、於事務之理、不過畧陳梗概、未嘗縷晰條分、故部臣所定之章、所行之政、每多寬猛自由、或有控其背乎法律者、必歸特立之公堂剖斷、其剖斷之規、究不似審鞫平民、少有寬恕也、夫如是、部臣雖無定律之權、而遇事輒上下其手、輾轉自如、不啻自能定律矣、

六十部臣之職任　部臣之職任、顧其名而其義可知矣、法部主刑名、惟海陸二軍中之爭訟、則不歸其審判、度支部主出納、凡所入之賦稅、所出之欵項、當記錄清册、報於二院、陸軍部主兵旅、凡訓練軍士、整備器械、皆屬之、海軍部主水師、兼理屬邦之事務、外部主邦交、凡與他國交際立約等事、皆歸此部主理、內部總庶政、凡政務不歸他部者、皆歸此部主理、最要者乃在省察臣工、倘

不合乎法制者、能於特立之公堂派員審訊、學部主學校、凡織造繪畫音樂諸美術、皆歸其主理、並調停教會與國家相關之事、工部主興造、凡道路鐵路水利礦產以及商埠船隻、皆歸此部主理、商部主貿易、並酌量稅務之輕重、設善法使商務振興、凡商會銀莊保命會以及選商會中之董事、與創造者之利權、皆歸此部主理、農部主農務、兼理森林溝洫養牲等事、郵部主郵傳、兼理電報等事、此乃十一部所司之大畧也、若論其屬下之員弁與其事務之精詳、則條目紛繁、無庸一一縷述也、

六十一　郡守之職　法國爲便於主治之故、將全境分爲八十七郡、每郡設太守一員、爲內部大臣所選舉、故內部大臣能控馭之、若郡內所行之政、與他部有關涉者、亦當聽命於他部大臣、所任之事甚繁、凡錢穀學校警察以及郡中應辦之事、皆歸其主理、郡有郡會、見下節會中所議者、多由郡守指示之擬定者、則賴郡守施行之、凡郡中所行之事、部臣能禁止郡守、而部臣於某郡有應辦之事、亦必假手於郡守、若有呈控郡守不公不法者、部臣能特立公堂審訊之、亦能黜退之、郡中各城之官、皆郡守之屬吏、若郡守視某員爲非、能撤其任一月、又能遣散城中之議會、按此主治之規、弊竇不免叢生矣、蓋郡守既由內部選立、又當聽從他部之命、職位之去留、視乎部臣之喜怒、各郡之人員、既時有變更、其所舉之郡守、亦因之而黜退、且部臣於下院議員、多所倚賴、而下院議員皆由各郡中選舉、故於內部選派郡守之事、多所干預、郡守因職位不久、心存疑懼、不敢毅然而行、諂媚逢迎、在所不免、而於政治民生、多所遺憾也、

六十二郡會　法國各郡皆有郡會、指點郡中之諸事、每郡分劃數邑、以便舉官徵稅焉、每邑約有數鄉、大鄉約有數萬家、小者數十家、最小之邑僅有十七鄉、最大者不過六十二鄉、統法國全境計之、凡三萬六千餘鄉、每鄉選派一人爲郡會議員、按總律郡會每年必聚集二次、初次聚集不逾半月、二次不逾一月、在此二次外、若有要事酌商、會員三分之二欲招集特會、則必請命於國主、蒙其允準、方可聚集、其期不可過八日、凡郡會之聚集、若逾日限、郡守能遣散之、會中定擬之事、國主識爲越職、或以爲不善、能廢棄之、或因何故、亦能遣散之、郡中人民每年所納之賦稅、爲國家所定、郡會按數徵取於民、且郡中之公堂寓所以及學校道途鐵路與屬公之工程、並盲啞院、皆郡會所當籌辦者、揆以上之意、可知郡會少有自主之權矣、蓋部臣約束郡守、郡守又約束郡會、且因國中變亂叢生、掌國權者每生猜忌、只許郡會議論郡事、不許其議論國事也○上言各郡劃爲數邑、而各邑亦有邑會、能將當取之賦稅、徵之各鄉、凡邑內之吏役、皆歸邑會主理、不論鄉之大小、必有鄉長主治其事、爲鄉中議事會所選立、並按鄉之大小、民之多寡、增設副長佐理其事、鄉長必聽郡守之指揮、若不遵從其命、能撤其任一月、內部大臣能撤其任三月、若諸部大臣意見相合、亦能黜退其位、必逾一年、方能入選也、各鄉亦有鄉會、會員之多寡、視乎鄉之大小、少則必至十人、多則不過三十六人、每年聚集四次、鄉長爲會正、每次聚集以十五日爲限、若因籌辦國欵、則許其至四十五日、或因何故、郡守能停止此會一月、國主與部臣酌議、能遣散此會、另舉議員、可知法國政治、遞相約束、在下者少有自主之權也、

六十三臬憲會　法國臬憲會、分爲二類、一主理屬公之事、一主理屬民之事、屬公之最大者、名曰國家臬憲會、諸部大臣、與凡居尊位者、爲其會員、於臣工之邪正、行政之善否、判案之是非、此會皆特加查察、倘國主與上下二院所欲行之政、有不甚通明者、此會亦當審察其理而指陳之、各郡亦立有臬憲會、名曰郡守會、此會於判斷公事外、又當主治郡內舉官之事、使之無弊、且於官吏行政有妨於民之主權者、時行察辦、倘以郡守會判斷不公、可上控於國家臬憲會、屬民之最大者、名曰裁正臬憲會、此會所究問者、非在詞訟之曲直、証據之確妄、乃於他臬憲會聽斷之規條、與施行之法律、究察其當否、倘有不合、則裁正之、若水軍陸軍之將領軍士、有何弊端、此會不得干預也、會員約五十人、爲國主所選立、終身在職、此會分爲三堂、各有所司、若同堂議事、則以內部大臣爲首、所究考者、皆係重大之事、此外又有大臬憲會三十六所、分治各郡訟事、究查諸城邑上控之案件、各鄉亦皆設立讞局、遇有本鄉訟事、讞員則自行究問、自爲斷定、惟有數等重要之案、則請耆老數人、公同剖斷、法國之政治如此、乃知其多出於才能之律師與政治家之講論、始將國律定有次序、政治立有規模、於民大有裨益也、奈該國人民、性情急躁、遂致行政折獄、多不平允也、

第八章　論日耳曼之政治

六十四日耳曼之封建　日耳曼封建之風、乃由於徒炭先代之制、蓋徒炭人分爲多族、散處四方、族有族長、部有部長、鄉有鄉長、才勇之士、皆願領隊衝鋒、不欲甘居人下、有此好勝之性情、適遇中世代屢起戰爭、多所改革、由是封建之規漸起、且歷代諸王所行之政、不啻於封建之規促之使成也、約耶穌後八百年、喀利美印吞併多國、於歐洲中央建立國基、然多族之人、言語風俗各不相同、雖喀利美印之雄才大畧、亦未能使之一道同風、及其逝世、諸子懦弱、乏主治之才、於是王政漸替、四方自主之風、愈爲振興矣、究考中世代有主治之權者、約分四類、一爲有主權之王、後稱皇帝、自以爲大權獨操、四方之公侯、皆當聽從其命、二爲世襲之大家、其先代多爲某族之長、後裔遂自認爲屬下之地、皆歸其掌握、其位只亞於王而已、三爲崛起之大家、其先或依賴某公侯、因其才能果敢、權勢漸增、至傳於後代、遂自認屬下之人、屬下之地、皆歸其主理、四爲王所選派之大臣、主理王與公侯交涉之事者、歷年既久、父子相承、漸有土地人民、遂列於公侯之中矣、更有邊防之將領、每攻伐化外夷人、取其境土、因而疆域漸啟、權勢漸增、遂自立爲國、今之奧布等國、乃由昔之屏藩浸潤而成者也、至教會廣傳、王公等每將田地賜於教會、主教院長等、權勢漸爲增加、遂亦列於公侯中矣、自王以下、雖皆有所聯絡、而各有主治之地、自主之權、此即日耳曼封建之大畧也、

六十五日耳曼諸邦之聯絡　自喀利美印稱其國爲聖羅馬國、其後日耳曼諸邦、猶沿此稱、然亦

徒有虛名而已、蓋歷代之帝王、或有才能勇敢、諸公侯尙服從之、倘爲人柔懦、主治無能、諸公侯遂多梗其命令、數百年來、諸國中之土地漸增、權勢漸盛、得爲諸國之首者、則唯奧國、然於諸國之內政、究不能干預也、按布國原爲日耳曼北境之小邦、歷數百餘年、遂爲諸邦中之强國、耶穌後一千七百有一年、其國之公爵非德利克、得立爲王、一千七百四十年、其孫第二非德利克（稱爲大者）襲位、恃其謀勇、土地漸爲開拓、權勢亦因之大增、在那裒倫吞併各國之時、日耳曼諸邦大受損傷、而布國尤甚、及那裒倫兵敗被囚、諸邦復相聯絡、仍推奧帝爲首、此後數十年間、改國政、定總律、立國會、諸國大加整頓、於一千八百六十六年、奧布二國因土地之故、興起戰爭、布國獲勝、其地遂爲所有、至一千八百七十年、又與法興戰、仍復獲勝、由是諸國新訂聯絡之規、迸奧國於聯邦之外、布國遂爲首領、易王稱而爲帝稱矣○在先代之日耳曼、王權衰弱、封建之風興起、當此之時、多有城邑自主其內政、或屬於皇帝、或屬於公侯、屬皇帝者多得自由、屬公侯者、每受箝制、因公侯多干預其內政也、至後代皇帝容自主城邑、選員入於國會、與公侯等同議國政、今日耳曼聯邦中自主之大城邑有三、其權等於公侯之國矣、

六十六日耳曼聯邦之政治　耶穌後一千八百有四年、奧王自稱爲帝、主領聯邦、至一千八百七十年、布國之權勢超於奧國、諸邦迸奧國於聯邦之外、布國爲聯邦之首、考日耳曼聯邦中、稱王者四、稱公者六、稱侯者五、稱伯子男者七、自主之大城邑三、此外更有大地二、（阿撒司羅染）乃布國戰爭時取於法國者、一千八百七十一年、聯邦修改總律、其大旨乃在諸邦互相聯絡保護、俾人民

多得裨益也、按總律所載、布王爲聯邦之帝、必世襲相傳、國會之上下二院、見下能招集遣散之、聚集時、可親至其會演說關係政治之事、而指陳之、皇帝選立宰相一人爲之輔佐、且爲上院之會正、政令之中樞、主理聯邦之大臣、爲皇帝選派、若因何故欲黜其職、必須宰相簽押方能罷斥、皇帝總制水陸二軍、並主理與他國交涉之事、倘聯邦中有背乎總律、或所行有不合者、可聲罪致討、然必上院議準、方可出師、國會之二院、能修改總律、但上院議員有十四人以爲非、則不能更改總律所許某邦之權利、若非某邦允準、亦不能刪改總律之所載、如此固爲保諸國之和平也、而布國土地約有日耳曼全地三分之二、人民五分之三、其權勢實較諸國爲特盛、聯邦各有主治之權、布王乃諸主治者之首也、

六十七上議院之職守　日耳曼國會分上下二院、其命意與他國不同、上院之議員、爲列邦王公之代表、多係該邦之重臣、兼理此職、政治關乎列邦者、歸此院酌商、仍必將所議者呈報本邦、其議員之數、布國十七、巴非利亞六、撒克森與烏耳呑布各四、巴典與赫司各三、其餘小邦或一二員不等、若有舉意各邦之員、必合而不分、如布國十七員雖意見不同、則以人數多者爲定、其分量仍爲十七員也、考此上院之制、恍如羅馬之耆老會、國中之事、統歸其酌定、定律行政審判之權、無不在其掌握焉、二院所擬之事、多屬上院開端、議定則歸下院修改、回呈上院、乃酌量施行、上言聯邦之宰相、爲上院之會正、亦居布國十七議員之首、關係國家重大之事、皆歸宰相指陳、聯邦行政之權、爲聯邦政府所操、上院議員能考查而約束之、政府之大臣、多爲上院所舉、皇帝

所立者、亦有爲皇帝所選、上院所服者、皇帝欲與他國開戰、必上院允許、與他國立約、必二院允許、方可施行、若敵人突入聯邦、侵擾境土、則不待上院聚議、立即救援、若聯邦有何爭端、或某邦之於某邦遺其應盡之分、上院能斷定而折衷之、抑或某邦之民因本邦之律有缺、受其虧損、上院亦能飭令某邦修補之、按此院每年所議之事、分爲八司、曰陸軍司、曰水軍司、此二司之員、爲皇帝所選立、其餘六司人員、則爲本院公舉、曰賦稅司、曰貿易司、曰鐵路及郵傳電報司、曰訟獄司、曰會計司、曰交涉司、惟交涉司乃尤關緊要者、司員共十六人、巴非利亞、撒克森、烏耳吞布之十四議員皆入此司、其餘二員則由本院議員選舉、八司之中、必有五邦之議員、每司必有布國議員一人、惟交涉司無之、蓋因布王主理外交之事也、

六十八　議院之職守　下院之議員、爲庶民之代表、員數約四百人、每十二萬人民、公舉議員一人、必年至二十五者、其任以五年爲限、每年聚集至少一次、須待皇帝之命、所議之事、必宣而不隱、非若上院隱而不宣也、院中公舉會正一人、副會正二人、書記數人、諸議員分爲七司、於應辦之事、七司公派特員、使之究查酌議、俟其回報、始行辦理、此院之責、在乎究考上院所擬議之事、合其意則是之、否則非之、若定擬國律、必二院人員多半悅服、且有宰相簽押、方準施行、國家每年之用欵、經上院議定者、必須下院允準、方能徵取於民、倘因何故、皇帝欲遣散下院、亦必上院許可、方能另舉議員也、○按日耳曼聯邦之政、宰相爲皇帝之代表、其權只亞於皇帝、凡百政事、皆由宰相而出、下院人員、若以爲非、則歸咎於宰相、即皇帝有闕、宰相亦必代任其咎、按英法之政

治、宰相實操其權、倘有緊要之舉、國會拂逆不從、宰相與其僚屬、必皆致位而退、日耳曼之宰相則不然、凡定擬要件、雖屢爲下院斥駁、仍不退位、但皇帝見其所定之章、多不爲國會所服、恐於政治有妨、必罷其職位、另舉新相也、二院能約束聯邦之法律、宰相當實行之、宰相亦能請於皇帝舉立副相、倘副相有弊、宰相亦當身任其咎也、

六十九日耳曼統治分治之規　日耳曼之列邦、有列邦之法律政治、與行政之官吏、聯邦則有聯邦之法律政治、與行政之官吏、國會所定關乎聯邦之法律、與主治之事、則令列邦遵行、而列邦之主權有不歸聯邦者、則自行主治、若聯邦與他國交際、或立約、惟皇帝主之、或某邦與他國有所交涉、不關於聯邦者、可自派使臣辦理、抑有地狹事簡、不必特派使臣、可託聯邦之使臣代爲主理、按列邦之聯絡、雖容各主其內政、然遇兩邦共事、法律不合、聯邦政府能干預之、令其修改、政府既有此權、干預之事、遂層見疊出、久之聯邦所定之律、漸爲本邦之定律矣、聯邦之政府能設平準局、凡尺秤升斗之屬、令列邦咸歸一律、各邦自委官吏照顧交易、使之無弊、聯邦之錢幣、爲政府所主理、每年定擬出欵若干、將金銀鑛質按數分與列邦、令其鑄造交納、列邦之鐵路、歸聯邦主治者少、爲本邦之業者多、然政府仍有監督之權、在戰爭之時、政府能隨意用其車軌、即停止商民往來、亦無不可、郵傳電報、皆歸政府約束、令列邦合同無碍、然亦有數邦自主者、按總律所載、水軍歸聯邦政府主治、陸軍則按定額歸各邦主治、然諸小邦於備兵之事、多托布國代理、其自行籌備者、除布國外、惟巴非利亞、撒克森、烏耳吞布三大邦而已、皇帝於水陸二軍、有總

制之權、大小將領、皆由皇帝選立、其招募訓練賞罰、皆歸皇帝主治、國家之用度、由數類進欵而得、如稅務、車路、郵政、銀莊等類是也、如仍不足、列邦按數攤輸、審判之事、政府指示列邦、使法律規模如一、各邦皆自立臬憲堂、選派讞員、然各邦雖屬自立、聯邦之人、皆視爲聯邦之臬憲堂也、在來司革城、設立總臬憲堂、乃爲查考列邦各堂、使之規模合一也、各邦在籍之民、亦爲聯邦之民、有外邦歸入民籍者、非由各邦定擬、乃由政府定擬、按先年之聯邦、不相輯睦、各有求勝之心、遂至權力衰弱、今則布國爲首、立法嚴密、乃爲大有權力之聯邦矣、

第九章　論布國之政治

七十政治之大綱　考察日耳曼聯邦之政治者、亦必考查布國之政治、布王爲日耳曼聯邦之帝、布國爲日耳曼聯邦之首、故聯邦所行之政、多藉助於布國之政府矣、按布國先代之事與政治學無甚關繫、只爲諸邦中之一小邦、其所行之政、率由舊俗、當時貴族專橫、小民困苦、掌權者、只求一己之權勢尊榮而已、自耶穌後一千六百四十年至一千六百八十八年、公爵非德利克危連（人稱大薦員）治理布國、爲人才德兼優、國家之風化權勢多有進益、其後第二非德利克王（稱爲大者）在位、（自一千七百四十年至一千七百八十六年）才能出衆、謀畧深長、雖與歐洲諸國屢有戰爭、人民咸遭塗炭、戰後仍能自主權勢依然、遂與歐洲上等之國、並駕齊驅矣、及法王那袁倫侵伐各國、國家大受虧損、土地半皆喪失、後與他國協力抵拒、那袁倫兵敗被囚、布國仍將土地恢復、國勢復興、至一千八百五十年、於總律大加修改、其大旨乃視國內人民無上下貴賤之分、權利義務皆爲平等、且保良民之自由、與其財產、凡言論報章賽會拜神之事、以及游歷他國、或徙往他國者、皆聽民自便、無所禁止、在國家有事之秋、少壯者當應募充兵、不可推諉、按布國行律之權、乃在布王、而定律之權、則賴上下議院之輔助、在王左右之親臣、王自行舉用、二院之會集、亦視王之意旨、臯憲定擬人罪、王能施恩減等、亦能赦免、且開戰立約、以及錫人銜名徽號、皆必出於王旨、其設官分職也、共有九部、曰外部、曰內部、曰教部、兼理文學防疫之事、曰商部、曰農部、曰工部、曰法部、曰戶部、曰兵部、各部之政、各有大臣一人主理、該大臣雖不居議員之位、而於應行之政、能入上下二院而講解之、若九部大臣同議國政、名爲議政會、凡國家重大之事、如修改法律、或備禦不虞、以及各部彼此相關等事、皆歸此會酌議、九部外又特立二司、一會計司、特派專員核計國欵之出入、每年上報於王、且國家之公產公債等事、皆歸此司關照、二議政司、凡有應議之事、此司有推解之責、而無定擬之權、所議者多關乎農工商等事、此二司乃爲王之所特立、以贊襄王政者也、

七十一上下議院　布國上院人員原無定額、今則約三百人、入會者或爲布王之近臣、或爲世襲之大家、或因文學功績素著、爲布王所特派者、國中能舉議員之大學堂有九、城邑四十三、各舉一員入院、爲議員者必年至三十、方能入選、下院員額四百三十三人、其任五年、亦必年至三十者、按舉下院議員之規、每郡必先舉選員、其定例在籍之民二百五十人、可有選員一人、然舉選員之人、非以人數而論、惟以所納之賦稅而論、每郡統計其賦稅若干、均分三等、以納稅多者爲上等、次則中等、再次則下等、每等各舉選員三分之一、選員被舉之後、聚集一所、以舉下院議員、夫二院行政之權、無分軒輊、惟每年國家之用欵、必由下院酌定、呈於上院、倘不合上院之意、則批駁之、令其再議、或因何故、王能封閉下院、一月之久、亦能將議員遣散、令人再舉、然必於六十日內復成此會也、

七十二治理各省之制　布國大地、分爲十二省、共分三十五郡、郡分爲縣、縣分爲鄉、按布國先代之人民、惟聽在上者之命、少有自主之權、歷年既久、民權漸增、而治縣治鄉之權、則多爲民衆所掌矣、各省設總督一員、爲王所選立、凡省中之大權、皆其所操、惟隸於內部大臣之屬下、亦當聽

他部大臣之命、省中諸政、如公工學校、以及安輯諸郡、與九部大臣所分派者、皆歸其主理、倘有內訌外侮、總督能獨行獨斷、惟在和平之時、當按常例而行、不可自專、又立司員六人、爲總督之輔助、由內部大臣所派者一員、由本省所派者五員、總督若有示諭、必須司員允準、方可施行、且有省議院、議員由各縣選舉、王能招集之、亦能遣散之、議院舉立委辦、分爲二班、一主舉意、一主施行、各郡亦皆有施行會、諸會員爲九部大臣所選派、分爲數班、各有專司、諸班亦可聚議、郡中應行之事、且立有會正、總持一郡之事、某班所議者、若不合會正之意、能斥駁之、而獨行其是、此外更有一司、司員六人、二人爲王所派、內有律師一人、其四爲本省所派、司中議事、會正必在其中、若聽訟折獄、律師則居首位、會正不可攙越也、

七十三仝上　郡內之城邑、盈三萬五千人者、稱之爲縣、不足此數、則合其附近之城邑鄉村、亦名之曰縣、有自治之權、設有縣令、亦有議事會與施行司、縣令爲議事會所舉、總督所立、必明通政治、多所閱歷者、縣中一切事務、皆其主理、且爲警察局之總辦、施行司之首領焉、議事會之會員大城邑之縣、由本城施行司所立、城鄉相合之縣、由民衆選員所立、至於各省議院之員、亦皆由本省各縣所選派也、夫布國之城邑、內治未能統同、蓋因先代之風化、各有所異、然其大意則無甚區別、各城邑皆立有議事會、所議者多在本城之公費、或提倡縣令應行之政、亦皆立有施行會、會分數司、所舉之司員、須有特才特能、以主理其事、議事會能選舉縣中人員、爲某司之輔助、被舉者不可推諉規避、如貝耳林京城、才能之人、殷實之家、堪以選舉佐理公務者、約萬餘人焉、

上言選舉省議院人員、按所納之賦稅、分爲三等、見上七十一節 選舉縣中諸員、亦按此規、無恆產之民、則無舉官之權、是將主治之權、多託於大家貴族、而貧民不免向隅矣、附於縣者、名之曰鄉、或一村數村所成者、鄉中之民、若盈一千五百人、必立一鄉長、主理鄉中之事、其任六年、爲縣中議事會所舉立者、凡緝捕盜賊、救濟貧困、以及防疫衛生等事、皆歸此長主理、此布國治理各省之大畧也、

七十四折獄之規 布國之諸臬憲堂、與日耳曼各邦之臬憲堂無異、皆爲聯邦總臬憲堂所總理、其判斷之法、必與聯邦之總臬憲堂相合、不可矛盾、各鄉皆有讞局、讞員一人或數人、在折獄之時、則有陪審員二人、公同聽斷、各縣亦皆有讞局、讞員之多寡、視乎訟事之煩簡、分爲命案商務田產數科、省中之臬憲堂、其任事亦與此相同、若遇人命重案、必延陪審員十二人、公同判斷、按國中之審判員、皆爲王所選派、其任終身、蓋爲居職既久、自必靖共爾位、保全令名也、凡通國人命重案、必由國家狀師理其事、法部大臣總其成、夫狀師者、乃法部大臣之僚屬也、○更有行政臬憲堂、與法國相類、凡官與官因行政違法而爭執者、或民與官因偏袒徇私而上控者、以及法制規模、彼此矛盾、官權民權、兩相妨碍者、皆歸此堂斷定、各縣亦有行政堂、施行司充當其任、各郡之施行司、亦兼此職、而縣令爲之首、貝耳林京城、又有大臬憲堂、判斷關乎政治之事、其人員爲王所選立、職任終身、其權與總臬憲堂無所軒輊、又有平論堂、其員十一人、爲王所立、職任終身、能料理民臬憲堂與行政臬憲堂不合之事、由是觀之、日耳曼之政治、法網密而律例嚴、凡民

衆之交接往來、財產身家、固足資其保護、然因法律之森嚴、官吏之苛察、於人民當得之自由、不免有所妨礙也、

第十章　論英國之政治

七十五英國政治之原　庇炭一島今名英吉利原爲色勒特族所據耶穌前五十五年該撒如利烏攻敗之隸於羅馬屬下者約有四百年其人民漸受羅馬之化與聖教之感至耶穌後四百有十年羅馬屢爲狄族侵擾遂撤其駐防之兵令色勒特人自治其地自四百五十年以下約二百餘年之間徒炭猛悍狄人由附近北海之地源源而來侵據其境土建立小國之基而諸小國互相吞併强存弱亡能自存立者不過十數國而已至阿勒腓德（稱爲大者）爲王時（自八百七十一年至九百零一年）聖道已傳於該處人民多受其感兼之此王才德兼優謀勇俱備終將諸國合爲一統庇炭大地半歸其權下矣按徒炭人之性情好自由而不受壓制初入庇炭時創行政治與先年之政治相仿（見四十一節）各家皆有家長合數家或數十家成爲一鄉立有鄉會酌擬鄉中之事合數十鄉或數百鄉成爲一部主理部事則有部長後之稱王者即此部中之長也且立有大會每年會集約二三次諸鄉之人皆可入會王能招集之酌議應行之事凡百政務必須鄉民悅服方可施行更有一會乃各鄉選派之人所成凡屬訟獄多歸其主理歷年既久諸小國之疆域漸開人民日衆遂又立一會名曰上智會入會之人無定額乃國中有權位者或富厚者以及主教院長等會中人員自認其權高越乎王權以上能廢立王位定擬法律以及定稅行審之權皆歸此會及王權漸增而此會之權始漸替矣

七十六挪曼諸王所行之政治　耶穌後一千六十六年挪曼公爵危連（稱爲勝者）率大軍入英戰於哈

司聽之地、大敗敵軍、遂攫王權、將大地盡皆圈佔、分賜其近臣、或與其歸服之人、受賜者必於王前設誓、盡忠於王、且於其要害之區、建立堡砦、設兵防守、上言徒炭諸國、立有上智會、自危連侵入之時、猶仍其舊、凡公侯奈特主教院長等、皆能入會議事、歷代既久、變通亦多、與英國之政治、大有關涉焉、蓋英國政治之前進、非在舍舊而謀新、乃在由舊而生新、欲知其政治之變動、不可僅於其數年間觀之、必於其前數十年或數百年較之、可知其年代愈遠、改變愈甚也、論上智會之變動、一變而為議院、再變而有王議事會、由王議事會而有內議事會、由內議事會而有近今之樞密會、又由王議事會而有諸臬憲堂、上智會聚集之期、一年約三次、會員每年多所更變、王選有才能者、或素所信服者、與之酌商國政、久之遂成為王議事會、其權勢只亞於上智會而已、蓋上智會、聚散無定、人數不齊、而王所選之人、能與王時相會合聚議也、夫由王議事會所生之臬憲堂、有主治各類關乎國家之公費者、有判斷諸民爭訟之事者、有名為王臬憲堂、乃調查各臬憲堂所理之事、而正其是非者、又有名為公平臬憲堂、或有爭訟之事、出於法律之外、此堂人員能究察其義理、折定其是非也、

七十七議院之原　自勝者危連以下、數百年中、封建之風、偏行於英、然王與公侯、因主治之權、不免多所爭競、至約翰為王（自一千一百九十九年至一千二百十六年）政治多所改變、蓋約翰為人驕縱、昏憒無能、乏主治之才、致觸羅馬教父與英國教牧之怒、以至公侯羣起忿恨之心、終則上下離心、幾成禍變、而不得不服乎教父矣、於是在教父使者前、脫冕俯伏、承認己罪、使者指斥其過、仍加冕於首、使之

爲王、後公侯廹令約翰將異日行政之要旨記錄明文名爲法律大綱、在一千二百十五年 即英國世代治國之大規模也、其中之緊要者、乃在保公侯與國民之權利、必以大綱爲準、王不可任意而行、由是特立新章、與後世之政治大有關涉也、按先年之上智會、惟公侯主教世襲大家能入之、今則大地主、與城邑之民、或教牧等、皆容選舉代表人、入會議事、但其中品類不齊、且素日少所聯合、强成爲會、未免彼此多所不平、久之此會遂分而爲三矣、一爲上議院、乃公侯世襲大家所成者、一爲下議院、乃城邑之士紳、或大地主所成者、一爲敎牧會、商酌敎會諸事務、敎牧會茲不具論、其議院約在耶穌後一千三百五十年、上下遂顯然相分、與近今亦無甚差別、惟下院人員、非如近今爲衆民選舉、乃大地主大商賈所舉、故治國之權、多爲貴族大家所掌矣、

七十八內議事會與樞密會之聯絡 英國第六亨利爲王時、自一千四百二十二年至一千四百六十一年 由王議事會而生內議事會、蓋王議事會人員衆多、事務煩難、與商國事多有未便、於是遇有國家重務、王但擇會中數人與之商酌、後遂名爲內議事會、王必令此會人員、誠心設誓、盡忠於王、若有機密要事、不可宣洩、久之王議事會之權、漸爲此會所侵、而王議事會遂歸無有矣、厥後會員之人數愈多、其權其事、遂多所變易、近今會中員數、蓋二百二十人焉、凡王家子弟、與大主敎三人、以及各臬憲堂之總憲、議院中之首領、水陸二軍之統帥、大國之專使、屬邦之總督、皆在此會、按英國總律之義、上所行之政、當與內議事會相商、政令若有不善之處、則歸咎於此會、或專司其事之人、究之治國之權、非在英王之手、乃在二院之手、凡有行政之責者、非聽王命、乃聽議院之命也、溯自先

代之內議事會因事衆人煩分爲數司各司其事近今會中最重之責乃國中之學校也此會人數衆多或任職於外未能聚議似有名而無實然按舊章王之政令必爲內議事會允許方能施行故王遇有事故仍請內議事會一二人或數人與之酌商是其所定之事名爲內議事會所議實不過此數人所成也〇夫樞密會乃由內議事會而生因內議事會人數衆多聚集不易且以國家大事未便寄託多人遂由內議事會中選擇數人與商國事後成爲樞密會按此會創立之初無名稱亦無權勢久之內議事會之權漸爲此會所攬矣近數百年來英國各部大臣皆在其中能指點議院所定之律所擬之事在第三危連爲王時（自一千六百八十九年至一千七百有二年）選立樞密會員必由秉權之黨與之酌商國事自此而後樞密會之責守規模愈爲堅定近百餘年來此會人員必由二議院所選亦必由下院秉權之黨所選且凡在會諸員必同任行政之責倘下議院以其定章爲非棄置不用則全會人員皆當致位請王另舉會員也

七十九議院與樞密會之聯絡　英國議院因行政之故與歷代諸王多所爭論歷年既久議院視所行之非由於王之輔臣於是所行之政有與議院不合者則控告某大臣之非請王斥責或罷黜之甚至處以重刑自第三危連以下懲辦大臣之規漸爲停止蓋王選立大臣皆由秉權之黨也按國家所行之政名爲王之意旨樞密大臣之贊襄究之治國之大權皆爲二院所掌樞密會不過爲之倡率而已故樞密會所舉之意若爲下議院所咈會正必朝謁於王爲全會人員代辭其職請王另選於是王請獲勝黨之首與其同事之人公同酌商何人可稱何職王於其所指之

人、選立新員、此員約爲二院多才多能多所諳練之人、且爲其黨所欽重者、會員約二十人、見下節此外又有副員十數人、雖不列於樞密會中、亦與樞密會相連、爲樞密大臣之代表、若議院中有何事故、可代爲演說以陳明其理、如樞密會某員爲上院議員、此副員可於下院陳述其所願成之事、倘樞密會員辭職、則各副員亦必因之退其代表之任矣、

八十樞密會主權行政之則　上言樞密會之定章、若爲下議院所咈、會中人員皆當致位、是行政之責、爲全會人員所承當、不容歸罪於一人也、然每有樞密會員擅權行政、不酌議於同寮、致拂衆意、爲全會所擯棄、如此者惟此一人退位而已、抑或樞密會之定章、爲下議院所咈、樞密會視其所咈者、必不能洽乎輿情、則禀命於王、請其遣散議員、另行選舉、若新選人員多屬樞密會員之黨、此事仍必施行、倘多屬他黨、樞密會員則致位而退、請王另選樞密會員也、按樞密會由內議事會而生、總律但認內議事會、而不認樞密會、故樞密會員必入內議事會、且對衆設誓、爲國爲王忠心行政、今則內議事會毫無約束樞密會之權、樞密會不但指點二院所行之事、且握行政之權、如本國與屬邦之聯屬、與鄰邦之交際、以及商酌條約、徵調水陸軍旅、凡此要事、不必照會議院、皆能獨斷獨行、但所行不合議院之意、爲其所咈、樞密大臣則當致位而退、考樞密會諸臣之特責、一爲原任度支部大臣、此大臣本爲度支部之正堂、後將部務歸副堂總理、而此大臣遂虛有其職銜、近今宰相多兼此職、蓋以位尊事簡、居此位者可得專心國事也、二爲法部大臣、其要職有二、即本部之會正、諸臬憲堂之總裁也、三爲內議事會之會正、夫此會名位雖虛、而其

緊要之數司仍存如行政審判等司會正猶爲之首四爲掌璽大臣按英有二璽一國璽存於上議院爲會正所掌一王璽即此大臣所掌者當時王權多歸於議院此大臣雖附尊名而其事實簡而不煩也五爲度支部大臣總司出納之事凡國家之費用每年在下議院陳明需欵若干當以何法徵取以敷其用六內務大臣七外務大臣八殖民大臣九陸軍大臣十印度大臣十一海軍大臣又有農務商務民政等大臣皆在此會此外又有任要職者約二十餘員雖不在此會亦與此會相連蓋因樞密會總理國政無論有何舉意必有樞密會員一人或代表人在議院中陳述其意也由是觀之可知樞密會人員責任有二一爲議院之員一爲行政之特員故皆括於樞密會中爲議院之主領矣

八十一下議院之規模　下院創立之時主治之大權爲王與上議院所操其所議者不過徵取賦稅以供國用而已閱五百年輾轉變更國勢愈盛民權愈增王與世襲公侯不得不俯順民情故近代以來國家之政治多以下院所擬者爲定評也且此院設立之初城邑之議員與鄉里之議員議論多不水乳蓋大地主以世襲大家自居不儕於商賈之列然城邑議員之才智不下於鄉里之議員且其代表之責相同求益避損之意亦大畧相同故歷年既久彼此融洽於治國之事遂能協力同心矣夫下院人員雖由人民所舉然非由於衆民乃由於有財產之民迨勢異時遷多有大城邑貿易衰微人民零落其選舉議員仍按先年之舊規或有新立之城事業繁盛人民衆多仍不容其有舉官之權即或容之而選立之規多不公允故百年來英國法律屢加修改人民舉官之權始底於均平矣近今下院人員有六百七十人職任七年每年會集一次聚散之日

限固聽王之旨、然實出於樞密會之意也、當每立新院之時、議員共舉首領一人以公平指點庶務、其職任至散院爲止、按總律王若逝世、下院立即聚會、酌商國事、然不逾六月、即當解散、俾民另舉議員也、夫議院所擬之律、所議之事、多半爲樞密會員舉陳、亦有非樞密會員所舉陳者、若所舉之事無關輕重、樞密會則置而不論、或視此事關係重大、樞密會則認爲公事、承攬而指點之、夫既認爲公事、倘爲議院所咈、則樞密會員亦當致位而退也、

八十二上議院之規模　上院議員未有定額、蓋王隨樞密會舉意、能賜人以世襲之爵、今英國之尊爵約有三分之二、皆近百年中所封者也、以現今之員數計之、共五百七十人、英吉利世襲之尊爵四百九十六人、大主教二人、主教二十四人、大律師四人、哀爾蘭之尊爵、公舉二十八人、此皆終身任職者、惟蘇格蘭之尊爵、公舉十六人、其任事之期、則以下院議員之進退爲限、凡國家定律擬事、必經此院與下院允準、方能施行、若屬公事、必由樞密會舉意、始行酌商、然亦有由上院發端、不經樞密會、惟聽下院之可否而已、或謂上院議員非民所舉、民亦不能罷其職、而上院人員於下院所擬之事、歷代多所阻撓、似於國家政治獲益少而受損多、然仍有可言之益焉、下院所擬之律、所定之章、上院若視以爲非、必批駁之、非故爲擯棄也、乃實見其所議者未盡妥善、故使下院再爲研求、務臻美備、俾民多得裨益也、亦有下院擬定者不合上院之意、因民心悅服、遂不得不俯而從之、在耶穌後一千八百三十二年、上院於下院擬定之事、盡力阻撓、王戒之曰、吾將多選佩服此章者、賜以尊爵、爲上院議員矣、諸員聞而生畏、遂不得不降心相從、此後上院

議員、每以此言爲鑒戒也、現今英國人民、多以二院有益於國家、然上院議員若如下院議員亦爲民衆所舉、俾知己之責任、乃爲民之代表、所言所行、常求民之益、以洽輿情、不更盡善盡美哉、

○上院不但有定律行政之權、且爲國家之大臬憲堂、惟內議事會之大臬憲堂、可與比肩、但彼臬憲堂、乃主治屬邦上控之事、此臬憲堂、乃主治英吉利蘇格蘭哀爾蘭上控之事、此二大臬憲堂雖主治者不同、然有尊爵數員、兼理二堂之事、但上院之大臬憲堂非議員同理其事、乃院中之大律師專理其事也、在聽訟之時、至少須有大律師三員、方能成會、此三大律師、所斷之案、必曰上院所擬定之案也、揆以上之意、定律行政、下院之權、固越乎上院、然上院大律師能講解法律義理、故上院多有指點國事之權、總之近百年來、英國人材蔚起、無論世襲之臣、或民舉之員、皆屬精明通達、爲國盡忠之士、故二院之政律、足使人民各遂其生、國勢日有進步、爲他國所可取法也、

八十三 臬憲堂之規模　英國先代之規、王選派臬司、按行四境、設立臬憲堂、聽民訟事、又有平允臬憲堂、爲諸臬憲堂之首、此堂設於京都、未嘗巡行於外、自耶穌後一千八百七十九年、議院議定將臬憲堂之規、大加整頓、茲試陳其大畧焉、前言上院、即爲大臬憲堂、此外更有上臬憲堂、凡國中之讞堂讞局、皆爲其所屬、此堂又分爲二堂、各司其事、一曰公義堂、一曰上控堂、公義堂分爲三司、一曰度理司、一曰王制司、一曰劵契司、凡一切緊要案件、均歸三司審斷、倘有以司中判斷不公者、可控於上控堂、由上控堂可控於上院之大臬憲堂、度理司司員六人、王制司十五人、

劵契司二人共二十三人若有應審事件大半歸某司員一人是不啻將三司分爲二十三司矣故案卷雖繁了結甚速庶民不致久受拖累且此司員不僅在京都判斷訟事並彼此輪轉按臨四境俾下情上達民怨易伸也上控堂司員六人分爲二司每司三人此外又有讞局二一曰官讞局在英吉利與危勒司之地共五十州每州劃爲十區設立讞員一人按行十區判斷訟獄所判者多關乎財產之事倘有疑難重案則上詳於臬憲堂一曰民讞局國家於各州又選紳士數人名曰和平董事每董事各有分局判斷本處之事一年四次聚集總局同理訟事倘有以分局審判不公者可上控於總局由總局可上控於臬憲堂由是觀之英國之各臬憲堂既互相聯絡故聽訟折獄之事大得其平也

八十四英國之總律　夫論總律者必以爲著有明文條目清晰凡行政之大綱王與諸臣之權限定律行律審律之權如何聯絡必皆詳論之矣然英國之總律殊不若是蓋英國之總律乃世代之規模彰顯於行政治民之間者如王之責守與上下議院樞密會臬憲堂之責守以及國民之本分無不括於其中上言總律大綱乃英王約翰受迫於公侯所著久爲治國之標準越數代英國大經變動議院遂編纂條例以保公侯與庶民之權利第三危連得立爲王時設誓遵守時在一千六百八十九年故謂所著之大綱與所纂之條例括於總律中則可謂此外別無總律則不可且英之總律歷代變更此代不同於先代後代亦未必即同於此代在中世代治國之大權爲王所操招聚大會後稱議院亦聽王旨倘會中有違逆王命專擅國權者王必遣散之歷數百年二院雖同在王權

之下、而上院之權特重、下院但承順其旨而已、此後文學振興、人才輩出、工商者流、權勢蒸蒸日上、總律遂變爲民權之律、而實行此權者、乃下議院、樞密會但爲之主領耳、由此觀之、英國之總律、本乎人民之賦性、而總律能得保守者、乃在歷代所定之律、並人民樸厚之風也、

第十一章　論英國各方之政治

八十五英國各方先代之政治　上章言庇崀大地、爲北狄多族侵佔、創立小國之基、迨年日深遠、遂將各小國合成一統、仍以舊名名其地、昔之國名、乃變爲今時之州名矣、考各小國先年之制、皆有議會、立有會正一人、今雖變而爲州、仍有議會治理本州之事、至挪曼諸王執掌國權、政治遂爲之一變、主教院長皆退出大會、自立治教之會、王於世襲之公侯、或崛起之大家中、選派數員分往各州、名曰採訪官、巡省一州之事、久之、凡徵稅折獄以及諸等政務、均爲其所掌、權勢既增、弊端亦出、庶民受其殘刻者、多所怨謗、王視此等人員、利己營私、不能盡忠爲國、於是又分遣司法官一員、主理各州訟事、以削減採訪官之權、至約翰爲王時、法律大綱著成、各州之訟事、遂獨歸司法官主理、其後採訪官之權遞減、但於司法官所擬定者、遵而行之耳、自耶穌後一千三百以下、新規興起、王於各州中選立和平董事、見上節　其任無定期、惟在王之用舍以爲去留、所司者、乃保守和平、彈壓地面、凡修整道路、徵取賦稅、與牢獄之囚犯、養濟院之貧民、以及瑣屑諸事務、尋常之案件、皆歸其主理、若兇殺、盜賊、拐騙、背誓等重大之案、則當上詳於臬憲堂、自採訪官之權漸微、王乃派巡按數員、分往各州、代王主治政務、州中又有司庫一員、其餘若司畝、司葬等微員、無庸一一縷述也、

八十六各方政治之變更　上節於各方歷代之景況、已略言之矣、考英國各州先代分爲多區、有因衛生而分者、有因養濟而分者、亦有爲立學校、修道途而分者、界限紛紜、行政每多不便、在耶

穌後一千八百八十八年、議院遂定擬新章、凡最大之城邑、民數約五萬者、名曰城州、共有六十一城邑、以外之大地、分而爲區、名曰鄉州、共有六十、民數不盈五萬之小城邑、皆括於鄉州之中、各州立有議會、酌商本州之事、議員最少者二十八人、多者不過一百四十人、爲民所舉者三分之二、其任三年、其餘一分、則由民舉之議員自行選立、其任六年、諸議員又公舉會正一人、其任一年、舉之之法雖有不同、而其行事之責則一也、論議會所司之事甚爲繁雜、凡一州之公產、橋梁道路、尺秤升斗、以及養濟院、癲癡院、習藝所等、皆宜主理、且宜委派司員照顧官府記錄諸教堂與社會之清册、並酌定州中一年之用欵、而定按畝徵收之數、國家但選派官員、考查欵項之出入有無弊端、則稟明於上下二院而已、各州所分之區、國家皆許其自治、無論男女、皆有舉權、區中人民不過三百者、則不設立議會、遇有事件、公同酌商、若越三百人、則舉代表人酌議事務、凡與本區之民有益之事、區會皆能主理、更有數小區聯合成爲一大區、各舉代表人以入大區會中、指示小區諸事、此乃州中政治之大畧也、

八十七　城邑之政治　鄉邑之民漸爲開發、欲得城邑之自主、當稟明於內議事會、內議事會派員察勘景況、以定其可否、若視以爲可、卽與以劵約、定其四境之邊界、與議會之權限、如警察、捕盜、防疫、衞生諸等事務、皆歸議會主治、國家雖於城邑之民、賜以自主之權、而審判之權、仍屬於所隸之州、亦有許其設立讞局、判斷尋常事務、且可由此局上控於國家之大臬憲堂、論倫敦一城、爲天下都城之最大者、然在中世代不過彈丸之地、只有今之一隅、仍持守主治之舊規、及市場

道路、漸次伸張、遂分爲多區、酌定主治之規模、然各區之規模不同、致與人民之自治、多所妨礙、至耶穌後、一千八百八十八年、更定新律、將倫敦成爲一大州、設京尹一員、以司民社、督捕一員、以緝奸宄、且設立議院、議員一百三十七人、其權與他城無異、試即英國之政治、與城邑之政治、以及法國日國之政治、參觀互較、無不上下相關、互相聯絡、然其聯絡之景況、實有不同、蓋法日二國之部臣、多干預各方之民政、致人民乏自由之權、而英國之民、雖受在上者之節制、然未嘗奪其自由之權、但不令其越乎義理、妨礙他人而已、

第十二章　論英國屬邦之政治

八十八創立屬邦　在耶穌後一千四百九十二年、叩倫布備舟西行、越洋浮海、尋得南北美洲、以下二百年中、歐洲多國開發新地創立屬邦者、相繼而起、其始西班牙之勢最盛、屬邦最多、越數代、英國之海權振興、屢闢屬地、近二百年來、實首屈一指矣、昔英國初創新邦之時、多存利己之心、於屬邦之民、每加苛待、然其民既同爲英國之民、卽與其本國之人同好自由而惡苛虐、於是屬邦之最大者、違其政令、血戰八年、終則脫其羈軛、自立美國矣、英國既經如此之儆戒、國民又日進於文明、由是多體恤屬邦之民、賜以自主之權、按現今最大之屬邦、爲堪阿大、該邦分爲上下、下堪阿大原爲法國所開闢、其民爲法國種族、在一千八百三十七年、因受英國壓制、遂生變亂、英王派兵彈壓之、且遣公爵督耳罕前往察勘、倘法律行政、有與該處之民不合者、稟明國家、以便修改、論督耳罕之爲人、寬厚慈仁、多求民益、乃稟明國家、當容堪阿大自主、但認英國爲上國可也、政府遂以其所稟者爲定章、載在盟府、此後則相安無事矣、

八十九自治之屬邦　英國屬邦有二類、一爲自治、一爲代治、自治之屬邦有十、卽堪阿大、牛分蘭、好望角、澳司大利亞、匼內蘭、新危勒司、非透利亞、南澳司大利亞、他司美尼、牛西蘭是也、此十邦之內政、概能自主、惟認英國有在上之權而已、按堪阿大之地分爲七省、其內政屢經變更、（與上節參看）蓋上堪阿大之民、爲安格堪族、下堪阿大之民、爲法蘭克族、其所定聯絡之律、實難翕合無間、至耶穌後一千八百六十七年、新定總律、將堪阿大之七省、賜以自主之權、令其各設議院、與行政

之樞密會、並設方伯一員、總理其政、論其總律與美國之總律關繫上國屬邦分權者、各有不同、美國總律凡載諸明文者、上國必持守勿替、明文未載者屬邦可便宜行之、若堪阿大之總律則不然、凡載在明文者、屬邦必持守勿替、明文未載者、上國可便宜行之、按堪阿大之政治、乃仿英制、有總督一員、爲英王之代表、然其行政、必假手於樞密會員、不可獨擅其權、又有國家議院、分爲二所、上所之議員八十一、爲樞密會所舉、總督所立、職任終身、下所之議員二百十三、爲民所舉、其任五年、人民若至二萬二千、則舉議員一人、樞密會十三員、有指點政治之權、其所擬之章、若爲下所所咈、亦如英國之制、該員等當致位而退、俾總督另立他人、至於舉錯議員之法、亦與英國相似、此治理堪阿大之大概也、

九十仝上　近今百餘年間、澳司大利亞一洲、爲英人漸次開發、自創立之初至耶穌後一千九百年、諸邦各理其政、只遵英國有在上之權而已、按澳洲分爲五邦、曰新危勒司、曰危透利亞、曰盈內蘭、曰南澳、曰西澳、又有一邦、乃附近澳洲之大島、曰他司美尼亞、在一千八百八十五年、英議院許諸邦所求、每邦選代表二人、成爲聯會、酌商諸邦相關之事、然未嘗賜以主權、但於其視爲有益者、指陳之、其行之與否、則在各邦之民也、一千八百九十七年、諸邦選派人員、共議聯絡之規、歷一年之久、總律告成、宣報各邦、復閱二年、諸邦之民、始皆悅服、遂稟之於英議院、許之、至一千九百有一年、乃將聯絡之總律、宣示於衆、考總律之大旨、多仿照美國、凡國家應有之權、皆載在明文、其餘之權、仍爲各邦所有、國家之議會、分上下二所、每年聚集一次、上所人員、職任六年、

每邦選派六員、下所人員職任三年、其員數則倍於上所、試將議會之權約略言之、凡酌量錢幣、徵收賦稅備軍兵稽戶口立郵傳、與人專利之據、定升斗之準、以及各邦通商、並各邦與他國通商皆歸此會擬定、此外應議之事尚多、茲不具述。按議會所擬之事、無論何所發端、必二所共服、方爲定評、倘意見不合、議久不決、則遣散下所、另舉議員酌議、若仍不合、則二所議員聚於一堂、公同酌商、以首肯多者爲斷。總督爲英王之代表、有施行法律聚散議會之權、並有大臣七員、成爲一會、有如樞密會、然此七員必係議會之員、且爲議會舉立者、至於審判之權、則爲國家大臬憲堂所掌、凡此邦之民與彼邦之民、或與他國有何爭訟、皆歸此堂斷定、倘屬重要案件、亦可上控於英國之內議事會。揆澳國之政治、實爲自治之大國、雖名爲英屬、而英少有統馭之權、蓋其與英之眞聯絡、乃在同出一源、同此教化也、若論其餘自治之屬邦、亦與堪澳相似、不必一一縷述也。

九十一代治之屬邦　凡英國屬邦、未得自治者、皆爲代治、且多有不足稱爲邦者、如赫利那、支玻拉德爲英兵駐防之地、以軍政治理其民、亦有雖屬代治之邦、而容其選立議會、以定擬主治之事、然其主權、仍多爲總督所操、總督又聽命於外政大臣也。○英之屬邦最大者、印度也、其民族既異、其政治亦與他邦不同、故議院派總督一員、參贊六員、總督又自選十餘員、成爲議會、以議治理印度之政、會中分爲數班、各司其事、若數班公同聚議、許人衆入聽、在英國樞密會中、有大臣一員、主領印度部、且在此部特立一會、專議印度諸事務、會員十餘人、爲英王所立、然必曾在印度熟悉情形者、印度大地雖隸英國權下、然非統合爲一、多有小邦、自立君長而聽從總督之權、亦有大邦不直隸於總督、而爲太守所轄者、該太守亦立有議會、酌議本邦之事焉〇古希臘在數百年中於地中海沿岸開闢新地、近代數百年中英國亦在天下四方開闢新地、但希臘所立之新邦、風化雖與本邦相同、然任新邦自主其內政、故年代愈遠、其心愈離、英國則不然、愈容屬邦自主愈與上國相親、美國雖以戰爭與英相分、各主其政、然英美仍互相輯睦、蓋自認其同出一源也、

第十三章　論稅資國之政治

九十二稅資邦聯盟政治之原　稅資大地多有崇山峻領、湖澤江河、果品繁盛、草木暢茂、且天氣合宜、牲畜蕃殖、然可耕之田無幾、在耶穌降生之時、有數種狄族、分據其地、多以畋獵養畜爲生、屢有內訌外戰之事、至耶穌後六百年、哀耳蘭之教士叩倫般稱爲勝者來此地宣教、入教者甚多、且立修道院、建造會堂、由此人心多受其感、時封建之風、已徧於歐洲諸國、稅資雖多有尊爵分地而治、然亦有自主之城、並有數處自治之區、彼此聯絡、互相輔助、按稅資聯盟成國之原由、起於耶穌後一千二百九十一年、有三區互相聯絡、脫離尊爵之權、惟尊日耳曼皇帝、至一千三百三十二年、增入一區、越二十一年、又增四區、此八區共立聯合之約、居然八邦矣、嗣後此八邦與奧法二國、屢與血戰、每戰輒勝、於是稅資善戰之名、洋溢於歐洲諸國、以致諸國若有戰爭之事、多有傭募其兵者、至一千五百十三年、又增入附近五區、共爲十三邦、此下約三百年之久、雖多有變亂之事、而盟約仍未解散、至一千七百九十八年、法國民變民主之講論、廣傳於四方、稅資與之接壤、受感尤深、按先代聯邦之政治、互有不同、有爲貴族主權者、亦有爲民衆主權者、今受法國之感、又賴法國之助、遂大起辯論、民主之黨獲勝、乃廢先年之約、創民主之規、然各邦非出於甘心、多有不服此政者、至一千八百三年、那破倫掌法國之權、召稅資二黨之代表人、至巴利廢民主政體、仍立聯盟之約、且又增入六區、至一千八百十五年、則增至二十二邦矣、此下三十餘年間、邦中多有爭辯、其所爭辯者有二、一乃關乎掌權之人、此貴族與庶民之爭論、乃爭論愈力、而民權愈增、一乃關乎新舊二教、蓋二教之主治規模、多有不同、至一千八百四十五年、有奉舊敎數邦、共相謀議、廢棄聯盟、立一新約、屬新敎之邦反對之、乃興起干戈、新敎獲勝、明年各邦派人重修聯盟總律、一千八百七十四年、又修改之、即現今政治之大本也、

九十三各邦之內政　欲究考稅賨聯邦之政治、必先察明各邦之內政、蓋聯邦之政、由各邦內政擴充而成、聯邦雖有約束各邦之權、而此權實由各邦而出、各邦所未給予聯邦者、仍爲邦民自行主治、其內政雖大致相同、而因其種族語言宗教風俗各異、遂多有相分之處、按各邦政治之大旨、主權分爲三類、即定律行律審律是也、然其權限未能劃淸、蓋各邦之議會、不但有定律之權、而行律審律之權、亦多爲其所攬、但此會皆只一所、非若美國省議會分上下二所也、此會之所成、多半爲民所舉之代表人、約千人選一員 惟有四小邦乃民衆所成者、不但有定律之權、凡定稅選官、以及於民有益之事、皆能主理、又能於會中選司事人員、名曰行事會、所司緊要之事有二、一指示會中所應議者、一施行本會所定擬者、其人數各邦不同、多則九員、少則五員、近來有十一邦將選舉此會之權、歸之於民、因會中之事日見繁多、遂分司其事、而全會之人、仍須總理、夫各邦雖立議會定擬邦律、然邦民仍不卸其約束此會之權、其中有操日耳曼語之七邦、若於會中所定某律、諸民不服、能解散之、舉立新員、另議此事、有數小邦若不服會中所定之律、能上求議會、須民數若干方有上求之權、其額數各邦不同、或數百千不等 會中須聽衆民之可否、必咈之者居多數、方能廢棄此律、各邦定律之法、多有由民而起者、其法如下、必數千人各邦之額數不同 舉意、在所願定之律、上求議會、議會則修

備律文、宣示於衆、以聽其可否、若服從者多、此律即定、諸邦中亦有議會定律之後、發交衆民之規、設某邦議會欲修改總律、擬定後必發交於民、聽其可否、不但修改總律如此、即有關乎重大之律、及緊要之章、亦宜如此、各邦中約一半以此爲恆規、其餘一半、必有數千人上求、方能聽民可否、定律既視民之從違、則當勉勵人民、多明通行政之規、然如此煩瑣耽延、致令會員於定律之責、不甚懇切、因不知衆民果能悅服與否也、稅賫之政治如此、其中之損益、吾人難加定論焉、

九十四各邦之邑政與鄉政　稅賫各邦之地、分爲數邑、每邑分爲數鄉、其分邑之故、乃爲行政之便、分鄉之故、乃爲人民自治之便、邑中行政之權、爲邑宰所掌、凡議會所定擬者、邑宰施行、並主治緝捕之事、其選立邑宰之規、各邦不同、有爲議會選立者、有爲行事會選立者、有爲庶民選立者、在大邑中、亦有庶民選立數人、爲邑宰之佐、其數多寡不等、鄉中自主之權甚大、在上者多不能干預、有地產以爲公用、凡緝捕盜賊、養育窮民、建立公學等事、本鄉皆能主治、然既屬在上之邑、凡邦中有何選舉之章、如立會員、定法律、必托各鄉成全之、論其自治之規、各鄉未能盡同、操日耳曼語之鄉、所定擬之事、乃衆民會集相商、以人數多者爲定、操法語之鄉、衆民舉立議會、將關係鄉中之事、歸此會酌議、無論衆民自主或議會主治、必皆選立行事會、以成其事、此會必有會正、會中諸員皆當協力以成之、可知稅賫之政治、由鄉而出、即謂鄉爲政治之本可已、

九十五聯邦議院　稅賫聯邦議院分上下二所、其權相等、凡定律議事、二所分理、惟舉官行審等事、則二所共議、每次議事、或歸上所發端、或歸下所發端、皆爲二院正酌擬、按總律所定、二所每

年至少必須聚集一次、近來之常規則一年二次、一在六月、一在十二月、每次聚集約一月之久、或因事務紛繁、下所人員若有四分之一願招集一會、或五邦人民如此舉意、則可招集、名曰特會、下所人員百四十七人、其任三年、聯邦中每二萬人可選代表一人、或某邦之人不足二萬、亦能選派一人、上所議員四十四人、每邦選舉二員、其選舉之規、各邦多不相同、有爲民舉立者、有爲議會舉立者、選舉之期、或一年二年三四年不等、議院乃税賫主權之中樞、其所主治之權如下、一與隣國交際開戰罷戰立約以及備兵籌餉定捍衞之方、二保護各邦之主權、指點邦與邦相交之事、不容與總律相背、三能定擬法律、與諸邦行政有益之章、以成總律之大旨、四定擬聯邦當籌之公欵若干、五選立聯邦官吏而定其薪俸、六約束行事會、與臬憲堂倘行事會所定之事、民衆不服、可上控於議院、七修改聯邦之總律、然必交於聯邦諸民、以聽其可否、多有所行之事、議院特選數人、令詳查其關係、俟其回報、再行定擬、然仍爲行事會所指點、按修改總律之章、若二所意見相合、則發交民衆、聽其可否、如有不合、必須五萬人舉意修改、方能發交民衆、倘民衆大半首肯、二所之員、必當致位而退、另舉新員定擬、仍必聽民悅服、方可施行、若在尋常所定之律、與行政之端、如有三萬民或八邦上求、必發交民衆、視其意向何如、二所又能聯合以成數端大事、一選立行事會、大臬憲大將帥、二能豁免罪犯、三能調停官吏行政不和之事、但二所聯合擬事之時、行事會當在正位指點一切、此聯邦議院之大畧也、

九十六聯邦之行事會　税賫行政之權、非爲一人所掌、乃爲會中諸員所掌、會員七人、爲聯邦之

二議院合同舉立其任三年、隨聯邦之議院爲聚散倘議院因何事故先散此員亦隨之而卸任　按總律所定此七員必選自七邦、不可一邦選立二員會正一人副會正一人亦爲議院所舉立、一年更換之不許連任而副會正、可舉升會正、會正之權雖與諸會員相等、仍認爲聯邦之總統無論有何公事以至與隣國交往皆爲之主領、二所會集議事之時、行事會員能隨意進入推論而指陳之但無舉權其權如此、與英法樞密會之權相彷但所舉之章若爲議院所唬仍能安居其位也按總律此會當合同行政近因事務紛繁七人分治、有如七部至於關係重大之事、仍須全會合議、倘某員有何弊端七員亦共行擔任、不可推諉按七員所理之事、一外政、二捕務、三內政、四軍政、五財政、六農工、七郵路、此會每年將所辦之事、報於議院並將次年應辦之事與當需之欵一併陳明俟其定擬其所行之事、議院能廢之、倘其事已成難於中止、不過加以警戒以防將來而已、至於邦與邦、或邦與隣國、有相約之事此會能究查其合於總律否、倘有不合能廢棄之論此會所當施行者、不但議院所定擬之事、即臬憲堂所斷定者亦當施行或有意外之虞此會能徵調聯邦軍旅然其數不逾二千、若不敷所用、當呈明議院俟其擬議、此行事會之大畧也、

九十七臬憲堂　按聯邦總律所載各邦臬憲堂之規條則例由民自定、凡此堂所斷定之事、不能上控於聯邦之總臬憲堂、而可以上控者、止有數事、按各邦之臬憲堂有二、一爲邑臬憲堂、一爲邦臬憲堂、各鄉中亦必選立數人爲司審董事其責有二、一本鄉之人有何爭論爲之和息而理處之、一凡尋常之案件爲之省察而斷定之、臬憲之任、各邦不同、或三年、四年、六年不等、邑中之

臬憲堂、臬憲九員爲聯邦議院所舉、於九員中舉正堂一人、副堂一人、其位二年、此九員又各有代理人一員、倘臬憲有何事故、不能聽訟、此員可代理之、此九員每年當巡行各邦、在預定之五處、究查刑名之事、行審之時、非九人同堂、乃分三堂、每堂三人、亦有數類公案、不關乎刑名者、如邦與邦之訟事、或某邦與隣國之爭論、或保邦民之權利、或關乎某邦之總律、或聯邦之總律、皆歸此堂斷定、若民與民之爭訟、雖關係聯邦之律、大半歸邦臬憲堂斷定、但所爭關乎財產之事、至三千法郎克者、約八百兩則能上控於總臬憲堂、至於私通隣國、謀爲不軌者、亦有聯邦之行事會、或議事會所咨送者、則歸聯邦總臬憲堂審判、按行事會亦有行審之事、如關乎學校、稅課、拜神、舉權、外交、版權等事皆屬之、然亦有上呈於總臬憲堂、或聯邦之議事會者、○按上數節所論、稅貲政治臬憲、爲民所舉、邦中之臬憲、則議會所舉、凡爲臬憲者、大半皆由法學家而出、聯邦之總臬憲如之大權、多爲民所掌、而議會與行事會之權有限、凡緊要之舉、皆當轉問於民、聽其可否、政治如此煩瑣、耽延、似於行政多所濡滯、但其民數不足三百萬、尚不至大有妨礙、若數千萬人民之大國、恐多所難行也、蓋人民愈多、愈當賴代表人以行政、若凡百事務、必詢之於民、恐於國家之政多所窒礙也、

第十四章　論奧亨之政治

九十八　二國聯政之原、奧亨二國之聯政與以上所論各國之政不同、以其種族習俗內政不同也、然二國之主權幾四百年歸一王(或稱帝)主理、其於徵稅練兵交隣之事、二國相合爲一、論奧國之兆興、約在耶穌後八百餘年、歷數百年之久、與日耳曼諸封建之國爭權、國勢漸盛、至一千四百九十三年、公爵瑪西米利安被立爲日耳曼聯邦皇帝、此後奧國在聯邦中常有主領之權、迨玻黑米亞、莫雷非亞、亨喀利歸其權下、而其勢更爲振興、至一千八百六十六年、奧布二國興起戰爭、布國屢戰輒勝、於是自爲日耳曼聯邦之主領、逐奧於聯盟之外矣、至於亨喀利一族、原居於裏海之東、大約爲西替安族之裔、耶穌後數百年間侵入歐洲、至八百餘年、佔據現今所居之地、爲人猛悍異常、樂於戰鬥、歷數百年、遂爲自主、於一千五百三十六年、與土耳其興起血戰、大爲所敗、遂隸奧國權下、此後雖屢行背叛、終未脫離奧權、然人民好自立之心、未嘗變易、今雖與奧聯合、共尊一帝、而內政乃爲自主、然他國仍以一國視之也、按二國之民、分爲多族、各族之風俗習染、多不相同、族中之大者、乃司拉非古族之裔、俄羅斯族之別派也、約有通國人民百分之四十、此族分爲多支、言語習俗亦各不同、徒崁族、約有百分之二十五、亨喀利族、亦分多支、約有百分之十六、皆散居各處、更有數族、言語乃出於古羅馬者、其餘人民若猶太、若阿米尼亞、若基西遊牧等人、可知奧亨二國、爲雜族同居之國、其聯合行一政令者、非民衆甘心樂爲、乃因時勢之迫脅也、

九十九奧亨之聯政　耶穌後一千八百四十八九二年、奧國大經變亂、蓋先年之國政多行强霸、不容人民自由、國民乘歐洲各國之不靖、集衆叛亂、攻克京城、奧王倉猝無備、暫避其鋒、後乃招集精兵、攻敗叛民、仍不改良政治、當此之時、亨國乘機背叛、欲得自由、興起血戰、亨雖屢勝、然奧帝求俄兵輔助、亨兵腹背受敵、卒至敗績、此後十數年之久、其困苦較先更甚矣、至一千八百六十六年、奧布爲爭日耳曼之主權、興戰、布國大勝、逐奧於日耳曼聯盟外、奧國經此磨勵、君臣多受開發、乃知政治法律、必大加修改、方合民心、次年與亨共訂連和總律、按此律乃認二國仍自主其內政、不可彼此干預、外政乃合而爲一、共尊一帝、有部臣四人、爲之輔佐、一外政大臣、其責守、一派遣使臣、二照顧通商、三監督各中諸事務、二軍政大臣、其責守、乃講求武備、修繕兵旅、皇帝爲統帥、凡舉錯將弁、徵調軍士、皆歸其主權、至於軍兵之額數、募兵之規模、則爲二國議院酌定、三會計大臣、乃修補公費之章程、二國均輸之數、皆預爲分派、酌定、此欵大半由税中籌辦、如不敷用、奧國則攤所缺者百分之六十八、亨國則攤百分之三十二、其開銷之數、必與定章相符、至於二國之錢幣、查驗公費之賬簿、皆歸其主理、按總律所定、每十年中、二國議院必修改二國相交之法律、凡所鑄之錢幣、所定之秤斗、二國皆互相通用、其管理屬公之車路、電報、郵傳與專利之規模、二國皆一律辦理、惟賦税一項、各自徵取、二國不相合一也、

一百二國總議事會　奧亨各有議院、皆分上下二所、每年二國議院、各選代表六十人、爲總議會、上所二十人、下所四十人、共一百二十人、雖爲議院選派、自認爲國家之代表、非議院之代表、凡

百事務、皆自行主理、不受議院之節制、聚集之所、在二國之京城輪年更換、所議之事雖同、而議事之時、則二國議員各在本所酌議、此所定擬者、必俟彼所首肯、方爲定準、然又必發交二國議院、俟其許可、乃能施行、至於會計大臣所定公費之章、此會能增減之、各部大臣所行之政、此會能究察之、部臣於所行之政、亦當呈報此會、於所應行之事、二所可隨意發端、所舉之件、若三次交閱未能議合、二所當同一堂共議其事、會議之時、須人數相等、倘有他故、或此國人數有缺、則用掣簽之法、以減彼國議員之數、論二國之民、種族雜亂、意向不同、總議會之定章、不易得二國議院之悅服、故自定此政治以來、約四十餘年、二國議院酌定國事、多有參差、幸今之奧帝凡西司約瑟爲人公正、國民多所悅服、値議院於緊要之事、齟齬不合者、皇帝即行干預、善爲調停、終得合宜之定章也、然如此政治、究多不便、難望長治久安也、

百零一奧國之政治、　按奧國總律、某權未載明歸某臣所掌者、皆歸皇帝主治、其議院分爲二所、上院議員職任終身、凡皇家之親屬、世襲之尊爵、大主教與特定之主敎、更有皇帝所選立之員、由在其中、蓋此人等或因有功於國、或因其才能文學、故與此選、下院議員爲民所舉、職任六年、諸部大臣有九、一內政大臣、二保境大臣、三文教大臣、四商務大臣、五農業大臣、六會計大臣、七審判大臣、八路政大臣、其一大臣雖無專責、能指點八大臣之事務、議事之時、此大臣即爲會正、各部大臣亦有指點議院事務之權、皇帝所發之示諭、如關乎某部之責守、某部臣必當簽押、方爲定準、更有樞密院、乃九部大臣與皇帝共議國事之所、議院有究察部臣之權、若議院人員究

詢何事部臣必慨切陳明按奧國全國分爲十七邦議院之權總律未有明文者則歸十七邦主治因選立議員之故將國民分爲四等一大地主二大城邑三貿易會四各鄉村上三等人可直舉議員四等人必先舉代表人選立議院二所主權相等有何舉意各所可隨意發端然必二所相合方爲定準惟定國欵與募兵之數必自下所發端此二事或二所意見不合必以定數少者爲準上院會正與副會正皆爲皇帝所選二院開會閉會散會之期亦爲皇帝所定若當閉會之時皇帝與部臣能於樞密院中酌議法律而施行之但開會之時未及一月必將此律陳於會衆前請其允許方可不然此律仍然廢棄皇帝與隣國有立約之權若約中關係通商國債以及增減境土必俟議院悅服方爲定評○按十七邦之內政多歸自主各有議院一所其開會閉會散會之期亦爲皇帝所定邦議院所定之事必俟皇帝允許方能施行國家議院所定關乎某邦之事必俟某邦議院首肯方能施行各邦議院立有行事司凡邦議院所擬定之事此司則奉行之邦又分鄉各鄉亦有自主之權凡定擬之事亦賴自選之行事司以成之奧國之政治如此皇帝之權既未明定其限制而國家議院所欲行之事多爲各邦議院所阻撓互相牽制於行政多有妨碍也

百零二亨國之政治　奧國之皇帝爲亨國特立之王其權與在奧國相同有招會閉會散會之權亦有定律行律之權然定律必藉諸議院行律必藉諸部臣與隣國立約之權亦與在奧相等有部臣十八人一供奉大臣二內政大臣三會計大臣四工商大臣五農務大臣六審判大臣七文教

大臣、八保境大臣、九盛歐西阿撒凡尼亞二邦聯合大臣、十爲本國樞密會之會正、能指點各部大臣之事務、諸部臣亦能指點議院之事務、若有何事件部臣欲成之議院欲廢之、部臣則退其職位、令皇帝另行選派、上議院爲數等貴族所成、如世襲之爵每年能納地稅至三千佛耶者、約合中國一千元即爲議員、其他如天主希臘更正三教中尊位之教牧、以及宗親與皇帝選立之八十四人皆在其中、職任終身、此等人或因名望素重、或因有功於國也、下院議員爲民衆舉立、職任五年、盛撒二邦聯合共派議員四十人、惟酌商本邦軍務商務公費三事、此外則不能參預、夫奧國全國則分爲十七邦、而亨國則有分爲區者、有稱爲自主之城邑者、皆設立議事會與行事司、國家更選派代表人指點應辦之事、又有稱爲鄉者、或數鄉聯合自主其事、亦有議事會與行事司、但無國家之代表人、若盛撒二邦則聯合爲一、自立議院自主內政也、揆以上之意、奧亨二國聯合之政、爲他國可取法者甚少、蓋政治出於競爭、非出於和平也、且國中人民種族紛歧、歷久未能融洽、所行之法律、或爲此族所悅、即爲彼族所不悅、或爲彼族所是、即爲此族所非、因其本爲二國種族不一、習俗不同、且各執己見、不能稍爲遷就、若欲政治持久、必另立一總議院、擬定善律、不容屬下之人梗其命令、且立普通之大臣、使二國成爲一統、庶長治久安、國體穩固也、

第十五章　論英國北美屬邦之政治

百零三英創北美之新邦　自叩倫布尋得美洲大地、此後歷百餘年之久、歐洲諸國、始知此洲土地之大土田之美寶藏之盛焉當叩倫布之尋新地也多藉助於西班牙二王、故西班牙爲開闢新地之首領、葡英法三國次之耶穌後一千六百餘年英人初於危基尼亞、次於瑪撒出色、次於片司危尼亞後數十年中又於附近大西洋海口河口開創新地法則於堪阿大與米西西皮河畔、德則於赫德森河口、西班牙則於弗羅耳大土股開墾土田創立城邑而四國爭權角勝終因英之海權强盛遂於北美建立諸邦矣維時法德爲英所敗堪阿大與赫德森河口之新地、即今之牛約城皆歸英屬至美國自主之後、法之米西西皮河口之屬地西班牙弗羅耳大之屬地皆售於美矣、論英人之赴新地也其類不一、其意亦不同、有因爲道受廹欲隨意拜主者有因家道衰微欲復興事業者亦有典身工作得資償贖罪犯科條發遣邊遠者紛至沓來遽集於此雖同係英人、但其性情不同行爲不同道德與勤惰不同且美洲土脈之肥磽天氣之寒煖亦各不相同故所立之法律政治不能歸於一致況地廣人稀罕有交往日久年遠諸邦之政治亦各有不同而未能合一也、

百零四新英格蘭之初創、　新英格蘭之地、即今美國東北六省之地乃於耶穌後一千六百二十一年、英國公理會人所開闢、其來也非爲謀利求安乃因爲道受廹欲往他方按其良心敬拜上帝也故於其所至之地、必創建會堂設立學校但該方之土地磽薄五穀果實不足養生、天氣嚴寒居室衣服難

禦風雨、由是羣居共處、遂稱爲鄉、以便公同敬拜、互相輔助、且於耕種外、以製造貿易漁獵等事、而謀生焉、自開創新地以後、由英國接踵而來者、數十年間、不下數萬、所墾之田甚多、且有由其所居之處遷徙他處、仍復開墾者、故土地愈闢而愈多、久之隣近各鄉、遂合而爲州、漸立規條、以得相保相助之益、隣近數州、又合而爲邦、此卽各邦之發源也、首成爲邦者、卽瑪撒出色、次羅德、再次堪內替克、瑪撒出色以北之美印、牛罕西耳、非曼特三邦、其開發皆後於此、論新地開創之初、率多奉教之徒、雖文學才能各異、而彼此視爲平等、各鄉之人、每年必聚集一次、選立董事、以主理鄉中事務、又舉書記一人、緝捕盜賊、修整道路、管理貧乏者各一人、鄉中主治之規如此、與後世美國之政治、大有關涉也、

百零五南方屬邦之初創　南方屬邦初創之時、其景況與北方不同、蓋天氣和暖、土地膏腴、人易養生、且有河道流通、便於貿易、雖人民多由英國而來、而品類不一、有因好勝探奇者、有欲興復事業者、有因謀生或獵食者、其中亦有文學道德之人、欲經歷險阻、爲後世子孫計者、更有世家之支屬、欲往他方自創事業者、如此景況、與風化政治大有關涉也、且夫能使此方振興者、更有二故、一在種植煙葉、夫煙葉始得於美洲、吸食之風、遂漸與於歐洲諸國、美洲南方之天氣地脈、與煙葉合宜、歐洲諸國、又不惜重貲而採買貿販、因之大獲其利焉、一在販運黑奴、初種煙葉之家、每傭英之貧民、爲之工作、後則偏風漸起、多有往非洲販運黑人、鬻於美洲南方之地、當時雖視爲利益、然用黑奴之主、極高自位置、視凡工作者、皆屬下流、此風一起、其後遂將人判爲等差、

富家多操主治之權、人衆少得自主之益、於南方之發達、大有損害也、

百零六危基尼亞邦之劵約　耶穌後一千六百有六年、英國數十人懇乞英王、許其立成一會、與以劵約、在北美洲開創新邦、英王許之、於是賜以附近大西洋之地、三百方里、容其開墾貿易、凡須國家之保護、與應有之權利、均與在國之民無所差別、且許其鑄錢幣、以便交通、備軍械、以資保衛、凡此所許之事、皆載諸劵約、王選立會中十三人、在英成一總會、代王主理新邦、又派方伯一員、治理邦政、選邦中之老成練達者十三人、成爲一會、爲其輔助、名曰方伯會、因危基尼亞之土地膏腴、而墾田之人、多散處田間、鮮能創立鄉鎮、故政治之規模、與瑪邦未能一致、蓋瑪邦之政治、發源於鄉、危邦之政治、肇端於州、州有刺史一人、主治本州之軍民、且列於耆老會中、代方伯省察事務、並有緝盜監獄之責、至於徵收賦稅、勘丈田畝、修治道路、以及審判尋常之案件、則歸和平董事司之、此等人員、非爲人民所舉、乃方伯所立也、若邦中之議事會、乃英國總會所許、衆民所立者、每年聚集一次、商酌一切政務、在此會初立之時、與方伯公同聚議、後則二會相分、僅將所議之事、彼此通報、至一千六百二十年、英王廢棄劵約、自行主治、惟邦會猶仍其舊、由是此邦之民、於自治之事、愈爲諳練、心愈嚮往、誠美國自主之先聲也、

百零七瑪邦之劵約　新英格蘭初創之景况、上已言之矣、（見百零四節）至耶穌後一千六百二十六年、有英國數十人、爲開發新邦起見、立一商會、英王第一、喀利賜以劵約、許在美洲東北之大地、（即今瑪邦之地）有自治之權、主理一切事務、其後所來之人、大半與先來之人、其教同、其敬拜之規亦同、於

是互相聯絡、本其良心以敬拜上帝、是時英國之政令棼如、王與國會互相爭權、甚至有廢立之事、掌權者無暇著意出國遠遊之人、故開闢新地者、得以創政治、選官長、設議院、定法律、備民兵、多得自由、如此景況約有六十年之久、邦民自治之才能多所諳練也、至一千六百九十二年、英王第一危連初立、廢舊劵約、賜以新劵約、選派方伯為之代表、主治邦中諸務、並軍旅之事、方伯自選讞員、聽斷詞訟、然仍許邦中立議會、定法律、惟所定法律、必英王許可、方為定準、按先年之法律、惟在教中者、方有舉官為官之權、當時並廢棄此律、必按田產之定數、始有此權、自此教政與邦政雖仍聯絡、而教會治理邦民之權、則遜於先年矣、

百零八堪內替克與羅德之劵約、　耶穌後一千六百三十六年、有著名之教牧胡克耳、偕全會數百人自瑪邦徒行、至堪內替克河濱、創立新邦之基、按胡克耳以瑪邦舉官為官之權、專在教會、頗不慊之、嘗謂馬邦方伯曰、關乎人衆之事、當由人衆舉立議會、代衆酌議、方合乎天理人心、斯言也、實為民主政體之肇端也、是年繼胡克耳而往者、又有二會焉、越三年、該邦定擬總律、內載各村之事、皆由村民主治、無論教中教外之人、皆有舉官為官之權、且立一總會、凡定律行律審律之權、皆歸此會主持、當時自瑪邦而來者、又有多人、於堪內替克河入海之處、開闢新地、建立邦基、後稱牛哈芬邦、其自治之規、與堪內替克無甚差別、至一千六百六十二年、堪內替克邦之方伯赴英、乞英王第二喀利與以劵約、將牛哈芬與堪內替克二邦、合而為一、按劵約所載、邦中之政、容民自主、惟所定之法律、不可與英之法律相背、劵約既如此、從寬邦中遵之為總律者、約

百五十年、迨美國立國以後、約四十餘年、始將此律修改焉、○羅德邦者、乃危連羅基耳與同儕數人之所創也、按危連身爲教牧、年富力强、才智兼備、但性情坦直、好斥人非、因不服瑪邦之邦政與教政相連、又不認英王有賜地之權、遂在瑪邦多處、以此爲題、深加辯論、煉動人心、卒被方伯逐於境外、苗人某與之交通、以土地一隅予之爲業、即羅德邦之初基也、此後多有由瑪邦來此者、蓋因不服瑪邦之政治、欲於所信所傳之道、多得自由、奈此等之人、少有謙遜之心、未免多所爭競、至一千六百六十三年、危連至英、乞英王與以劵約、容邦民自主內政、並於拜神之規、不相强迫也、

百零九牛約之初創、　當英人在美洲開創新邦之時、荷蘭人亦乘舟遠遊四方、尋求新地、欲與英人角勝爭權、耶穌後一千六百二十六年、至赫德森河口、以價値數十金之玩物、易土人曼哈炭大島之地一千數百餘頃、創立城邑之基、名曰新安司、但後更名牛約、即今之牛約城也、此下約四十年間、荷蘭人接踵而來、或與苗人貿易、或在赫德森河濱開墾土田、按新安司但原爲荷蘭大貿易會所創、選派一人爲方伯、治理其地、大權獨攬、不容民衆干預、人民迫脅之、方伯始準其選立議會、酌商定律行政之事、未幾、以會衆多梗其命、遂遣散之、不復招集、當荷蘭人之闢新地也、荷人與英人因疆界之故、屢起爭論、且英政府因其有礙利權、有妨商稅、不願荷商與英屬交易、至一千六百六十四年、英王第二喀利將堪內替克河濱至德拉洼河中間之地、賜其弟公爵約克、與以劵約、使有主治之權、隨即籌備戰艦、襲取新安斯但之地、荷蘭方伯未敢與抗、其地遂

屬於英人矣、按約克所派之方伯、歷任多屬循良、容人民各本良心、敬拜上帝所定之律、所行之政、雖多有益於民、但不容人民少有干預、維時既久、英人反對之、與方伯屢行爭辯、一千六百八十九年英王第三危連即位、許邦民設立議會、酌商邦政、此後議會之權漸增、自治自主之規、邦民亦多所諳練也、

百一十片司非尼亞之初創　片邦之初創、始於片危連、夫片危連者、出身貴家、壯年即入區克耳教會、爲人端方仁愛、謹守教規、不事干戈、亦不願他人戰爭、惟願本其天良、守己待人、敬奉上帝而已、其父爲英王之友、曾將萬餘金貸於英王、及其承繼父業、願將此金報効國家、懇其賜以劵約、將北美洲之新地、許其開闢、耶穌後一千六百八十年、英王與以劵約、其所賜之大地、與今片邦之邊界、不大懸殊也、按劵約所載、凡該處之行政定律、以及籌備軍械、皆聽其自便、王但有駁斥之權而已、當其未至此地之先、瑞典人來此立業者、已有五百人之譜、一千六百八十一年、片危連滿載三艘開墾之人、至於此地、函達瑞典人、許其定律行政、自有主權、明年遂親往新邦治理一切、創立非拉德非亞之基、又招集數部落苗長、謂之曰、願與爾曹爲友、和平相交、苗長遂指日月爲誓、此光之下、永世不渝、按片危連許邦民自主其政、立方伯一員、並選邦中數人、成爲一會、爲之輔助、又立一民議會、與方伯酌議法律、既有如此善政、則歐洲來此立業耕種製造者、殆有多人焉、此邦之開發、遂較他邦更爲和平、實政令寬厚之果效也、

百十一瑪利蘭之初創　按英國先代封建之規、英王每於其勳臣故舊、封以尊爵、賜以土地、使有

自主之權、但令其備物以資貢獻、練兵以備徵調而已、美洲開創新邦之時、此等尊爵多有求英王賜以劵約容其在美洲創立邦基者、然要以瑪利蘭爲首、在耶穌後一千六百三十二年、英王雅各將附近危基尼亞邦北界之地、即今瑪利蘭邦賜公爵巴替莫、容其創立邦基、凡行政、選官、鑄錢、備兵、錫爵等事、皆能自主、按巴替莫原爲天主教徒、因此教在英多受迫脅、故願在美洲創立新邦、以爲避難之地、其人寬厚和平、甚願各教在此邦本其天良敬拜上帝、且欲親赴美洲整理一切、奈有志未逮而死、長子襲位、立其弟喀非特爲方伯、喀非特率三百人前往新邦、容該邦之民有定律行政之權、選民中才能兼備者十數人成爲一會、輔助方伯、約十數年間、邦民加多、乃選派代表人成一議會、酌商邦中之事、因該邦之政治平允、聖教各門之人能得自由、而徙居立業者、年盛一年、一千六百九十一年、英王第三危連廢此劵約、特派方伯主治邦中之議會、附和方伯之意、將敬拜自由之律亦盡廢棄、只許邦民遵從安利干教敬拜之規、因此天主教徒多受危難、一千七百十五年、英王仍令巴公後裔執掌邦權、直至美國立國之時、其權始替焉、

百十二　北喀柔來那之初創　北喀柔來那邦於耶穌後一千六百五十三年、有自危基尼亞邦而來者、創立邦基、此後四方之人接踵而至、約十年、英國有大臣八人奏懇英王第二喀利賜以劵約、許其在此開墾、世爲藩臣、代王行政、此八人中公爵庫培耳爲首、頒行理學士羅克所創新奇之律、其律非由於諳練世情、乃由一己之臆度、律中所載、將大地分爲數州、每州立一侯二伯、主治州政、土田分爲五、一分爲八大臣之業、一分爲侯伯之俸、其餘三分給民、使之自食其力、毫無

自主治之權、是與佃奴無少差別矣、諸民甚不悅服、越十餘年、爭辯屢起、此律始行廢棄、一千六百六十七年、邦中設立一會、擬定免人之稅、並蠲人之債、蓋欲廣爲招徠、俾其多闢土田、由是但有他方而來者、即自英與日法諸國而來者、亦不乏人、然來者旣衆、而品類不齊、安分立業者固多、無賴之徒亦復不少、一千七百十一年、附近之苗族、乘隙進攻、邦民遭其殘殺者數百人、卒將苗人攻敗、始克安居、一千七百九十二年、主治之權、爲英王所掌、派方伯一員、代王行政、當時境內旣無城邑、亦少鄉村、人民多散居獨處、以伐樹墾田養畜爲生、不得不設法自保、故於自治之法多所諳練也、

百十三　南喀柔來那與卓耳基之初創南喀柔來那之地、於耶穌後一千六百六十七年、已有英人數百、在此開墾、其後至此立業者甚多、其中使用黑奴、爲之開墾者亦不少、蓋該處之天氣地脈、於耕作適宜、故利用黑奴焉、一千六百八十年、創建喀利城、因海口寬妥、便於通商、至後日遂爲南省之大城、貿易之中心也、自一千七百年以後、法國胡基那教人、因受廹脅、多自法來歸、其人殷勤工作、於邦中之風化、大有鼓舞、一千七百十五年、與苗人興起戰爭、殺傷苗人甚衆、其餘亦皆逐於境外、按南北喀柔來那創立之初、政治本相聯絡、至一千七百二十九年、乃分爲二邦、各有方伯、循良者固多、求民益殘刻者、但顧已私、故民多與之爭辯、乃爭辯旣久、而民權日增矣、

○一千七百三十三年、英王卓耳基賜人劵約、許在南喀柔來那之南、開墾新地、後名爲卓耳基邦、當其初任之方伯、名歐戈逶耳、爲人賢能、救貧恤苦、凡爲道受廹者、咸令其安居、按初定之律、

方伯獨秉大權、不容人民少有干預、並禁止使人爲奴之惡俗、但此邦之民、以使奴爲有益、羣相不服、卒將此律删改、聽其運之販之、與他邦無異也、至一千七百五十二年、英王卓耳基廢棄劵約、選派方伯、容民設立議會、此後邦民漸得開發、但視工作者爲下流、且青年人多宴逸怠荒、不事學問、未免於進化之機、大有間阻也、

百十四 諸邦政治之總義、 美洲新邦之創、大半英王賜某臣或某會劵約、容其開墾主治、王所賜之權、與王自操之權、皆載明於劵約、其劵約大半相同、故各邦之政治不甚懸殊、至後日劵約雖廢、而於主治之規、多有關涉也、爲方伯者、多爲英王所派、自以爲獨握大權、自辟僚屬、管理邦兵、民議會所議之事、能駁斥之、至於議會之權、北方諸邦、大於南方、乃因邦民情性習練之不同、又因劵約所賜之權、畧有不同也、夫各邦之議會、每與方伯爭權、而議會之權、漸爲增重者、蓋亦有故焉、議會主理賦税、自方伯以下各官之俸、皆由賦税而出、議會若不定擬賦則、方伯等之俸則無所出、若强索於民、必生變亂、是方伯之於議會、不得不稍有退讓也、方伯爲英王之代表、王於方伯所行之政、雖或有時干預、但遠隔重洋、國政紛沓、實有不能兼顧之勢、不得不聽其自理也、按英國之議院、自認有定擬全國法律、與屬邦法律之權、倘所定者有損於邦民、則多所訾議、不願服從、故美洲新邦之民、愈經在上之束縛、愈激勵其自主自治之心、願在定律行政之端、皆有其分、方能敬上尊長、爲守法之良民也、

第十六章　論美國之政治

百十五諸新邦聯合拒英　考新邦之拒英其大故有二一在邦民多好自主自治一在新邦初創之時人民無多去英窎遠英之政府多容自理其政故邦民於自治之規多所習練其後英政府漸識新邦與國家之關係甚大乃多干預其政以求有益於國家於是大觸民心不願受此等之束縛耶穌後一千七百六十四年英政府定擬將屬邦海面貿易之事嚴行查辦不容有偷漏等情並擬派兵萬餘分駐美洲要害之處嚴加防守又欲徵取賦稅以作公欵此等規條邦民均不悅服蓋以此律與邦民之利多有妨害也所派之兵名為防守實為彈壓所取之賦稅乃出於苛派非由於甘心而英之首相仍不改其定章遂派兵前往議院又迎和首相之意立取稅之新章凡報章婚帖地契貨單等類皆須粘貼印票諸邦聞之大起辯論危基尼亞邦之議會擬定決意抗違瑪撒出色邦之議會廣發傳單約諸邦各遣使臣公議抵拒之策又備修稟文寄於英王與政府求其收回成命政府不從將印票發往各邦強行使用人民羣相悚動在破司吞城燬棄印票多箱牛約方伯亦幾遇害議院聞此景況互相辯論終將此律廢棄但仍張大其詞曰國家之議院有定擬屬邦法律之權也一千八百七十三年有茶船三艘入破司吞海口邦民因賦稅之故不準卸載有偽作土人之狀者三百餘人將茶箱沉之於海英王第三卓耳基性情頑固不恤民隱遂定意懲治邦民必制服之而後已乃迫議院嚴定法律且派兵前往彈壓一千七百七十五年春英帥派兵八百自破司吞城前往勒幸吞一為毀棄邦民所儲之軍火一為擒獲首禍之

人不意所謀已洩民兵數十人禦之衆寡不敵多所傷亡四方民兵聞信來援不期而至者幾數千人英兵力不能支死傷甚衆此八年戰事之始終得立爲自主之國矣

百十六諸邦聯絡成國之約　美洲十三邦違逆英權戰爭八年始立約罷兵成爲自主然聯絡成國之律尚無一定按諸邦之先年每遇危難公同酌商約定聯絡之規迨危難已過此約即廢在與英交戰時每年諸邦必遣使會集定擬備兵籌餉之事及戰事已畢而各邦仍以自主自治爲重不願隸一主權且於聯邦之事各邦意見亦多不合故經數年之磋磨始定聯合之約經用數年弊端畢見究無約束各邦之實權也按此約之大旨各邦當選派人員以爲代表少則二人多則不過七人成爲國會有指點聯邦公事之權且能與鄰國立約選派公使酌量錢幣之出入擬定秤斗之準則調停與鄰國之交涉主治水陸之軍兵以及判斷邦與邦不和之事皆載明此約國會雖有如此大權而仍多缺點蓋約中所定凡有緊要之事必諸邦中有九邦悅服方爲定準故政令多所遺誤也且國會能定各邦應出之欵而不能使各邦如數交納能與鄰國立約而不能使各邦必皆遵守能借欵爲國家之用而不能各邦協力償還經數年之艱難始知此會徒有秉權之名而無行權之實也且邦與邦或因賦稅或因他故多所爭競諸邦之人識透機關知必更定聯邦之新章庶使國家多有主權諸邦互相輯睦也

百十七聯邦議會公定總律　耶穌後一千七百八十七年聯邦選派使臣五十六人在片邦非拉德非亞城參定總律所派者類多才德出衆之人如凡克林洼性吞瑪地森（後爲國君）哈米吞（後爲度支大臣）等

皆與此選諸員公舉洼性吞爲首其中有欲隨乎時勢務悅民心者洼性吞責之曰吾人當高樹標準俾才智之人有所趨向至於日後之果效則聽之上帝而已按諸邦之土地廣狹不同物產不同政令不同民數與貿易亦各不同既如此懸殊總律實難歸於一致乃終能和衷參定歸於妥協者蓋因議員互有退讓之心也當會議之時爭辯之題雖多而要者有四一因各邦在議院之權大邦欲即民數之多寡定議員之多少小邦則欲無論邦之大小所舉之員數相同多方辯論遂擬定上院議員各邦皆遣二人下院議員則按各邦之人數而定二因役奴之事按役奴之風南方最盛北方各邦願以奴役視如財產不可與在籍之民並列南方各邦則願奴役與民無異在選舉議員時亦列於民數之內於是辯論激切兩不相下終則以奴數五抵民數三選舉議員即按此數三爲海面貿易四爲販運黑奴北方諸邦欲以海面之貿易歸議院主理南方則欲主其事北方諸邦願廢棄販奴之事南方則願仍舊因此二條爭論不已終則兩相退讓貿易之自事聽議院主持鬻奴之事則定以二十年爲止至於國君在位之期舉立之規與其權限亦皆辯論多日可知總律之創立乃因諸邦互相退讓也夫政治雖屬新立其大旨乃由諸邦之磨練且開闢者既多屬英人必多英人之習染故政治之規模亦於英多所效法也按參定總律必十三邦之民三分之二悅服方爲定準有數邦即時悅納者亦有數邦辯論多日始行悅納者即今日而溯當年可知此總律必才德兼優者所創遂爲大國廣遠之根基也

百十八總律之大旨　美國總律之大旨乃將各邦均平聯絡立一在上之主權使之遵守而不可

逾越、故其所載、各邦有各邦獨行之權、國家不可稍有干預、然諸邦聯絡成國、此邦之與彼邦、諸邦之與隣國、交接往來、必國家有一主權、諸邦之民、方能各安其業、各遂其生焉、總律將主治之權、分而爲三、各有專司、即定律行律審律是也、定律之權、爲國家議院之大臣所操、行律之權、爲國君與諸部大臣所操、審律之權、則爲各臬憲所操、總律中載有刪改之條、如有修改之處、必二院議員三分之二悅服、乃交於各邦、邦民四分之三悅服、方能認其所修改者、爲總律之一條、近百餘年間、所增之律、僅十五條、最要者、乃禁止使人爲奴也、夫役奴之事、在總律未定之先、諸邦已有此風、雖無許人役奴之明文、亦無禁止之專欵、迨因此事興起戰爭、乃將役奴之事、嚴行禁止、明載於總律中矣、今之考究總律者、皆知其參定之功、盡爲美善、於治國治民之功、亦大顯成效、然定總律之人、於後代世故之變遷、人民之進化、仍未能預知、而爲之定章、如火車輪船、徧設國中、商會工會、互相聯絡、以罔民利、或拓疆土、以張國勢、或取海島、以爲領土、以及有關於國家諸務、總律皆未載明、長國權者、遇此等要事、必爲衆民求益、而立一定之規、蓋此事非背乎總律之意、乃體會總律之大旨、而推廣之也、

百十九上議院　美國上下議院、有定律之責、而其權不分軒輊、凡所定之章、必經二院允許、方可施行、上院議員、爲各省之代表、下院議員、爲各省人民之代表、副國君爲上院之會正、有指陳事務之權、若所議之事、從違之人數相等、會正能自列於一數之中、以定其勝負、選舉議員、由於各省議院、必年至三十者、其任六年、每二年僅舉議員三分之一、庶中院多有諳練之人也、或有他

國之人遷居美國必至九年方可蒙選議院之委辦爲議員公舉各司其事名曰恆委辦其數約數十亦有隨時所舉者名曰特委辦凡會中有所舉意必先歸應司其事之委辦詳加考察若視以爲可則呈報會衆定擬施行其定擬者大半隨從委辦之意因此委辦熟悉其事已細心究考其源委也大臬憲使臣領事等官皆爲國君所選然必上院議員所佩服者如國君或大臣所行之政有控其背乎法律者上院能成一大臬憲堂推勘其事倘情眞罪當其所行之罰但黜其位而已至於興戰罷戰立約等事雖爲國君主理然必上院允許方爲定準考英法日之政治部臣皆兼議院之職主領議院之事美國則不然部臣不許入院議事然議員常與國君部臣會晤議論時政俾知國政如何以便定擬法律也論其益議院有自主之權不受部臣之廹脅凡百事務皆可從容酌商論其損凡重大之政皆由他人施行恐於應行之政議院不顧事之緩急多所濡滯未免貽悞也

百二十下議院　下議院議員二年任滿必年逾二十五者且與舉之之人同爲一省若係客旅必至九年方能蒙選每十年各省必考察戶口一次改註清册至耶穌後一千九百年議員三百八十六人是每十七萬四千人公舉議員一人也當議員任滿之時雖新選之議員未嘗諳練其事但其中才能之人多爲人民復行舉立故所辦各事仍不至貽叢脞之憂按二院人員分爲數黨數黨中有二黨權勢最盛會正不外此二黨所出其權只遜於國君蓋院中之恆委辦爲會正所選委辦正亦必爲本黨之人雖其中亦有他黨而本黨之人仍居多數會中之規模多係會正定

擬、如有二人或數人在議院欲行辯論、必經會正指定何人、方能演講、凡院中有所舉意、會正悅服、多能成全之、否則大有阻隔也、夫國勢愈盛、議院應議之事亦愈繁、於是增添恆委辦公司、其事、每有舉意、必先交應司之委辦、詳加考查、若不合其意、則置而不論、合意者、則隨加刪改、報於會衆、會正定期酌議、辯論已畢、會正簽名、送交上院、上院悅服、會正簽名、呈於國君、國君不過十日即行囘復、倘留中不發、其事仍必施行、若不肯簽名、撥囘議院、則二院必再行會議、如會員三分之二悅服、仍必施行、然經國君所撥者、其事大半寢擱、蓋議員中得三分之二悅服、實屬不易也、下院若有舉意、上院加以修改、仍交下院酌議、必下院以修改者爲然、方能上呈於國君、倘二院意見不合、則各選議員數人、公同聚議、所定擬者、若爲二院大臣悅服、則上呈於國君、求其批準簽名也、

百二一　議院之權　議院之權、上已畧言之矣、茲更分論之、按總律所載、議院有定稅徵稅之權、必使各省均平交納、不可稍偏、若國用支絀、亦爲議院所籌措、或出債票、書明年利若干、或出紙幣、以代金銀之用、且能設立鑄錢局、定其所出若干、至於海陸二軍之權、雖爲國君所操、然其餉費、概出於議院、凡立砲臺、置軍械、必經議院允許、方能籌撥其欵、近百年中美國之疆土屢行開拓、如路西阿那大地、一千八百三年購於法國者　弗羅耳大土股、一千八百十九年購於西班牙者　特克撒大地、一千八百四十六年叛墨歸美者　附近太平洋大地、一千八百四十八年購於墨國者　阿拉司喀大地、一千八百六十七年購於俄國者　與哈洼伊羣島、非律賓羣島、皆隸美國版圖、其章爲議院所定、其欵亦爲議院所籌也、凡美國大地未分省者、爲國君主理、然選派官

員必爲上院所佩服其主治之法律規模必爲二院所定擬或某方之民欲以其地成爲一省自行主治必預擬本律呈於二院以俟定其可否凡貿易之事省與省之交涉並省與隣國之交涉議院能指點之俾利益均沾而商業興盛也至於爲商務起見修商埠濬海道設燈塔等類議院皆不惜重費以成其事他若尺秤升斗之準則其權爲議院所操客旅之欲入美籍者其章亦爲議院所定此外有何法律有何章程能成全總律之旨者議院皆能參考定擬也

百二二國家之臬憲堂　按總律所載國家審判之權爲總臬憲堂數人所掌亦爲議院審時度勢於各省添設之臬憲堂所掌推總律之意但謂國家必設立臬憲堂而人員多寡權之大小並未注有明文但歸議院臨時酌定而已夫臬憲堂所當究考斷定者總律只言其大旨耳凡關乎總律與隣國盟約使臣領事海洋中之交涉以及國與民省與省此省民與彼省民之事務皆歸國家臬憲堂主治其議院所定臬憲堂之制如下總臬憲堂之臬司九員其任終身每年聚集一次若議院定擬某律因之而起爭端則當合全堂人員參考與總律合否至少亦須六人會正雖於訟事有指點之責在判斷之時會正則與他員無異也議院又將諸省分爲九部各部設立一署使總臬憲堂九員分巡各部二年必巡行一週後因總臬憲堂之事煩劇議院乃選十餘人以爲之副於各部中別立一署斷定訟事且將九部分爲七十區（省外之地分爲九區審判之制與省內各區不同）各區亦立一臬憲堂斷定本區事務耶穌後一千八百九十七年總臬憲堂主理之事仍復積累耽延議院又於九部內分設一臬憲堂名曰上控臬憲堂凡有案件必有二員同行剖斷其剖斷之事半由區堂

省堂（見下）而上控者、有數類案件只於此堂完結、不許控於總臬憲堂、然此堂人員、或以某案當歸總臬憲堂審判、則呈送此案、總臬憲堂或見某案當本本堂判斷、則提審此案、以上各臬憲堂皆國家所設、或國家臬憲堂與省臬憲堂有不合之處、可上控於總臬憲堂、以爲定評、於一千八百五十五年、議院又設一公債臬憲堂、凡因公債民與國興訟、則歸此堂判斷、按國家各臬憲堂人員皆國君選立、然必上院所悅服者、雖終身任事、若不盡職、或有貪賄等弊、國君可革其職而推勘之、此百年中、美國臬憲堂人員、多屬公正廉明、故聽訟折獄、少有偏私、國中人民能以公平互相往來者、概因諸臬司所感化也、議院又於各區中設立狀師一人、凡有違法犯科者、狀師代控於本區之臬憲堂、若國與民興訟、狀師代國分訴、且設立督捕一人、本區臬憲堂所判之案、督捕代爲施行、凡緝捕盜賊、監守罪犯、皆爲其責、此美國臬憲堂之大畧情形也、

百二十三國君之職任、　按總律所載、國君與副國君之任、四年爲滿、（在百餘年間有續任一次者、未有續任二次者、）或謂國君之嘉謀善政、四年之中未必即爲成全、況當舉立之時、人民聚集成會、辯論演說、不免於正業多所耽擱、故有以四年之限爲太促者、而其益亦在其中焉、辯論演說、動經數月、民衆於國家之事、多得開發、於爲民之分、多能通曉也、夫舉立國君之權、爲薦員所操、各省薦員之數、與議院之員數相同、每四年十一月內、定期各省選定薦員、逾年一月、聚集選舉、將所投之票、交呈上院、會正於二月內所定之期、察閱票數、宣報所舉之人、三月四日國君新舊代謝、此乃總律之定章也、然民衆於選舉之規、多所增設、幾將總律之定章、等於虛文、按現行之規、當新君即位前七八月間、各

黨必皆立大會、（赴會之人數大約倍乎二院之員數）指陳某某宜為國君與副國君、且預撰文報歷述國家當求之益、與當務之急宣示於外此後數月間大相辯論至選立薦員之期而某黨薦員係其黨民衆所選者、則所舉之國君與副國君不外民衆在大會中所舉者、若國君病故、副國君繼其位、副國君病故、部臣之首繼其位免至大位久懸、致生不測也國君登極之日、必對衆發誓於國家之總律、與議院所定之律、必誠心施行、以求民衆之益、至於海陸二軍、國君為之總領、倘有外侮內訌、可便宜徵調、舉錯百官之權、亦為國君所掌、故百官咸聽其命令、由此諂諛之徒、素餐之輩、每多倖進、因而議院定擬法律、凡百臣工、必經國家選派之大臣考驗以定優劣現今官員雖由考驗而授職、而諸大員仍為國君所選、然必議院所推許者、於是援引親朋、顧惜情面、在所不免也、定律之權、雖不操於國君、而仍能咈之、故於議院之定律、多所關涉、蓋議員定擬何等法律、逆知為國君所必咈、即不必徒勞無功矣、國君每年於其所視為緊要之事、修備諭旨以陳明之、是國君雖不能定律、仍於議院之定章、有指陳之權也、然要視其本黨之權勢何如、國君之才能何如耳、上節已言國君主領交際隣國之事、與對諸邦應行之政、因國君由民而出、又為民所舉、故必盡心於民、以成其益也、

百二四部臣之職任　按總律所載、施行國政之權、為國君所操、然必有輔助之大臣、分司其事、最要者、乃九部大臣也、按部臣之設、總律未有明文、在初設議院之時、議員所定擬者、但外務度支陸軍三部而已、近百年來、審時度勢、又增海軍、郵傳、內務、義務、農工等部、共為九部、外務部大臣

爲諸部之首、凡與鄰國之交際往來皆歸其主理、國君選派使臣領事、必於此部商酌、使臣領事、往來文件、亦必呈報於此部、或與他國訂立新約、增删舊約、多聽此部大臣之指示、雖有時國君特派人員、亦必與之酌商也、度支部大臣、執掌國庫、凡國欵之出入、皆歸其理主、因此部之事甚繁、設有三等參贊佐理其事、又有司員數人察勘國帑之出入、以呈報大臣、更有司理賬簿者、考驗支領者、徵收賦稅者、其他開設銀號、鼓鑄錢文等事、皆有專員主理、此度支部所司之大畧也、陸軍部大臣、有參贊數員主理餉糈器械等事、此大臣之位、雖居總領之上、至有事之秋、調度之方、仍爲總領所操、海軍部大臣、與陸軍部相類、此十數年來、因各國增添戰艦、此部亦以此事爲要、以備不虞、郵傳部大臣、主理收發信函報章、以及輕便物件、雖收郵費、然但求有益於民、初非因之獲利、因地廣路遙、以至國家每年有千餘萬之賠累、義務部大臣、有因行律而起爭辯者、歸其主治、若國君或部臣所行之政、與總律新律似有不合、此部當究考而明辨之、若因國家之事、或起爭辯、亦當調停指點、以保國家之義理、因此部事務繁劇、亦有參贊數人、與外聘之律師協同辦理、內部大臣、其事亦甚繁劇、所主理者、一戶口名册、二學校清册、三公餘土地、四諸族土人、五任郵兵卒、六予人專利、七越省之鐵路、此外所主理者、尚多不能悉述、農部大臣所主理之事、其緊要者有三、一凡運往他國之貨、當省察無弊、方許出售、二立試驗場、究考各等子粒果木、擇其高尚者、令民使用、亦或有新得之子種、散之於民、使之種植而實驗之、三分派精通天氣之人、散居諸處、察看天氣如何、宣報於衆、俾其有所趨避、工部大臣、精心考察諸等製造、每年成做若

干、消滯若何、並勸勉工做之進步、此乃九部職任之大畧也、

第十七章　論美國諸省之政治

百二五諸邦政治之大旨　十三邦開創之初、其景况上章已言明矣、論其政治之原、有數邦本乎君王所賜之劵約者、亦有數邦本乎某公侯、或商會所賜之劵約者、此等劵約、雖非總律、其遵而行之、亦與總律相等、及十三邦聯合成國、各邦之民、視某事爲民衆之益、遂本之以修劵約、認爲總律矣、凡國內之大地、尚未開闢者、皆爲國家所主治、若某方大地居民增至數萬、欲成一省、有自治之權、必選舉人員成爲議會、定擬本律、以乞國家議院之允許、若議院悅服所擬之律、國君亦俞允其所求、方能收入爲省、當國家成立之後、數十年間、某省欲修改本省之律、其法有二、一議院隨意增改、並不詢訪於民、二必先詢訪於民、俟民許可、則選立會員成爲議會、議定施行、近六十年來、各省改修本律、大半爲民所選之議員商酌而定、然必復詢於民、聽其許否、有數省以人民三分之二許諾爲準者、亦有數省以悅服過半爲準者、各省皆有上下議院、定律之權相等、上院員數多則五六十人、少則二十上下、職任之年限有十數省二院相同、其餘上院多倍於下院、均而言之、上院之年限四年、下院約三倍於上院、二院議員皆爲民舉、各省之地分而爲區、舉上院議員若干、則分區若干、舉下院議員若干、則另行分區若干、每區各舉一人、聚集之規、各省未能一致、有按總律一年一次者、亦有二年一次者、然必先定日期、至於議院定律議事之規、各省亦不相同、大約必選立委辦、以主領其事、每有舉意、必有演說、所定之章、必總督悅肯署名、方可施行、若爲總督所咈、議員等猶有三分之二以爲可、此事仍必施行也、

百二六仝上　各省之民所當守之法有四、一國家之總律、二國家與隣國所立之條約、三國家議院所定之法律、四省中之本律、與議院所定之律、總律條約與議院之法律、爲諸省定律之範圍、若省議院所定之律、偶與總律條約或議院所定之法律、有不合之處、與起爭端、國家之臬憲堂能將此律刪除、省議院之律雖有如此範圍、然只行於通國之公務、與隣國之相交、至於本省之民交際往來、仍由省議院定擬也、若將各省之法律相較、則大同小異、其大同之故、一因風化相同、二因凡有所定擬、皆不背總律條約與議院所定之律、其小異之故、因景況不同、識見不同、其所視爲損益之處、亦不盡同、總之諸省之法律、皆爲保人民自主之權、使之各盡其才能、以成其所欲行之事、至於不法之人、則刑罰之、貿易之事、必調停之、以及學校婚姻財產撫恤殘老廢疾之人、諸等事務、皆有定章、以爲主理、各省之總督、爲民所舉、其權與國君相類、然多所限制、各官聽命於總督、非如國家之大臣聽命於國君、蓋省中各官自認其位爲民所舉、但自供厥職而己、然總督所有之權、仍大所司之事仍繁、凡省中人犯、總督能赦其罪、或減其等、省中之民兵、總督能調遣之、或防禦外患、或彈壓內訌、亦或有省中某官爲總督所舉錯者、然必議院悅服、方能施行、至於每年議院聚集之期、總督亦如國君宣報已意、指陳何者爲民衆之益、何者爲應辦之事、其權之最重者、乃在能咈所不欲行之事也、如議院中定何法律、有何章程、爲所悅服、則署名其上、發交議院、宣報於衆、以爲定評、倘不悅服、則於十日內批明其意、駁囘議院、然議員若有三之二悅肯、仍必施行、亦有四分之三或五分之三悅肯、方能施行者、各省有掌印一員、掌總督之印信、凡當用印事件皆歸此員簽印、且於總督所行之事、議院所定之律、均歸此員記載存案、又有主簿一員、凡徵取人民之賦稅、收發欵項之憑照、皆歸此員主理、若發給銀項則以此憑照爲準、又有提學一員、其權省與省不同、大約能定擬章程、按其程度、予以文憑、亦能巡察省中學校之景况、宣報之以圖改良、此乃省中政治之大畧也、

百二七　省臬憲堂　諸省之臬憲堂雖多相類、而其審判之權、理事之規、則多不同、省臬憲堂與國家臬臬堂、既無聯絡、亦無交通、或有爭訟之事關係國家之律、或案中之人非在本省權下者、則當上呈於國家之臬憲堂、按省臬憲堂約分四類、試自下等之臬憲堂遞而論之、一和平董事、凡尋常案件、百能斷定、倘有重大之案、亦能傳訊人証、究考虛實、覊押罪犯、以俟在上之臬憲堂裁決、二爲州中之讞員、凡和平董事所呈送者、以及不甚重大之詞訟、皆能鞫問、三爲上臬憲堂、又名巡行臬憲、凡有上控案件、皆歸其主理、亦有數類訟事、可徑行呈於此堂者、因其所轄之地廣遠、故必按行各區、以行聽斷也、四爲總臬憲堂、大約主理上控之事、如牛約爲人民最多之省、遂將省分爲四區、將總臬憲堂分爲四堂、每區設立臬憲、此四堂之上、又有一堂、倘有以四堂判斷爲不公者、則上控於此堂、又有考驗臬憲堂、專司考驗遺書、察其眞僞、且於孤寡之人民、派人照顧、孤寡之地業、派人經理、按各等臬憲大半爲民所舉、然有數省爲議院選立、亦有數省爲總督所舉、上議院所立者、其職任之年限、各省多不相同、大約其位愈尊、其任愈久、且多半由律師中選舉、蓋臬憲必通曉法律、方克盡其職也、省中臬憲堂雖有尊卑之分、然既爲民衆所舉、故自認

其本分宜體恤民情不可逢迎上意在上之臬憲堂於上臬憲堂所辦之事不能强行干預必俟有上控者方能斷定其是非夫美國國家臬憲堂與省臬憲堂固各有其位各司其事倘省臬憲堂與國家臬憲堂之權限不清則必以國家臬憲堂爲準也

百二八各省公立學校　溯自美洲開闢之時創立事業之人中多有文學之士因知學術有益於人每鼓舞同人設立學校以培植人材至十三邦成國之時各省中所設之蒙學中學實屬不少而大學堂數處亦畧具規模然皆由民立非官立也其後生齒日繁土地愈廣墾田之人多散處各方或有距學校邈遠未能負笈來遊者按美國政治之大旨乃保人民自主自治之權於文學之事國家未能獨肩其責各邦亦有數十年不以學校爲事未免多所耽延近數十年間諸省多視學校爲要途建立者遂爭先恐後惟南方諸省因染役奴之偏風未免少遜考學校之興始於東北數省漸暨於西方諸新省蓋東北數省之人多有往新省開墾土地者學術之益彼既深知故於所居之地勉勵成全而新省之人皆以立學校育人材爲要務矣論學校所以成爲公務者蓋取捐資建房舍定課程延教員等事皆爲民所定其最與公學校有關者乃由國家或本省所捐之公田因之學校之欵項大得其力也近今諸省多著意於學校凡諸城諸鄉皆按孩童之多寡設立蒙學於城邑中設立中學於諸省中有設立大學者內有專門各科於諸生性之所近俾其專心諳練以爲終身之業各省籌備學校之欵項其法不一大半出於省中之賦稅或於公田所取之利亦多有豐富之家樂意捐助以爲學校之費者各省又有師範學校或大學校中附設

師範之專科、以備男女教員之選、學校中之諸事務多有由本省中選立董事以總理之、凡定擬課程、考選教員、亦歸董事辦理、又有提學使一員、按臨各處、省察學校之景況、以剔弊而興利、且設立學校會、研究教育諸事、俾各等教員於授徒之善法、多所通曉也、總計美國通國學校之公費、每年約有三萬萬之譜、因學校意美法良、多所造就、國中男女皆讀書識字、故其安居樂業、守分循禮、實因文學昌明、有以涵養其心性也、

百二九　罰罪之規　美洲十三邦初創之時、惟犯重罪者、定以死刑、次焉者、則梏桎之、或鞭捶之、以示於衆、其後漸設牢獄、按罪之重輕、定監禁之年限、牢獄之內、率皆潮溼幽暗、甚至幽囚於地窟、且不分人之老幼、罪之輕重、統拘禁於一處、於是狂言妄語、彼此漸磨、則牢獄之地、遂成爲習惡之塲、以致限滿釋放、仍蹈故轍、至後日名人輩出、指陳如此刑罰、有害於政治、故近數十年來、大加改良、各省按面積之大小、人民之多寡、設牢獄一處或二三處、牆垣高大堅固、飲食寢處、莫不合宜、且其中設立各等工藝、令其製造服用器物等類、公費既得其小補、人犯亦能習學一藝、庶將來謀生有道、不至再行犯法也、亦多有於牢獄中設立學校者、俾少壯之人犯、誦讀其間、藉以開拓其心思、感其善念、此外又設有革舊學校、使青年犯罪之人、讀書習藝、其中功成限滿、擇一妥善之地、俾其安分謀生、不善之徒、於此等學校、化莠爲良者、誠不乏也、省獄之外、又有州獄鄉獄、凡罪輕之犯、與未定擬罪名者、皆歸此獄暫行拘繫、美國諸省政治、最難措手者、乃在每年由歐洲所來之客族也、其人誠實守分者固多、而游惰無賴之徒、亦復不少、獄中所拘囚者、多係此

輩、美國國家於此等弊病、至今未得處置之良法、但於其下舟登岸時、察其良莠、以定去留而已、

百三十州鄉之自治　各省之主權上節已言明矣、省中之州、鄉、城、邑亦皆有其主權、此節但即州鄉言之、夫各省之民、固當守上節所言之四法、見百二十六節 而於本州本鄉所定之律、亦當遵守、按州鄉自治之法有二、一本地之事容民酌定、二官長吏役容民選舉、但州鄉有大小、省與省多不相同、有以鄉 大約各鄉有五十方里至百里者 爲政治之本者、有以州 大約各州五百方里至千餘方里者 爲政治之本者、東方各省多有鄉無州、南方各省多有州無鄉、且有數處有州而又分鄉者、其政治半由於州、半由於鄉、在東北六省、則皆本於鄉、按鄉會之常規、人民每年至少當聚集一次、酌議本鄉之事、選舉官長吏役、且必選立董事數人、凡鄉中之公事、皆爲董事主理、其任約以三年爲滿、又選學校監督三五人、凡定課程、請教員、察利弊、皆歸此數人主理、又選記室一人、司庫一人、以及顧恤人民之貧困、預防癘疫之傳染、皆有專人司理、在南方各省、多本於州、亦選立董事三五人、主理州中公務、如定擬賦稅、修補橋路、預備公廨、照顧衙署等事、此外又有督捕、記室、司庫、徵稅各員、皆由州民選舉、且諸省中多有州鄉聯絡而成政治者、鄉民當每年會集酌商事務之時、必選立司事一人、以指點一鄉之公事、每年各鄉之司事、亦聚集一次、酌商州中應辦之事、按州中所應辦者、多在乎審判、凡緝捕盜賊、監押罪犯、以及修補道路等、皆屬之、要之美國各省州鄉之政治、未能一律、難以統論、然皆持守自治之規、蓋由先代流傳、其心性然也、

百三一城邑之自治　美國創立之初、人民多居鄉村、或散居於田野、後人民漸繁、多於城邑中羣

居共處、以便貿易製造等事、耶穌後一千九百年、核其戶口清册、牛約城之人民生於歐洲者、約三分之一、其父母生於歐洲者、約三分之一、散凡西司叩城人民每百人中有七十八人生於他國、米其臥城人民每百人中有八十四人生於他國、其來自歐洲之人雖多勤朴、而於自治之事、多未諳習、故於城中人民之自治、多有滯礙也、按城邑自治之規相同者固多、而不同之處亦不少、且百年來城邑之政治、多所變更、以近數十年與先年較之、其規模亦未能一致、惟修鐵路、引清泉、開溝洫、設路燈、以及學校巡警等務、因城邑之民共居一處、勢在必行、故各城皆以爲政治之要、至於城邑自治之權、亦不盡同、要視議院所賜之劵約、所許所禁者爲何如也、各城必有議會、酌商與民有益之事、其會多分爲二所、如議院之分爲二院、最要者乃於本城之民、交接往來、定擬合宜之律、且多有選立官吏、指點事務之權、然會員衆多、意見不同、而見諸施行者、每形滯礙、因而各城議會之權、漸爲減少矣、城邑最要之官曰城尉、爲民所舉、其任或二至四年、所有之權、各城不同、權之大者、能咈議院之所定、能舉措官吏、因其主理一城、故政治若善、則爲城尉之功、倘有不善、亦城尉之咎、其他如學校、公工、督捕、讞局等類、各有專司、論美國城邑之政治、改變者甚多、其將來如何、未能預定、大約其進步少在政治之表面、多在人民之道德、蓋人民果能諳練事情、存心公正、無論官職爲人民所舉、或議院所賜、必皆克盡厥職也、

第十八章　論中國之政治

百三二政治之原　上古洪荒之世、人民稀少、萃居一方、無君臣上下之禮、然必有爲之長者、衆皆聽從其命、若家長然、其後生齒日繁、流散各處、自主其地、自長其長、此即封建之肇端也、又於諸長中共推一才德出衆之人、奉爲首領、此首領必有愛民之心、創製於民有益之事、如伏犧氏之教佃漁牧牲畜、制婚禮、造書契、作甲子、神農氏之藝五穀、嘗百草、製醫藥、立圜市、黃帝之作宮室、制冠冕、造舟楫、作貨幣、皆本其愛人之心、立此有益之事、故民衆傾心、羣相愛戴、及少昊顓頊帝嚳相繼嗣位、其制作雖遜於三皇、（三皇者即伏犧神農黃帝乃後世之尊稱非當時之名號也）其經理天下、夙夜匪懈、無或失德、故人民亦愛戴之、自伏犧氏之作也、以龍紀官、使之各司其事、如治田廬、除民害、治田里之類、此即設官分職之始、其所行之政、雖未筆之於書、實開政治之源也、

百三三唐虞之政治　帝嚳之子帝摯嗣位、荒淫無度、不修善政、諸侯廢之、而推尊其弟放勳、是爲帝堯、立國號曰唐、此立國號之始也、論堯之爲人、仁兼智備、明德親親、平章百姓、協和萬邦、命羲和作歷象、置閏法以定四時、立四岳主理四方諸侯、十二牧以爲諸侯之長、舉舜以總百揆、此乃立相之始也、時洪水爲災、舜使禹平水土、使稷教稼穡、分定九州、按其土地之上下、分爲九等、以取賦、各以土產而入貢、民既安居、使契教以人倫、皋陶爲士、有不順教者、則刑罰之、如黥（黥其面）劓（割其鼻）刵（刖其足）宮（閹也）大辟（死也）以待夫元惡大憝也、若情可矜、法可疑、與夫親貴勳勞、而不可加以刑者、則流放之、又有鞭扑之刑、以待夫罪之輕者、若罪極輕、則可以金贖之、五載一巡狩、巡察諸侯

之政治、善者賞賚之、諸侯四載一朝、述其職守、及堯崩、舜即帝位、改國號曰虞、設九官以行政、禹宅百揆、稷教稼穡、契敷五教、皋陶爲士、以掌刑罰、垂爲共工、以治金石木土獸草諸工、益爲虞、以治山林澤藪之事、伯夷作秩宗、以典三禮、夔典樂、龍作納言、出納帝命、每三載究考羣臣之功績、三考則知百官之賢否、賢者升之、否者黜之、於是天下大治、蓋自唐虞之世、始立政治之規模焉、

百三四　三代之政治　舜崩讓位於禹、改國號曰夏、遵行堯舜之政、禹將遜位於益、其子啟能敬承繼禹之道、禹崩、臣民共立啟爲天子、此後傳子不傳賢、遂爲萬世之法守焉、傳至太康、好遊獵、有窮國君羿奪其權、太康之子相嗣立、羿篡其位、後爲寒浞所殺、相之子少康平滅寒浞、夏始中興、傳至桀、暴虐無道、湯伐之、放於南巢、湯即天子位、傳至盤庚、遷都於殷、改國號曰殷、至紂暴虐不仁、西伯侯發伐之、遂滅殷、諸侯奉西伯爲天子、改國號曰周、是爲周武王、武王之弟周公旦制禮作樂、改定官制、立三公、曰太師、太傅、太保、立三孤、曰少師、少傅、少保、論道經邦、輔弼天子、立冢宰以統百官、司徒掌邦教、宗伯掌邦禮、司馬掌軍政、司寇詰奸宄、司空考百工、此後世立六部之始也、考三代之政治、因革損益、畧有不同、而大經大法、究未變更也、各國諸侯、皆自主其內政、雖設官分職、各有不同、要皆世卿秉政、由寒畯而躋高位者甚鮮、其取稅之法、畫田爲井、中爲公田、不過十分取一、一國分爲數十鄉、（至周稱邑）有鄉大夫以治之、（周稱邑宰）一鄉分爲數里、或數十里、有里正主理里中之事、若有詞訟、里正判斷之、倘事關重大、里正不能判斷、或判斷而民不服者、可上控之於鄉大夫、鄉大夫所不能判斷者、可上至於朝、各鄉皆有學校、名曰鄉學、童子自七歲入小學、教

以應對進退之禮、詩書禮樂之文、十五入大學、教以齊家治國平天下之道、擇其中之俊秀者、升於國學、以備國家選用、倘遇戰爭之事、則由民出兵、每鄉出壯丁若干、車馬若干、此三代政治之大略也、

百三五　秦之政治　周政既衰、列國紛爭、秦居函谷關外、與晉爲鄰、故秦晉常相戰爭、而秦師屢敗、秦景公知晉不可與爭、乃閉關息民、鮮與東方諸侯相交往、東方諸侯益以戎狄視之、至秦孝公發憤自強、以衛鞅爲相、乃改變法制、其所變之法如下、令民什伍爲保、一家有罪、九家舉發、否則十家同罪、告姦與斬敵同賞、匿姦與降敵同罰、民有三男以上、不分異、倍其賦、有軍功者、以差等受賞、私鬥者以輕重被刑、僇力本業者免其役、怠惰而貧者籍其孥、宗室非有軍功、不得入籍、（宗室之籍簿也）明尊卑、辨等級、有功者榮顯、無功者雖富無所紛華、行之期年、民言不便者以千數、因太子犯法、刑其傅公子虔、黥其師公孫賈、秦人乃不敢犯、行之十年、道不拾遺、山無盜賊、家給人足、民勇於公戰、怯於私鬥、鄉邑大治、按衛鞅之法、秦國雖因之而富強、其法實刻薄而寡恩、及始皇吞併六國、廢封建、分天下爲三十六郡、遣官吏治之、立法益爲深刻、有不順己者、即族誅之、且視民如草芥、派民五十萬以戍南越、遣將軍蒙恬率民三十萬以築長城、暴師於外者十餘年、死者相枕藉、恐諸生指斥其非、遂焚書坑儒、有私談詩書者殺之、以古非今者族之、及其子二世嗣位、宦官趙高秉權、猶師衛鞅之法而殘刻倍之、遂致羣雄併起、變亂叢生、終爲趙高所弒、國亦因之而亡矣、

百三六西漢之政治　漢高祖劉邦沛人、爲人志意谿達、寬厚愛人、初爲泗上亭長、奉縣令命、送徒役於驪山、爲始皇營墓、時天下大亂、羣雄併起、邦亦起兵於沛、與羣雄合、屢戰輒勝、遂首先入關、與關中父老約法三章、殺人者死、傷人及盜抵罪、凡秦之苛政悉除之、秦民大悅、及平滅羣雄、乃即皇帝位、改國號曰漢、因三章之約不足禦奸、令蕭何作律九章、務從寬簡、時井田已廢、乃作田租之法、約三十取一、定鹽鐵之稅、因秦廢封建而孤立、乃於郡守外、封其兄弟子姪爲王、有功者爲侯、各據一方、立丞相以佐理國政、太尉掌兵權、御史大夫襄庶政、尙書令主出納王命、（若舜時之納言）廷尉主決獄、治粟內史主錢穀、京兆尹主理邦畿民政、各率其屬、以供厥職、至文帝即位、爲人仁厚、凡秦之虐政有未除者、悉除之、犯重罪者、免其親屬同坐、及收其妻子爲奴、窮困者賑濟之、年老者贍養之、除肉刑、（即黥劓斬左右趾也）以笞代之、至武帝即位、建年號曰建元、此建年號之始也、帝好武功、北伐匈奴、征西域、令張湯趙禹重定律令、務在深文、如官吏因循、無所改作者、拘之、官吏知人犯法而不舉者、即以其罪罪之、非復文帝之仁厚矣、在昭帝時、改太尉曰大將軍、專制兵權、其位雖在丞相以下、其權則在丞相上矣、成帝時、以其舅王鳳爲大司馬大將軍、領尙書事、專主國權、平帝時、王莽爲大將軍、遂弑平帝、廢孺子嬰而篡其位、改國號曰新、論莽之政治、煩碎、動遵古法、不度時勢、百官之俸、皆按年歲之豐歉、爲多寡、以致官吏卑污、徇私受賄、而莽又於家貲豐厚者、捐其四分之三、更禁民買賣田產、與買賣奴婢、莽所立之法、惟此法近理、奈其性情煩擾、政令無常、如官名地名、屢加更改、吏民無所適從、漢時止用五銖錢、莽則更鑄刀錢、錯刀、一直五千、契刀直五百大錢一直五十、與漢之五銖錢並行、未幾又改製金銀龜貝錢布之品、百姓憒亂、其貨不行、乃但行值一之小錢、與值五十之大錢、後又改作貨幣貨泉、因其幣法屢變、民之破業者不勝其數、又立五均司市錢府官、平定物價、民賣物不售者、官按其本價取之、民欲賒貸者、官與之、每月百錢、收息三錢、似此紛更之法、不一而足、茲不具錄、因而百姓困窮、天下大亂、羣起而攻之矣、

百三七東漢至隋之政治　東漢光武帝劉秀、漢之宗室也、勦滅羣雄、立爲皇帝、建都於洛陽、故曰東漢、鑒西漢大將軍攬權之禍、設立三公、司徒掌邦政、司馬掌軍政、司空主理土田水利工作等政、分天下爲百餘郡、每郡轄數縣、治理大縣者曰令、曰相、小縣曰尉、曰長、郡守之佐曰督郵、以時巡行各縣、察其政治之善否、又設州牧刺史等官、每一州牧轄數郡、縣中之治、上之於郡、郡守上之於州牧、州牧上之於朝、行五銖錢、田租仍三十取一、一遵西漢之舊制、至和帝時、以竇憲爲大將軍、北伐匈奴、自是大將軍之權復重矣、至靈帝時、宦官亂政、國權遂爲董卓所掌、後爲曹操所掌、操子丕、篡獻帝位、改國號曰魏、時西蜀劉備、東吳孫權、皆先後爲帝、是爲三國、按北魏司馬懿掌權、其子司馬昭、司馬師、其孫司馬炎、篡位、改國號曰晉、西蜀之秉權者、諸葛亮爲人才德兼優、精於戰陣、及卒、姜維秉權、人亦忠正、而其才遜於諸葛亮遠矣、因頻年伐魏、國內疲敝、爲晉所滅、東吳則諸葛恪、孫琳相繼掌權、爲晉所滅、晉則成爲一統矣、論晉武帝之爲人、驕奢淫佚、其子惠帝愚暗無知、國權爲諸王所掌、因而戰爭不息、其後歷宋齊梁陳四朝、淮水以北爲魏所據、後又分爲東西、東魏爲高洋所篡、改國號曰齊、西魏爲宇文覺所篡、改國號曰周、按周之政治、刑罰最

爲煩重、羣盜贓一匹、及鄉正里長隱五丁、若地頃以上皆死罪、入市人捐一錢、厥後周併齊、楊堅篡齊、改國號曰隋、自王莽篡漢、至楊堅篡隋、其間五百餘年、可謂篡奪之時代也、論當時之政治、各有不同、賢德之君、則政治清明、殘暴之君、則政治紊亂也、

百三八　隋唐之政治　楊堅篡周、遣兵滅南陳、成爲一統、是爲隋文帝、爲人節儉、勤於政治、命高熲等修定新律、除梟轘鞭法、非謀叛無族罪、制死刑二、絞斬、流刑二、自二千至三千里、徒刑五、自一年至三年、杖刑五、自六十至百、笞刑五、自十至五十、考掠不得過二百、枷杖大小、咸有程式、民有屈枉、縣不爲理者、可上控於州、若仍不爲理、可詣闕伸訴、役民歲不過二十日、調絹爲二丈、酒坊、鹽池、鹽井等、皆免稅、令民間秋時出粟麥一石以下、貧富有差、儲之本社、以備凶年、名曰義倉、以百家爲里、置里長一人、五百家爲鄉、置鄉正一人、使治民間詞訟、因各州用律者、多有舛錯、命死罪悉移大理奏裁、後又命犯死罪者、三覆奏、然後施行、民間有行邪術者、投之四裔、稱宰相曰僕射、稱度支部爲民部、都官尚書爲刑部、合之吏禮兵工爲六部、在帝即位之初、國家平治、及帝暮年、性躁、常扑人於朝、至有扑死者、是自背其律矣、及其子煬帝嗣位、淫佚驕奢、遊宴無度、征役頻興、遂致天下大亂、身弒國亡、天下歸之於唐矣、

百三九　唐之政治　唐公李淵爲太原留守、因煬帝無道、羣雄併起、淵乃起兵攻破長安、時煬帝在江都、淵立代王侑（煬帝之孫）爲帝、自爲大相國、未幾篡位、自爲皇帝、是爲唐高祖、其子世民英勇絕倫、平滅羣雄、成爲一統、定官制、以太尉、司徒、司空爲三公、乃最尊之職銜、而無執政之權者也、立尚

書中書門下三省、尚書長官曰左右僕射、即左右相也、中書之長官曰中書令、門下之長官曰侍中、凡國家之政令由尚書省發交中書省、中書省見有不當者、可駁而另議、當者則發交門下省再加察勘、然後施行、外來之章奏先交門下省、門下省察有妨碍者駁之、若無妨碍、則交中書省中書省復加察勘、方由尚書省上之於朝、此制似爲詳細、而多所濡滯矣、又分全國爲十道、定均田之法、成丁之民給田一頃、每丁歲入粟二石、名曰租、民家出絹二匹、名曰調、民丁歲役二旬、不役則取其絹日三尺、有事加役者半月免其調、一月租調俱免、若遇水旱蟲災、什損四、免其租、損六、免其調、損七則皆免、行開元通寶錢、此錢輕重適宜、遠近便之、故至今猶有存者、且令校諸州權量、使皆合一、及其子世民嗣位、是爲太宗、制府兵、於十道中置折衝府六百餘所、每府之統領曰折衝都尉、佐之者曰果毅都尉、上府兵千二百人、中府千人、下府八百人、每歲季冬、折衝都尉率以教戰、此制頗合上古寓兵於農之意、但爲兵者仍不減其租調、致多窮困、至元宗時、其制遂廢矣、令房玄齡等更訂法律、凡謀反大逆、祖孫兄弟皆緣坐者、俱免死配役、改州爲郡、刺史稱太守、設司馬別駕等官以爲之佐、設巡察按撫等使、巡行各府、察其政治、後乃改用按察使、其任二年、府中之政、上於按察使、按察使上之於朝、高宗時創立選法、及武后臨朝、試貢士於殿廷、發策使對、以觀其優劣、此開科取士之始也、武后專政日久、內行不正、知臣民不服、乃置銅匭、受密奏、於是告密者紛紛、有仇者、即巫之以謀逆、酷吏以非刑鞫之、寃死者甚衆、及元帝即位、勵精圖治、勤政愛民、大有太宗之風、當時之郡至三百二十一、縣千五百有餘、但後以奸臣李林甫爲相、婴其子媳楊氏以爲貴妃、遂怠荒政事、以楊釗判度支、加賦於民、肆行聚歛、至祿山之亂、其亂雖平、而統兵者各據一鎭、每鎭轄數州、時改州爲郡自置官吏、不奉朝命、且有數鎭聯合、父子襲位、朝廷討其罪、則聯兵以拒之、德宗時、因國用不足、行兩稅法、先計州縣每歲所用、及上供之數、而取之於民、秋夏兩徵之、租庸調雜徭悉省、行商者、稅其三十之一、後又每屋兩架爲間、以取稅、上者二千、中千、下五百、凡公私給與、以及貿易、每千稅五十文、於是賦役繁重、民不聊生矣、上言左右僕射爲左右相、共議國政、後以中書令侍中爲左右相、僕射之位尊而無權矣、後又置同三品、參知政務、參知政事、同平章事、與議國政、中書令與侍中之權又奪矣、再後宦官掌權、於大內立樞密院使、宦官主之、政令皆由樞密院而出、中書門下、不過奉行故事而已、至昭玄帝爲朱全忠所篡、歷梁唐晉漢周五朝、人稱爲五代、皆享國不久、其間羣雄各據一方、干戈不息、勤政愛民之君、不過十之一二、至宋則復成一統矣、

百四十宋之政治　宋太祖趙匡胤、爲後周之臣、當時羣雄各據一方、干戈不息、匡胤屢立戰功、周世宗殂、其子幼弱、諸將奉匡胤爲帝、改國號曰宋、爲人英明果決、勤政愛民、鑒唐代宦官擅權、相臣雜沓之弊、政治專歸於中書、立宰相二人、或三四人亦有時一人名之曰同平章事、副相二人、名之曰參知政事、設樞密省、專制軍政、立樞密使二人、副使二人、設吏戶禮刑工五部、立尙書侍郎等官、皆由皇帝選用、在五代時、重臣掌禁兵、故生禍亂、諸節度使各據其所轄之地、自選官吏、派將校、徵賦稅、隨意貢於朝廷、或有終年無貢者、太祖深悉其弊、勸掌禁兵者、解其兵權、派文官知州事、兼掌

兵權、名曰刺史、諸節度使、或因病故、或因調任、或召還朝、卽不再補其缺、其權由此漸削矣、厥後平滅羣雄、成爲一統、分天下爲十五路、每路設一制史、轄數郡、每郡轄數縣、派觀察使以察州縣之政治、每路設轉運使一員、司一路之錢穀、後又派提刑一員、專考一路之刑名、縣中之事上呈於郡、郡呈於州、州呈於轉運使、使呈於朝、倘有重要之事、刺史亦可直奏於朝、其所定之法律、本乎漢唐之律而寬簡之、犯死罪之輕者、改爲杖流、當時佛教盛行、民有火葬其親者、詔嚴禁之、並禁修建寺觀、政治如此之善、故歷太宗眞宗仁宗英宗七八十年間、國內治平、人民安樂、英宗之子神宗嗣位、以王安石爲相、其人博學善辯、性好紛更、謂祖宗之政、皆因循苟且、不足有爲、請立新法、神宗信之、其所立之法、畧述於下、一靑苗法、令民自度其麥粟之餘、先借之以錢、待穀熟還官、出利二分、隨夏秋之稅歸納、願歸錢者亦可、如遇凶荒、許展至歲熟時歸納、一保甲法、十家爲保、有保長、五十家爲大保、有大保長、十大保爲都保、都保有正副、每戶兩丁以上、選一人爲保丁、兩丁以上有餘丁、壯勇者亦歸保丁、家貲富厚、才勇過人者、亦充保丁、授以弓矢、敎之戰爭、每一大保夜輪五人巡更、有所捕獲必賞、同保中有强盜殺人、强姦掠人、傳習邪教、造蓄蠱毒者、知而不告、依律坐罪、餘事非干己者、皆無庸告、雖知情亦不坐罪、一募役法、使民出錢募人充役、計民之貧富分五等、捐錢名免役錢、若官戶、女戶、寺觀、單丁、與未成丁者、亦皆依等第捐錢、名助役錢、凡捐錢先視各州縣應用雇直多少、隨戶等均取、雇直外又增取二分、以備水旱不虞之缺、名免役寬剩錢、用其錢募人代役、其法尙多、茲不具述、官吏迎合安石之意、皆以多散靑苗錢爲功、雖上戶亦多强派、募役錢、雖下戶亦多不免、行之數年、百姓愁苦、多有破家者、及哲宗嗣位、以司馬光爲相、盡除新法、人民大悅、高太皇太后崩、王安石之黨、慫恿哲宗、仍復新法、及其弟徽宗嗣位、性情奢侈、恣意晏樂、金狄來攻、讓位於其子欽宗、金狄攻破京城、二帝被擄、徽宗第九子高宗即位於江南、與金議和、以淮爲界、其後新法漸除、因先與金狄、後與蒙古、屢起戰爭、未免剖克百姓、民不聊生、以致滅亡、

百四一元明之政治　元世祖忽必烈、自其祖成吉思可汗、起於蒙古、英勇絕倫、南征中國、北征西域、所向無前、至忽必烈、滅金滅宋、成爲一統、改國號曰元、建都於燕京、按蒙古習俗簡陋、及得中國、舉用中國文人、取用中國律例、立中書省爲議政行政之地、設左右二相、又用平章政事及左右丞、參知政事等官、以佐理之、又立御史臺、以究查百官、部臣各司其事、分天下爲十三省、每省用平章一人、總理其事、有參政等官、爲之佐理、亦爲御史行臺、究查政事、府州治理民事、其取稅之法、上田三升半、中田三升、下田二升半、水田五升、商稅三十分之一、其邊界東至於海、西至西域、北至蒙古、南至雲南、疆域之大、歷代未之有也、邊境之地、派諸王鎭守、但其所定之律、多取用金人嚴刻之律、且不使漢人爲相、各屬長官、皆蒙古人爲之、漢人爲之副、不許執持兵器、若蒙古人與漢人有詞訟之事、多袒佑蒙古人、且其賦歛煩重、故傳數世、歷八十九年而國亡〇明太祖朱元章、家室寒儉、在皇覺寺爲僧、元順帝時、羣雄併起、元章亦入其中、十餘年間、攻克元都、平滅羣雄、遂爲皇帝、其初仿用元制、每省立布政按察二司、管轄一省之府縣、其後則增設巡撫總督

之職、位在布政之上、所定之律、較元制爲輕、名曰大明律、賦稅亦較元爲薄、改中書省曰內閣、立左右丞相以理政、後因丞相胡維庸謀反、遂不立丞相、但選學士等文臣入閣、讀誦章奏奉旨書諭而已、又仿漢制、立諸子爲王、各鎮一方、及其嫡孫允文嗣位、因諸王勢强、欲削滅之、故燕王棣帥師南征、攻克南京、允文逃竄、棣爲皇帝、因其自藩王獲位、恐人心不服、乃立東廠偵刺外事、後又立西廠、皆使宦官主理其事、稱曰廠臣、此明代宦官專權之始也、又設立錦衣衛、專司拷掠之事、又設廷杖、百官有犯罪者、則杖之、其後嗣之君、多習晏安、不理朝政、內閣之臣、則擬旨批本、皆以尚書侍郎等官充其職、由是閣職漸崇、位在六部尚書之上矣、故奸相任意、騁奸宦官肆行不法、殘害忠良、國是大壞、至崇禎帝、爲人明察、欲改革舊弊、奈敗壞已甚、兼以流賊作亂、以致滅亡、

第十九章　論清國之政治

百四十二中央政府之政治　清國之政治、多仿照前明、而去其弊政、如所定之刑律稅則、皆較前明爲輕、設立內務府管理皇宮事務、宮中之用度、不及明季十分之五、蓋國家務爲儉約、與民休息也、在定鼎之初（在西歷一千六百四四年）睿親王爲攝政王、總理一切事務、及睿親王卒、命諸王共議國政、稱爲議政王、議定奏於皇帝、發交部臣施行、六部者、一吏部、管理文官升降調遣之事、二戶部、主理通國錢穀、三禮部、主理各等禮節、四兵部、管理軍政、並各武官升降調遣、五刑部、總理通國刑名、六工部、管理各等工程、並水利等事、按此六部、在滿洲時即已設立、但以貝勒主理其事、及定鼎之後、乃兼用漢人、每部尚書二員（滿漢各一）侍郎四員（滿漢各一）名曰堂官、部分數司、有郎中員外主事等官、主理本司之事、稱爲司員、凡關係本部之事、堂官發交司員擬稿、擬定呈於堂官、堂官六員均皆許可、然後施行、其後設立內閣大學士四員（滿漢各一）協辦大學士二員（滿漢各一）凡國家之政事、及外來之章奏、皆大學士在皇帝面前酌定、遇有軍國大事、乃命議政王會議、或與大學士等同議、由此內閣之權漸重、至康熙末年（約西歷一千七百二十餘年）因西北用兵（即征準噶爾時今伊犁地）乃設立軍機處、選親王大臣等爲軍機大臣、在皇帝面前共議政事、議定始發交內閣、由是內閣之權、遂爲軍機處所奪、都察院有考察政事稽察百官理民冤抑之權、且於重大之案件、亦能參與、設左都御史二員（滿漢各一）總理其事、左副都御史二員（滿漢各一）參議二員（滿漢各一）襄理之、有六科給事中、每科二員、十五道監察御史、每道二員或四員、（皆滿漢各半）凡皇上諭旨、由軍機處發交內閣、經給事中查閱、若有錯誤之處、能駁回、軍機處更改、監察御史分察各衙署所行之政事、見有不合者、能奏之皇帝、且於軍民瑣屑之事、皆得風聞入奏、蓋朝廷欲下情上達也、順天府設府尹一員、府丞治中各一員、（皆漢人）以治理民事、凡畿內之州縣、皆歸其主理、提督衙門設步軍統領一員、（俗稱九門提督）左右翼總兵二員、（皆滿人）以彈壓地面、稽察奸宄、宗人府主理皇族之事、翰林院主理國家之文墨、國子監爲國家之大學堂、其中肄業者數百人、（宗室覺羅八旗皆設立學校）理藩院主理屬邦、欽天監主理天文、太醫院主理醫藥、他若大理寺協辦刑名、太常寺主理祭祀、光祿寺主理筵宴、在咸豐年間、又設立總理衙門、主理交涉之事、此外如詹事府、通政司、鴻臚寺、太僕寺等署、冗員甚多、自光緒二十六年以後、國家政治改良、多半裁撤矣、

百四三外省之政治、　清國內地分爲十八省、後又以台灣新疆爲省、共二十省、及台灣歸日本後、以關東之奉天吉林黑龍江爲省、共二十二行省、各省之大員曰總督、巡撫、有督撫兼設之省、如福建浙江每省設巡撫一員、而閩浙總督兼理二省、兩廣兩湖亦然、江蘇安徽江西、各設巡撫一員、而江寧巡撫兼理三省、此督撫兼設之省也、有只設總督而無巡撫者、如直隸四川是也、有只設巡撫而無總督者、如河南山東山西新疆是也、更有此省總督兼理彼省者、如陝西設巡撫一員、而歸陝甘總督兼理是也、按總督之權在乎掌兵、巡撫之權在乎撫民、無巡撫只有總督之省、其總督之職銜、必加兼巡撫事字樣、是掌兵兼以撫民也、無總督只有巡撫之省、巡撫之職銜、必加提督軍務字樣、是撫民兼以掌兵也、全省之政、均在督撫之手、故其權甚大、在下之員、莫不聽

從其命、其次曰二司、一曰丞宣布政使司布政使、稱爲藩台、主理通省之錢穀、一曰按察使司按察使、稱曰臬台、主理通省之刑名、其次爲道員、稱爲道台、海關道管理海口稅務、鹽道管理鹽務、出茶之省稱爲鹽茶道河道管理河務、粮道管理漕務、以上諸道、非各省皆有者也、各省必有者、曰分守道、分巡道、又稱兵備道、每道分轄二三府不等、其權乃在監察官吏、體察民情、兼理營務、且有兼管稅務者、其次曰知府、每府管轄數州縣、其輔助之員曰同知、俗稱二府曰通判、俗稱三府等官、又有直隸州、管轄一至五縣不等、又有直隸廳、有僅管本廳地面者、亦有管理一二縣者、直隸州廳與知府皆屬平行、但統縣而不統州、且無負郭之縣、公事可直隸於督撫藩臬道憲、故曰直隸州廳也、其次曰州縣、俗稱曰散州縣凡本州縣之錢粮案件、以及戶婚田產等類、皆歸其管理、故稱爲親民之官、遇有重大之事、須稟明於所轄之府、並伸詳於督撫藩臬道憲批準、然後施行、凡旗兵駐防之省、有將軍都統副都統守尉等旗員管理、有旗民住居之州縣、則有理事同知通判等旗員管理、管理河道之大員曰河道總督、漕務之大員曰漕運總督、每省必設立學政一員、總理學務、帶兵之武官最大者曰提督、其下有副參遊都守、以及千把等官、然皆係帶兵之官、無治民之權、此內地十八省中政治之大概也、至於內外蒙古西藏青海諸屬地、其政治法律、多從寬簡、與十八省畧有不同、蓋因其風土人情不同也、

百四四　權限　淸國之行政、惟皇帝之權無限、遇有應行之事、或各省督撫之摺奏、軍機王大臣與皇帝面議、各陳己見、以聽皇帝裁奪、若有交某部定議者、議定仍奏明皇帝、請旨施行、或有重大

之事、交軍機大臣、與六部九卿共議、倘所議不合、則將兩議陳奏、若所議皆同、或有一人不以爲然者、亦可單銜陳奏、聽皇帝之裁奪、論奏事之權、惟軍機王大臣內閣都察院與六部九卿之堂官有之、次則都察院之御史有風聞言事之權、其餘司員以下、倘有應奏之事、則請本衙門堂官轉遞、不許自行陳奏、外省只有將軍總督巡撫藩臬能以奏事、因督撫之權較大、而藩臬兩司雖有此權、終未嘗自行陳奏、但附本省之督撫列銜而已、按督撫應遵諭旨施行、然所降之諭旨有與本省不相宜者、可專摺奏請收回成命、或畧有更改、或雖遵諭旨而其中之當損當益者、亦可變通行之、武官以提督爲最大、然無奏事之權、若有應行陳奏者、須會同本省總督、若自行陳奏、則有違制之咎、論州縣之權、雖管理本州本縣之事、但其事之輕者、若有罪犯、只能笞杖若流徒以上之罪、但能按大清律例、擬其應得之罪、而無定罪之權、須伸明本府以及督府藩臬道憲俟皆批準、方能定案、倘有以州縣所擬者爲不公、可上控於府、以至督撫、若以督撫所辦不合乎理、則許控於都察院、蓋恐百姓有所屈抑也、總之清國之行政、大小臣工、各按大清彙典大清律例施行、倘遇稍有關係之事、小官稟命於大官、大官奏明於皇帝、聽其裁定、是百官雖有擬議之權、而裁定之權、則在皇帝一人而已、若有事件彙典律例中所未載者、亦請皇帝裁定、即將此裁定者載於彙典律例中、是皇帝亦有定律之權也、

百四五變政　考清國之政治、似爲妥善、然其中之弊竇有不可勝言者、軍機處乃政令之所出、而大軍機數人、皆衰老守舊之臣、間有識其弊之所在、欲稍變通非議以紛更祖制、即謂之紊亂舊

章寡不敵衆、終遂唯諾而不敢言、各部堂官六人、或彼此牽制、或意見不合、政令即未免濡滯、況積習相沿、敢承大任者少、凡百政務、堂官皆聽之司員、司員聽之胥吏、以致百弊叢生、國是大壞、至於無用之衙署、閒散之冗員、有名無實、徒靡俸祿、於政治殊覺雜亂無章、若外省之督撫、其權固近於專矣、而屬下之員、多枉法貪賍、巧爲趨避、在公正之督撫、尙不能剔除弊端、更何論不公正者乎、且國家雖有愛民之舉、而不能爲民開其利源、如某省水旱偏災、國家發帑賑濟、民未必得其實惠、徒飽貪墨者之笥槖耳、即取士之法、亦未盡善、以八股考試、以詞賦求才、所求非所學、所學非所用、士風因之不振、國勢由是衰微矣、光緒二十三年、西歷一千八百九十七年景皇帝立意變政、乃頑固諸臣、庸愚墨守、多所阻格、遂爾中止、至二十六年、經拳匪之亂、皇太后皇帝、乃定意變政、裁撤詹事府、鴻臚寺、大理寺等冗署、總督巡撫在一省者、裁去巡撫、其他所裁之冗員、尙多不具錄、改各國事務衙門爲外務部、設尙書侍郞左右丞等官、專司外交之事、改戶部曰度支部、工部曰農工商部、刑部曰法部、兵部曰陸軍部、各部添設司員、各理其事、因先年各部書吏把持之弊、乃將書吏裁撤、考取書記、又添設民政部、專理警務、於京師地面設立總廳分廳、若民間有爭訟之事、警兵送至分廳辦理、若稍關重大者、則由分廳送於總廳、倘有人命盜案、應定擬罪名者、則由總廳送交法部辦理、又添設海軍部、專練海軍、郵傳部、管理通國信件、並改取士之法、廢棄八股試以策論、京師設立大學、省會之地、設立高等學、府城設立中等學、州縣設立小學、由小學中學以次而升入大學、畢業後量才取用、此乃普通學也、更有各類專門學、以育人材、又飭諭各省、選舉議員、以爲議院之基礎、立憲之預備、至三十四年、景皇帝與皇太后相繼晏駕、立醇親王之子溥儀爲帝、以醇親王爲監國攝政王、皇帝臨終時、以變政諄囑攝政王、王亦以變政自任、將來中國之政治、日進日新、不難與東西諸强國齊驅並駕也、拭目望之、

第二十章　論政治之義理形勢

百四六立國之大旨　立國之大旨可以三端括之、即保守安謐利益是也、夫人類之生、皆秉天良、即皆當以天理爲接交之準、乃人心多所偏僻、多行不仁、故室家之立必自保、家與家合而成社會、社會必自保、社會聯合而成邦國、人民必同力相保、非然者、輕則受他人之侵凌、重則受外敵之攻伐、況今世代勢權重大之國、大半由戰爭擴充其地、增加其民、雖大國有容小國自主者、然其景況終屬危殆不安、且上古立國、土地褊小、人民寥落、即有戰爭、多以戈矛爲兵器、故有數百或數千人、足以保國家而防禍亂、若今世之國、疆土廣大、人民衆多、戰爭之具愈出愈奇、倘兵卒戰艦器械、餉糈未能修備完整、何能免欺凌之患、故必認保守爲立國存國之首要也、再思立國之難、非只由於外敵、亦由於匪民、或爲盜賊擾害良善、或成巨寇背叛君親、國家必力能剪除、無使滋蔓、方能保衞良民、而獲和平之福、享安逸之樂也、按上古除自保自安二意外、掌國者別無他求、蓋當時多賴牧畜爲業、少有耕種貿易之事、至於今、農商製造在在盛興、貿易船隻偏滿海洋、輪車電線、充於宇內、因而治國者必於民衆有益之事、盡力講求、如設郵傳、修河路、立商埠、築隄防、濬溝渠、以及文學工藝、務農開礦之事、多所分心、蓋欲民得安樂、少有窘困也、故以保守安謐利益、爲今世立國治國之大本也、

百四七習俗與政治之關係　凡國家之立、必有長國之人、或謂其政治如何、必視乎長國者之爲人如何耳、若霸主在位、國權爲一人所攬、若封建之國、國權則爲多人分攬、若國中有總統議院

臯憲皆爲人民舉立、雖施行政令、只爲人民之代表、要必本乎民心、以上三說、固近於理、仍必考求政治之原由究竟何在、近二百年間、屢有泰西某國戰勝東方某國、派員主理其政、因習俗不同、故未敢以本國之政治、施行於彼國、要必究其人民之性情交際之習慣、方能定於民有益之政、合宜之律、不然雖政善律美、必多所齟齬、恐敎化難敷、而變亂叢生矣、可知國家之政治、非由數年或數十年立成、乃由數代之進化習練所成、此進化習練、感於衆心、遂成爲習俗、於是立國行政、由此習俗而出、習俗如何、政治亦必如何、蓋風俗爲人民聯絡之機、而政治爲其實用之具也、按習俗之原由甚繁、一在某族人天生之才能、一在挺生之聖賢豪傑、一在拜神之典禮規模、一在所居之地、所操之業、一在人民喜新好勇之性情、一在與他族他國之相交相關、夫人類之生、或高山間阻、或大海相隔、歷數百或數千年之久、遂積成相異之習俗、因習俗不同、故所定之政治亦異、然政治雖多不同、要皆以保守安謐爲總歸、人心雖多殘刻、要皆以天理爲行政立法之本源、而其所行之政、所立之法、必隨乎習俗之美陋、若習俗鄙陋、國政雖有可觀、而行之者、必多偏僻不公、若習俗純美、而所行之政、必公正有益、由斯意揆之、則知變政立法、不可強迫民心、當開發其心、使知新政新法之實益、則樂於順從矣、試觀今泰西民主之國、國家大權、握於衆民之手、多論人之自由、亦願女子脫先代之束縛、與男子同得舉官爲官之權、此等講論、或有益於民、若施之於中華、恐多所滯碍、倘逆其習俗、欲求速效、而習俗反因之卑下、難於進步也、

百四八政治之形勢　政治既由習俗而立、則必隨習俗而變、且因全世界之習俗相異、而政治之

形勢亦多不同、然猶可以數類總之、古昔阿司他特分政治爲三類、一帝王政、二貴族政、三民主政、考古希臘人才能邁衆、而性好紛更、雖立國行政、未能歷久、而阿斯他特緣希臘諸族之性質、而推政治之變更如下、在立國之初、皆爲王政、此王或由族長、或因其人才智兼優、迨傳至子孫、才德遠遜於先祖、視其位爲一已之權勢、尊榮行政、遂不免殘刻、於是貴族中有才能者起而逐之、修改政治、講求民益、如是越數代、則嫉妒漸生、不相輯睦、强者凌弱、多才能者遂日增其權勢、因而政治變亂、人民煩擾、乃羣起而攻逐貴族、立民主之政、然民政日久、弊竇亦生、終必豪傑興起、因民心愁怨、奪其國位、仍立王政、歷數傳、又變爲貴族政、貴族政又變爲民政、如是循還不已、考古希臘政治之改變、與阿司他特之言、若合符節、至於羅馬政治之改變、亦有於此相仿者、蓋古時之王政、一變而爲貴族政、貴族與民衆屢行爭權、而民衆獲勝、國權遂爲有才能有大業者所攬、久之、豪傑興起、變爲帝政、歷代下傳、以至國滅、先百年、法國變政、其景況亦大類此、蓋歷代之王、殘刻不仁、致貴族興起、以秉國權、未幾、民衆與貴族爭權、變國政爲民政、於是那裒倫恃其善戰之才能、奪攫國位、自立爲帝、及失位後、數十年中、雖仍爲王政、然法民因政治之爭論、多所牴牾、仍歸民主之政、考此數百年、泰西各國政治之變更、未盡如阿司他特所論之次第、按先代封建之政、變而爲王權無限之政、久之、變而爲王權有限之政、亦多有王政變爲民政者、今與古互相考較、則知諸國之景況、多不相同、古時國與國少有往來、風俗少有相感、今則各國之往來甚密、風俗與風俗互相漸摩、於是人心多所開發、則知立國行政、爲衆民之益、而衆民既有當獲

之益、即有當操之權、當行之分、自今世以揆將來、雖有王政、其定律行律審律之權、必多歸於民衆之手矣、

百四九成文總律之益　近百五十年間、泰西各國多定擬成文總律、試究其益如下、上節言政治由習俗而立、可知某國創立政治、歷數世數百年之久、雖無成文總律、必幾經歷練、而成定律行律審律之定章、此定章即可謂爲不成文總律、然習俗由於人衆之交際、日久不無變更、習俗既經變更、而定律行律審律之規模定章、亦必因而變更矣、故謂總律必隨時勢爲變遷、未能一無移易、即或定擬成文總律、而年月久遠、必於總律之外、復有規模定章、有如補總律之所不足者、試即美國選舉國君之規、以證明之、按美國總律、各省必按定額選派代表員、羣相會合、選立國君、今雖襲用此法、乃國中興起新規、掌國權者、分爲數黨、各黨預陳所欲立之人、至會集之期、各代表員未敢拂逆衆意、另舉他人、至謂選舉代表之日、直稱爲選立國君之日焉、如此選立國君、雖本總律之文、實變總律之意、是成文總律、未能始終無所改變也、但成文總律、條例淸晰、凡定律行律審律之權限、皆一一記錄、若國君部臣官吏、或有背乎總律者、人民能指陳其弊、羣起而攻訐之、美國既脫英權、派人酌定聯邦成國之總律、如議院如何成會、定律、臬憲如何成會審判、國君與部臣如何行律、如何取稅、以及派遣使臣、開戰講和、立約、凡治國之大綱、皆一一載明、各省亦定有總律、爲省中定律行律審律之大綱、亦有議院、酌定法律、指揮事務、若英國之總律、多在於世習之磋磨、少在於條例之記載、然人民心性、好治安而樂恬靜、遂成治國之規模、雖間有

變更、亦由於漸非由於驟也、按現今之政治、君王雖爲一國之主、而於此數百年間、其治國之權力、已漸爲削減、上議院定律擬事之權、則次於下議院、此非本乎總律之文、乃因民權世代漸增、且因樞密大臣爲下院得勝黨之首領、而樞密會乃定律行律之中樞也、論樞密會權力之由來、初無明文令國君或議院選立、此等大臣乃由世習成規研練而出者也、可知總律之文、非必縷晰條分、方能政治美善、倘英國遭遇大變、人心於關乎政治法律者、多所不服、必將更訂總律、以爲治國安民之準矣、夫泰西各國、雖多有成文總律、然其約束行政之權、則各有不同、美國總律之權甚大、大臯憲能審察議院所定之律、評其與總律合否、不合者卽行廢棄、故此總律常留於臣宰心目之間、而不敢少有違逆也、自耶穌後一千八百六十年至一千八百六十五年、布相畢士瑪克建議、欲增民稅以擴武備、雖屢爲下議院所咈、而布王則不顧總律、不待下議院之許可、卒施行之、下議院雖責其背律、然亦無可如何、布與美政治之不同、可想見矣、論總律之實益、乃在言簡意賅、包括要理、如保人民之自由權利、事業、定行政之權限、以防苦衆虐民、倘條目紛繁、未能檃括要義、恐年遠日久、時勢變遷、不但不洽民情、反爲國政改良之阻力也、按成文總律、當有修補之善法、美國總律有願增修者、須經二院酌議允許、且須諸省三分之二許可、方爲定準、法國總律、二院同堂共議、卽能修補、美國修補之規甚難、恐應增入者、未易議合、法國修補之規甚易、恐所增入者、難於持久也、

百五十分權之益　考古世各國之政體、或爲帝王政、或爲貴族政、或爲民主政、定律行律審律之

權、或操於一人、或操於數人、或操於民衆、如雅典之民、於定律審律、或料理公務、能會合施行、古羅馬雖有耆老會民會軍會執政民政司、然耆老會總攬三權、卒歸皇帝一人之手、百餘年前、泰西多有文人律師推論分權爲善政之原、如曼特區所論定律行律之權、爲一人或一等人所掌、人民之自由、必有虧損、蓋一人或一等人定律而兼行律、其政不免苛虐、若審律之權、與定律聯合、人民之自由、仍有虧損、昔美國律師推論此意、謂若將定律行律審律之權、歸一等人所掌、不論人數之或多或寡、或世襲民舉、究爲行霸之由也、在耶穌後一千七百八十七年、美國各邦之代表人會議、定擬總律、並竭力講求將三權分於三等人之手、然仍互有聯絡、如議院定律擬事、總統有咈之之權、總統與鄰國立約、或派遣使臣、或選立臬憲、必爲上院悅服、方爲定準、英國政治之形勢、其權亦歸三等人之手、議院定律、國君行律、臬憲審律、其實三權互相聯絡、難以剖分、蓋議院漸侵王權、久之則立有樞密會、至今則民操定律行政之權矣、夫樞密會爲議院中大臣所成、爲一黨權勢最大之首、且會中之大員、爲各部之長官、定律行律、皆歸其主領、倘大臬憲出缺、此會當指陳某臣宜補、然亦必爲議院所悅服、法國之政治、總統爲議院舉立、部臣與總統分掌行政之權、而部臣爲議院中操權黨之主領、日耳曼之政治、此三權未能顯然相分、皇帝特派大臣爲代表人、在上院中有主理之權、凡法律定章、皆藉此大臣舉意、揆以上之意、則知三權相分、誠有利益、然未可謂分權政治必善、合權政治即爲不善、但合權而害易生、分權而弊易防也、

百五一定律之責　夫欲盡定律行律審律之責、必先各儲其適用之才、蓋非有特學特能、不克盡

其職守、如定律之責、當深知民衆之景況、乃能酌定於民有益之律、行律之責、當有恆心果決、及治事之才、審律之責、當多知法律之義理條例及推訊證據之能、是此三者、必各具專才、倘以三權爲一人或一黨人所掌、則必多所歉缺、以致用非其才、若分掌其權、則各員庶能執其所長、職務不至曠棄、泰西各國所定之律、皆由於議院、法國百餘年前民會甫立、議員一千二百人、議事之規模法則皆無定章、故光陰虛耗、未能定擬於國有益之律、今則泰西各國歷多年之磋磨、遂練成行事之準則、其緊要者、試言數端、一在舉事之規、議員多有將當議之事、擬定日限、於會衆前三次具陳、以防率爾定擬之弊、又有一要法、爲成全事務之佽助、即多立司員是也、每司或數人或數十人、各有應司之事、若議院某員有何舉意、須先將所備之章程、交於某司、詳加修理、陳於會衆前、聽其酌定、美國下議院約有四十餘司、如成事司、會計司、錢幣司、商業司、國債司、製造司、餉糈司等類、如先將某章程、交本司察勘、以究其利弊、庶能成事、且多獲益甚大、然司員未盡廉明公正、或於當舉陳之章程、爲之積壓、或更變原章、與本意不合、此亦事之恆有也、又有一要法、與成全事務有關、乃在止息辯論、如某會員、認所論辯已足、不必再辯、舉意停止、會員中若有助之者、諸會員從之者過半、則立即定其成廢、亦有時會員限定一日或數日、特爲辯論此題、隨將所論之事擬定者、論各國設立議院、大概分爲上下二所、其大意乃防粗疎躁率之弊、蓋事務經二院之研究討論、多屬妥善、與政治有益、然亦有危險、恐二院人員意見不合、雖某章程顯裨於民、亦必因之廢棄也、美國二院在緊要之題、若未能議合、則每院選派三人共定相讓之章、其所定擬者、大半爲二院悅服、夫二院議員舉立之規、各國不同、大約下院議員、爲民衆所舉、美國上院人員、爲各省議事會所立、每省止舉二人、英國上院、乃世襲公侯等所成、日耳曼上院議員、爲各邦按定額選派、法國上院議員、爲各區所立之班選舉、二院之權亦大畧相同、因下院爲民衆所立、故權勢每超於上院、英法二國下院之權、較大於上院、日耳曼則上院之權、較大於下院、美國二院之權、則上下相等、總論二院定律行政之章、固多有益於國、然實能成全此益者、非在規模、非在法則、乃在會員仁智公正、能成全於衆有益之舉也、

百五二　行政之責　按人之常言、行律者、乃爲帝王、或總統、以及輔佐之重臣、然國中大小官吏、如郵政稅務陸軍海軍各官、未嘗不包括其中、茲所論者、乃指帝王或總統與輔佐之重臣而已、近代泰西各國、雖將治國之權、分於三等人之手、仍以行政之權、歸於一人之手、或數人數十人之手、此數人或數十人、不過輔而行之、仍以一人爲主領、如是行政之權、爲一人所操、其人果才能明決、人民必多獲益、若行政之權、爲多人所操、且無所統屬、俾其所行者相合、則必彼此矛盾、多所貽悞也、按歐州各國、有世代帝王之政、此百年間、因多所改革、故治國之實權、有大小之分、除俄國外、皆有總律、以爲帝王行政之限制、考近今英國之政治、知英王直行之權最少、間行之權甚多、如在某議院之章程、爲樞密會舉意、被議員廢棄、樞密會員等、皆自行辭職、於是王由獲勝黨中選一著名者、爲樞密長官、俾其舉立同僚、代王行政、故謂英王直行之權少、間行之權多也、法國總統、爲二院同堂共議、以定其人、美國總統、按總律人民當先選代表人、代表人選立總統、

今則民衆將所當立者、預陳於代表人、代表人遂附會民意、選舉其人、南美諸國之君、半爲代表人舉立、半爲民衆舉立、諸部臣大概爲總統所立、美國必上議院服從、方能舉立、部臣雖各有其責守、究爲輔行之臣、所行若不合總統之意、可罷黜其位、另選他人、樞密會之行政、與總統借部臣之行政、二者固皆有所取、然亦各有所缺、樞密會於定律行律、皆有主領之權、其所以能有此權者、以其爲獲勝黨之首領、若失其權、此會必自辭其職守、令王再選他人、政界中若只有二黨、即易其人、或不至有所缺欠、若政界不只二黨、每有變更、彼此必難相洽、因而主權之地位無常、而定律行政、必多不平允也、總統行政之年限、有數年之久、當選立新總統之時、則必辯論數月、貿易製造等事、多所躭延、國民之心、亦多不寗靖、其損在此、其益亦在此、蓋此數月間、彼此辯論、互相琢磨、有如立一學校、俾之教學相長、於治國之事、多所明通、總之行政之權、爲一人所操、賴數十大臣以輔行之、庶獲益良多、善效易見、以其少有阻力、而無所遲誤也、

百五三審律之責　夫審律之責、乃在於已定之律、施行於諸相關之事、其人當存心公正、循理而行、當深明律法之義理、能考究證據、以辨別眞僞、其責即爲審律、在審判之時、必緣律決斷、雖所定者或不協於理、斯乃定律者之誤、非審律者之誤、且審律者果按律之實義、以行審判、則律之或是或非、自必彰明較著、議院職其缺欠、必修補之矣、夫審律之責、與定律行律並重、蓋良民之權利、使之不受損傷、多在審律者之嚴加保護也、以上雖言審律者當按律之實義定擬、然時勢變遷、訟獄未能後先一轍、而審律者雖本律法之實義定擬、久之法律之義、隨時隨事、漸爲擴充、

既經此練習、議院當精心修改、令其尤爲合宜也、泰西諸國大半皆立大臬憲、使之終身任職、厚其薪俸、俾其用度裕如、庶不至徇私貪賄、斷定不公、然亦多有設立臬憲、而定其職任之年限者、此乃美國諸省之常規也、諸國欲防判斷之偏、乃定上控之章程、令屈抑者申訴、於是上憲再行審問、或以原斷爲是而附和之、或以原斷爲非而駁正之、此法雖屬合宜、而其公平之處、非在法則、乃在臬憲廉明公正也、或問議院定律大臣行律大臬憲當有如何約束之權以防其謬誤、欲究此意、試即英言之、按英國總律大權在議院大臣之手、議院所定之律、大臬憲不能廢棄、然文武百官無論有何不法之事、能控於臬憲堂、臬憲究其是非、而定其刑罰、美國臬憲堂亦有此權、且有廢議院所定某條法律之權、其廢之法如下、臬憲不能直廢議院所定之律、倘某律與某事相關、臬憲視與總律不合、則本總律定擬而新定之律、自然廢棄矣、按歐州各國之總律、定律多兼行律之權、凡所定所行者、不容臬憲定其是非、另有屬公之臬憲堂、乃定律行律之大臣、會合而成、若於定律行律有可告之弊、在此堂訊究、然此仍不能無弊、蓋同事之臣被控、而同事之臣審之、仍難望其秉公剖斷也、

百五四 政黨操權　泰西各國每將政權付於民衆、而定律行律審律之大臣、多爲民衆舉立、如是則民衆於定律行律之事、多所諳練、互相聯絡、遂成政黨、久之漸立執政之章程矣、夫政黨之興、每由於國中緊要之題、如五十年前因美國南省之民願將爲奴之規傳入新墾之地、政黨遂分爲二、一黨欲隨從之、一黨欲禁止之、按英美二國、歷來雖有數類小黨、惟有二黨權勢重大、有時

此黨獲勝、越數年則彼黨獲勝、互爲消長、迭掌國權、若法日義諸國、政黨紛歧、互相爭論、意見多不相合、有人推論政黨治國之不善、謂政黨之聯合、乃欲成其定章、然國家之事、變動無常、而人心或因某事聯合、若時勢變更、未必仍能聯合、即能聯合、亦非心同志合、不過隨黨附和而已、如是政黨治國、雖名爲隨民衆之意、實乃隨黨中巧能者之意也、亦有駁此意者、曰世人原分二類、一則恆顧往昔、願守成規、一願修補典章、較前尤善、各按其習慣、或歸彼黨、或歸此黨、而政治之妥善、多在黨中之意見相合、久之彼黨獲勝、政治必多所改良、蓋本此法、能驗政治之善否、而因革損益、得其宜也、按英國有守舊維新二黨、乃由數百年歷練而成、多所變更、今則不過徒有新舊之名而已、嘗有維新黨、失其主領之權、而守舊黨仍成全維新黨之定章、按現今之成規、能主理國政者、乃視乎某政黨在下議院之權勢如何、及隨黨之人數如何、或於某章程、此黨之議論見廢、則主治之權、歸於彼黨、或遣散議院、令民再舉下院議員、獲勝黨則立樞密會、指點政令、如此治國之法、英國人民皆以爲善、此數百年間遵行此法、而政治法律、多所改良也、美國政黨、亦多所改變、茲不具述、上言美國近今之二黨、其原乃爲爲奴之風、迨經數年之血戰、始將此風盡革、其後二黨雖仍相分、而於關乎治國之題、則少有所分、惟新黨中多重國家之總權、舊黨中多重各省自主之權、總而論之、雖賴政黨施行國政、究不免滋生弊端、然於人民能廣其見聞、多所習練、未嘗非行政之善術也、

第二十一章　論政治義理之變通

百五五　古希羅政治之義理　究考各國之政治、則知政治與習俗相關、習俗變、政治亦因之而變、夫古代各國、互相戰爭、或因侵擾邊鄙、則興起干戈、或因開拓封疆、則吞併鄰國、擄掠殘殺、迄無寧靖、因各國殘刻爲懷、互相仇視、故各國之民、多以戰權爲重、賴保治安、然戰權之勢愈張、而民衆之壓制愈甚、至於一人或一家之權利、當如何受國家之保護、少有推陳其意者、蓋人屬乎家、家屬乎國、國爲體、而家爲肢、人之奉事一國、如手足之奉事一身也、試觀司怕他之政治、乃以人民爲戰具、賴以保國制勝、故其一生之大事、惟在聽從將令、效命疆埸、至於人民之權利、則未嘗論及焉、再觀雅典之政治、主權雖爲在籍之民所操、其行政之宗旨、非保人民之主權、乃求國家之公益、凡關乎雅典之權勢、總使超越乎他國他城、且未有總律定民會之權限、無論貴賤、其生死只憑會中之擬議而已、雖爲民主政體、而其定律行政、不免殘刻不仁、與霸王無異焉、若羅馬之政治、由磨歷而法律漸底公平、然究其法律之宗旨、亦如雅典之政、重在公益、使國家之權勝於他國、少在人民之相保相安也、按羅馬之政治、乃以家爲宗、非以人爲宗、家長如國家之臣、代國治理家政、其權少有限制、家政之善否、惟視家長爲人之善否而已、試考羅馬耆老會所行之權、其政治之大綱、可得而知焉、耆老會主治全國之事、如人心主治人身、不論事務屬公屬私、耆老會皆能干預、隨意定擬、只有習俗成規、稍爲行事之約束而已、總之古代各國、多講公益、少論私益、凡國家權勢利益、極力講求、人民自主自安之利益、漫不經心也、

百五六封建之義理　耶穌後數百年間、封建之規、如何興於歐洲諸國、前章已畧言之矣、見七章四十三節

今試推解其義理、夫封建之規、原於廣行戰爭、多事侵奪、蓋古羅馬政令不行、國勢衰微、而徒炭諸族、吞併其地、在羅馬舊地、創建國基、但徒炭分爲多族、各族分爲多支、支族紛歧、未能聯合爲一、於是豪傑興起、具勇敢善戰之才、更有數千數萬人、爲之羽翼、以張其權勢、冀沐其恩膏、當年戰爭所得之地、不分公私、皆認爲一己之家產、或售於他人、或割於隣國、給與任意、棄舍隨心、亦多有頒恩行賞、分與輔翼之人、歷世愈遠、此風愈盛、自上而下、遞次相分、中有權勢最大者、則認之爲王、其主權只及於左右之公侯、爲公侯者、自認其權只亞於王而已、其下有大家、爲之羽翼、亦有小家爲大家之羽翼、如此景况、人民毫無自主之可言、惟視在上掌權者、能行仁政否耳、屬公侯之大家、彼此嫉妒、互相紛爭、亦無公正折獄之員、本法律以行判斷、故私鬪私爭、互相仇視、公侯雖認一王爲主、然自認隨意與他人開戰、甚至欺凌君上、擴張己權、此等政治、可名爲私政、不可稱爲國政、數千萬之公侯大家、只計其身家、增益其權勢、至於民衆之景况、則與佃奴無少差別焉、當是時、舊城邑之民、多有保守先代羅馬之風俗法律、仍存自主之心、故有時與公侯爭權、不欲受其壓制、然數百年間、風俗卑汚、人心離散、民生困苦、仇怨相尋、因掌權者不知立國之實意、乃求有益於民、非爲數千萬貴族之晏安逸樂也、越數十代、王權漸盛、仍視土地爲私產、人民如奴婢、斯時文學漸興、學校廣立、人心開化、聖道感人、遂多知立國行政之意、非在一人之尊榮、乃爲萬人之裨益、故近代政治改良、法律變善、掌國權者、多行仁義、人衆多得自由也、

百五七政治以保民自由爲歸　歐洲多國政治漸次變通近百餘年間爲君上者多知己之權位爲萬民之益非爲一己之榮然所以成全此益者其論不一大約可分爲二一在保民自由一在承當民事試先論保民自由之意曾有律師推論此意曰天生蒸民皆賦以自由之權利國家之責任重在保此權利凡合於天理之事令衆民成其所欲成樂其所當樂耶穌後一千七百七十六年英國著名理財家司密特亞當編輯一書名曰富國策此書與多國之政治法律人民之接交大著成效試畧述其總旨焉謂人之行事每以身家之益爲本如有資本者容其隨意取用以權子母擅技能者容其隨意工作以博贏餘則利益均沾無所偏倚蓋有貲本與工作者必多求應求之事業以得其養生樂生之趣至於國中之貿易或天下之貿易亦不外乎此理若人之交易無所阻滯各種物產製造必按其盈鈌而定其價值如是則獲利多而受益亦溥矣此等講論流傳甚廣是時多國人民開新地而創新業者甚多輪船徧於海洋火車充於宇內諸等造作亦大爲盛興物大用宏貿易者遂增至數十倍有如是之新景況與先代國政法律多所扞格不得不棄舊變新矣其所變新者乃在容人所謀所求者多得自由此意漸推漸廣至今無以復加然其效雖屬美善而其弊不免漸生治國者不得不預爲防範焉如輪船火車聯絡成會利權獨攬或各種製造聯絡成會高價居奇甚至諸等工人亦聯絡成會把持工作是皆專顧一己之益不顧他人之損也夫保民之外國家所當成全者尚多如立郵傳以通信設學校以育材其他如養病院濟貧院瞽目院及風顛癡愚等院皆爲有益於民之舉然終以保民自由爲政治之準也

百五八承當民事　政治以保民自由爲準、上節已畧述之矣、近數十年間興起多人嚴駁以上之義理、而歷指其弊、此等人各分黨羽、散處各國、其講論雖多不同、而宗旨咸歸一致、即於國家保民自由之外、仍有所當承當之事、俾民離困苦而獲豐盈、各國雖未有本此意而定政治者、因於國政法律、感發甚深、不得不爲之究考焉、此黨中有日耳曼著名文人馬司喀利指近今萬國人民困苦之况、則各國之財產地業、當使萬民均分、俾皆有養生之用、曠觀諸國之形勢、凡財產地業、因歷代之風俗政治、大半歸於巧能者之手、且近今膏腴之地大增、耕耘之法亦巧、新生之利益雖多、民生之艱窘猶昔、自今日以揆將來、窮者必愈窮、富者必愈富、勢必激成衆怒、變亂猝生、終則蠲除惡風、樹立新政、庶民衆之養生、皆得合宜之分也、由是思之、此黨人所論、非不切中肯綮然、此只爲破壞之力、所難者、乃新建之工耳、此黨人又分多門、其意見不合者、非在乎破壞、乃在於新建也、曾有一門推論新建之意曰、士農工商諸事、皆當歸公、國家選派主理人員、按人之所必需分給之、似此講論、其悖理實甚、蓋人之必需、無一定之準、即或有準、官員何能公平定擬、使之毫無差別乎、又有一門謂國如一家、萬民爲工、國家分給其値、民以此値由國家購其所需、斯論亦爲背理、果如是、縱人民之遊惰、官吏之貪婪、必不能持久也、近二十年間日耳曼聯邦中興起一黨、名曰民政黨、權勢日增、今在下議院之代表有百餘人、此黨亦分多派、因今之政治、不慊其意、投入此黨者甚多、蓋欲借此黨之力、釐飭之也、按此黨之大旨、非在破壞現今之政治、乃欲即其缺欠而修補之、如裁減水陸二軍、以節靡費、顧工人之値、各得其宜、在籍之民、其舉權皆爲平等、且於刊報結會之事、多得自由、不受國家之干預、此黨之用意如此、雖未盡如其所願、而人民藉此講意、心智漸以開發、於舉定事務之權、獲益不少也、在英法美各國、此黨最盛、但此三國中人民、已多得自由、此等講意、於人心少有激動之力、其將來如何、難以預料也、

百五九政治之要義　以上數節所論立國政之理、其義皆有未備、蓋政治非爲保帝王之尊榮、與貴族之權勢、亦非爲任民自由、及承當民事、乃在保衞國民、令其能安樂度生、凡由身力心才所當得者、皆能如願而償、此即萬民之裨益、亦即政治之本旨也、竊思成全此等利益所必需者、乃在國政美善、法律公平、臣宰忠良、能防外患、而戢內憂、此國政之要義、斷不可缺者也、至於習俗之美陋、國民之才能、境土之大小、天氣之冷暖、物產之盈缺、邊疆之形勢等類、皆政治可因時變通者、如英國地土褊小、人民衆多、其地勢與人民貿易製造、適合其宜、故政治法律、與人民貿易製造、多有所關、美國地土雖廣、人民尙稀、天氣各處不同、地產礦物製造、及各種供用之物、頗爲繁盛、故政治法律、與農工貿易、多有所關、二國之景況、既多不同、而所定之政治法律、與國民能得之利益、亦未能一致、近六七十年間、英國爲助工商之暢旺、故出入口稅、概行蠲免、美國爲保國中工藝起見、故入口之稅、多有增加、政治雖如此不同、究不外乎求民之益也、大約國民有益之事、而民力難成者、國家必當提倡之、如立郵傳以通信函、建牢獄以戢兇暴、衞生局以防瘟疫、測驗所以防風雨、他如設瞽目瘋癡等院、以養顚連無告者、此皆國家所當提倡者也、按泰西諸國、皆有學校以育人材、其規模雖未能如一、大約民權愈重、則所建之學校愈多、蓋國民之才能

學問愈增、愈能盡其爲國民之本分、然此學校之立、究爲民衆之責、國家不過輔以成之、使建立學校之力始終不懈也、且泰西諸國、皆以基督教爲宗教、然其輔助之規不同、先代歐洲諸國、國政與教政合一、國律與教律並行、至於今雖有此情形、然恐有妨國家之主治、亦有將國政與教政相分者、美國之政治、容民衆於所講之神道、所守之規模、皆聽其良心、無所禁止、且聖教各公會皆自行捐助、不費國欵也、泰西各國、皆以敬奉上帝、遵守天理、爲立國治國之大本源、其所不合者、只在規模禮儀而已、總言政治之宗旨、乃爲輔助人民、俾得其應得之益、凡自能經營籌畫者、國家不當干預、凡民力不能聯合成全者、國家當代爲成全其所欲成之事、及成全之法、當視國家之景況、人民之風俗、而因時制宜也、

第二十二章　論法律之義理與其變革

百六十法律之原　法律者、何即國家之命令、約束國中人民之行止者也、上古立國之始、未有成文法律、及經風俗之薰陶、人事之習練、遂成此規模、爲人民社會接交之準、倘有違犯、則掌權者必加以懲罰、以保社會之和平、論法律所以永存不朽而能遺流於後世者有三要焉、一必有社會以理互相聯絡、二必有接交之準則、爲人衆所佩服、三必有主權之人、保此準則、令人不敢輕犯、揆以上之意、則知法律由習俗而生、亦必由習俗而變、蓋法律若背乎習俗、必至人心不服、而法律難行矣、曠觀天下各國、凡國祚綿延者、法律必屢經變易、其所變易者、乃習俗使然、昔之視爲合宜者、今則多所扞格也、中華之法律、歷代少有改變、蓋因孔孟之教化、維持習俗、少有改變、今則風俗漸移、法律必隨之而變、上古創國之始、所論敬神之義、所行敬神之禮、與法律多所關涉、蓋因世人之心、皆信天神有主治事物之權、能賞善而罰惡、此千餘年間、泰西各國、受聖道之感、習俗變遷、與古希羅二國、多不相同、故其法律、亦與之不同也、各國著名之士、師本舊日之法律、詳加究考、折斷各類訟事、將所擬定者、訂爲成案、此亦可爲變通法律之一助、蓋當年所折斷者、爲人佩服、倘遇相類之訟事、以此爲依歸、庶能折東定擬也、古希臘之律師、多推解法律之意、謂法律必本於天理、合於人心、方能有益於衆、羅馬之季世、興起博學之律師、多研究法律之義理、推而至於國家人民干百之事務、近代泰西諸國、亦多興起此等律師、深究古今萬國法律、互相比擬、而論其損益、此亦爲變通法律之一助、且諸國中掌權者、因時論勢、所定之法律、亦爲法律之大源、蓋所定者、必深合人心、方可令其遵守、以傳至將來、今泰西諸國、皆設立議院、而議院爲生發法律之原、蓋數百代表人、自本處選派、會合定擬、深悉民隱、故所定之法律、當求美善、與萬衆多所裨益也、

百六一　法律之進步　夫法律既由習俗而生、而習俗隨國民之境遇漸次變更、則法律亦因之屢有變更、如某國地土廣大、人民稀少、皆以遊牧獵畜爲生、此等人民、聯合成國、惟願主權者、保其遊牧獵畜、彼此相安、定法設官、防其奸僞殘害而已、及歷數十年、或數百年、人民漸習於耕種、而度生之業、迥異於昔時、於是掌權者、更訂新律、保衛人民之土地物產、令勤工者、得其應得之利益、厥後工藝漸興、擅巧能之術、製造各類器用、於是又必更訂新律、不使狡詐與强暴者、奪攫良工之利權、又後國勢振興、商務大盛、必更訂新律、主治各類交涉之事、不使樸實者受巧詐之欺、懦弱者爲强横所虐、今日泰西諸國、機器盛興、新法特出、用力少而成功多、習俗一新、法制必變、故國家更訂新律、以保創造者之專利、免奸詐者之欺凌、如新興輪船、必約束其裝載貨物、及出入海口等事、新興輪車、必修理運貨載人之章程、若推廣此意、國家之土地愈拓、人民之事業愈興、法律規模、亦必爲大增加、庶能保良民而戢强霸、由是思之、國民之事業變遷、則法律亦必因之變遷、此非僅在乎國民之事業、又在乎風俗之開發、與人民仁德之進步焉、試觀先代泰西各國、各有役奴之惡風、販運黑蠻、有如牲畜、今則擬定法律、嚴行禁止、非惟事理當然、亦爲良心所感、願保個人樂生之自由也、由斯意推之、將來法律之進步、必隨乎習俗之進步、人民親愛之心

愈重、萬國之法律、必愈爲改良、不但保人民自由、俾能得人生之樂、即與人生之眞樂稍有阻隔者、亦必禁止也、

百六二法律與天理相關　法律之宗旨、乃令國民於接交往來之際、不背天理、是天理爲法律之大原矣、然天理乃蘊藏於事物之中、非盡人所洞悉、世人藉其所遇之事、以是非之心、辨別行止之當然、凡對己對人對神、與所言所行、無不有天理貫通其間、天理雖爲法律之本、法律不能與天理並行、蓋天理乃普徧無遺、法律乃多關乎外行、凡與社會有益之事、法律則容之、有損者則禁之、然必於事務之輕重大小、未能一概而論、如誑言雖背天理、而國律不能概行禁止、只擇數類誑言而禁之、如以言毀人之名譽、奪人之財產等類、無國律禁人之虛僞、有國律禁人之妄行、無國律禁人不義之念、有國律禁人不義之行、然天理既通於天下、法律又以天理爲依歸、則萬國之法律、必多相同也、如國律皆以保身家、保產業、保社會、保國政爲要、習俗愈爲進步、人民於天理之所在、愈爲明通、天理愈爲明通、法律亦必隨之改變、日久年深、萬國教化相同、而法律亦必相同也、且各國法律中、因求民之益、多有禁止之事、在未定此律之先、雖行此事、亦不爲背乎天理、既定此律之後、人行此事、即爲背乎天理矣、如國家定出入之稅、以供國用、當未定稅、則之先、人民可隨意運輸、既有此律、國民即當遵守、若不遵守、恐凡不慊己意者、任意干犯、則政令變亂、萬民必大受損也、總之、法律當準情度理、然當察事務中之天理、果然如何、方能定有益之律也、

百六三公法之義理　公法者、乃各國由累世之交際、練成之規模、爲世人相交之準、與法律不同、施行法律、必賴國家之權力、而施行公法、非在一國之權力、亦非在衆國之權力、乃在乎掌權者、秉理守義之心、夫國與國接交、亦如人與人接交、當以名譽爲重、所行若背乎理、隣國必少與往來、或多所防範、視爲教化未開之國也、論公法之規模與社會之規模相同、社會之人遵此規模者、即爲明理之君子、不遵者、即爲無理之小人、遵守公法之國、必爲隣國所敬服、蓋知其教化之美善也、不遵守公法之國、爲隣國所輕視、蓋知其教化之卑污也、至於互相立約、乃國與國、民與民相交之準、然必合於天理、方能持久不渝、既合天理、亦合公法、此約乃爲國權所保、公法亦因之得保矣、論公法之大旨、乃在保國與國、民與民和平之福、若究其益、乃在强不欺弱、不事干戈、即不得已偶啟戰爭、亦不至肆行殺掠、且局外者必少受其損、倘各國能選派大臣、成一總議事會、定擬法律、爲諸國接交之準、或立總臬憲堂、於各國難理之交涉、歸此堂究考定擬、則各國可減兵需、人民免遭塗炭矣、今既已有肇端、終將副人之所望乎、

大尉　見上司馬
廷尉　見上司寇
治粟內史　見上司徒
中書令、侍中　見上同平章事
司空　見上共工
鄉正、里長　若今之村正村副之類
令、相、尉、長　皆見上縣令
東廠、西廠　乃巡察奸宄者今無是署
留守　天子巡幸鎮守都城者
參知政事　見上左右丞
參政　佐理平章者今無是官
五均司市錢府官　卽古之市官今無
同三品、參知政務、參知政事　見上左右丞
御史行臺　若今之分巡道

Keepers of the seal.	門下省　若今之六科
Magistrate of prefect district.	郡守　若今之知府
Village magistrate.	鄉正、里長　若今之村正村副之類
Member of college of literature.	學士　若今之翰林學士
Mongolian superintendency.	四岳　若今之理藩院
President of board of war.	樞密使　若今之兵部尚書
Provincial treasurer.	州牧　若今之藩台
Provincial judge.	提刑　若今之臬台
Provincial treasurer.	刺史　若東漢之州牧今之藩台
Provincial judge.	按察使　若今之臬台
Secretary of interior.	虞　今無是官
Secretary of board of music.	典樂　樂部大臣
Secretary of board of punishment.	士　卽士師若今之法部大臣
Secretary of board of war.	司馬　若今之兵部大臣
Board of punishment.	司寇　若今之法部大臣
Secretary of board of revenue.	司徒　若今之度支部大臣
Secretary of board of ceremonies.	宗伯　若今之禮部大臣
Secretary of board of ceremonies.	秩宗　若今之禮部大臣
Sub-prefect. (not same as above).	司馬　若今之二府同知
Secretary of board of revenne.	判度支　卽總理度支部大臣
Secretary of board of works.	共工　若今之工部大臣
Supervising censors.	納言　若今之六科給事中
Vice-president of board of war.	樞密副使　若今之兵部侍郎
See above.	轉運使　見上州牧
See above.	平章　見上州牧
See above.	布政司　見上州牧
See above.	按察司　見上提刑
	宅百揆　見上總百揆
	可汗　即君長之稱

Ancient Chinese Offical Terms.

Assistant grand secretary.	左右丞　若今之協辦大學士
Assistant sub-prefect.	別駕　若今之三府通判
Assistant magistrate.	督郵　若今之同知通判等官
Board of War.	樞密省　若今之兵部
Secretary of board of civil office.	冢宰　若今吏部大臣
Brigade general.	折衝都尉　若今之總兵
Colonel.	果毅都尉　若今之副將
Court of censors.	御史臺　若今之都察院
Council of state.	尚書省　若今之軍機處
Departments of central government.	中書省　若今之內閣
Department magistrate.	刺史　若今之知州
District magistrate.	縣令　若今之知縣
Feudal lords.	十二牧　諸侯中之長今無其官
First secretary of grand council.	尚書令　若今之軍機大臣之長
Governor-general, Governor.	節度使　若今之總督巡撫之類
Governor, Governor-general.	巡撫總督　與今同
Grand secretary.	平章政事　若今之大學士
Grand secretary.	同平章事　若今之大學士
Grand secretary.	總百揆　若今之宰相
Grand council.	樞密院　若今之軍機處
Governor of Imperial prefecture.	京兆尹　若今之順天府尹
Head of court of censors.	御史大夫　若今之都察院都御史
Head of a village.	亭長　若今之保正
Imperial gendarmere.	錦衣衛　若今之九門提督
Imperial perceptors.	太師、太傅、太保　少師、少傅、少保　今有此銜而無此職
Intendant of circuit.	觀察使　若今之道台
Intendant of circuit.	巡察使、按巡使　若今之道台

King's court.	王制司
King's council.	王議事會
Lieutenant.	刺史
Magistrate.	讞員
Mayor.	城尉
Military assembly.	軍會
Military tribunal.	軍政司
National courts.	國家臬憲會
Patent.	券約
People's assembly.	衆民會
Petty court.	民讞局
Political parties.	政黨
Prosecuting attorney.	狀師
Prefect.	都統
Prefect of department.	郡守
Prefect of city.	京尹
Privy council.	內議事會
Probate court.	券契司
Provincial assembly.	郡會
Royal justices.	司法官
Reform schools.	革舊學校
School superintendent.	提學
Senate. (Roman).	耆老會
Sheriff.	督捕
Sheriff.	採訪官
States general.	三級會
Special committee.	特委辦
Standing committee.	恒委辦
Superintendent.	監督
Tribal assembly.	族會
Tribunal of conflicts.	裁正臬憲會
Tribune.	民政司

Court of equity.	評論堂
Cuncil (of 400).	上議會
Council of state.	國會
Council of ministers.	議政會
Criminal suit.	命案
Delegate assembly.	總議會
Department assembly.	郡會
Dictator.	總統
District court.	郡守會
Electors.	薦員
Electors.	選員
Evolution.	進化
Executive committee.	施行司
Federal council.	行事會
General.	統帥
Governor.	方伯
Governor.	太守
Governor's Council.	方伯會
Governor of city.	邑宰
High court of justice.	上臬憲堂
High court.	官讞局
Higher court.	正堂
Inferior court.	副堂
Jus civile.	主內臬憲
Jus gentium.	主外臬憲
Judge.	臬司
Justice of the peace.	和平董事
Justice of peace.	司審董事
Jurors.	陪審員
King's court.	王臬憲堂

Glossary of special terms used in this Political Science

Administrative court.	行政臬憲堂
Arcon.	阿堪
Assembly.	民會
Assistant.	參贊
Assembly of clergy.	敎牧會
Assembly of the wise.	上智會
Assembly of elders.	貴族會
Assembly of priests.	祭司會
Assessor.	主薄
Attorney.	狀師
Board of archons.	民讞局
Cassation court.	大臬憲會
Cabinet.	樞密會
Cabinet.	內閣
Censor.	總憲
Chamber of accounts.	度支會
City assembly.	邑會
Charter.	券約
Circuit judge.	巡行臬憲
Consul.	執政
Court of claims.	考驗臬憲堂
Court of justice.	平允臬憲堂
Court of law.	臬憲會
Court of appeal.	上控堂
Court.	讞局
Court of justice.	公義堂
Court of justice.	平準局
Court of justice.	公平臬憲堂
Court of exchequer.	度理司
Consul.	方伯